ПОЭТИКА БРОДСКОГО

СБОРНИК СТАТЕЙ ПОД РЕДАКЦИЕЙ

Л.В. ЛОСЕВА

ЭРМИТАЖ

1986

ПОЭТИКА БРОДСКОГО
Сборник статей под редакцией Л. В. Лосева

POETIKA BRODSKOGO
(*The Poetics of Brodsky*. Coll. of articles, Lev Loseff, ed.)

Copyright © 1986 by individual authors

All rights reserved

Из статей, составляющих этот сборник, шесть были ранее опубликованы в периодической печати. По-русски: С. Баранчак, "Переводя Бродского", *Континент* № 19 (1979); Д. С., "Пушкин и Бродский" и А. Каломиров, "Бродский (место)", *Вестник РХД* № 123, 4-1977; по-английски (здесь в переводах И. Ефимова и Л. Лосева): Jerald Janecek, "Comments on Brodskij's 'Stikhi na smert' T. S. Eliota'," *Russian Language Journal*, XXXIV, No. 118 (1980); Carl R. Proffer, "A Stop in the Madhouse: Brodsky's *Gorbunov and Gorchakov*," *Russian Literature Triquarterly* No. 1, Fall 1971; Kees Verheul, "Iosif Brodsky's 'Aeneas and Dido'," *Russian Literature Triquarterly* No. 6, Spring 1973. "Эрмитаж" благодарит авторов и издателей за разрешение перепечатать эти материалы.

Library of Congress Cataloging-in-Publication Data

```
Poëtika Brodskogo.
   Title on t.p. verso: The poetics of Brodsky.
   Includes bibliographies.
   1. Brodskiĭ, Iosif, 1940-      --Criticism and
interpretation.  I. Losev, Lev, 1937-         .
II. Title: Poetics of Brodsky.
PG3479.4.R64Z82   1986         891.71'44      86-24226
ISBN 0-938920-84-7
ISBN 0-938920-85-5 (pbk.)
```

Published by HERMITAGE
P. O. Box 410,
Tenafly, N. J. 07670, U.S.A.

СОДЕРЖАНИЕ

Бродский: от мифа к поэту. Предисловие *Л. Лосева*   7

(Аноним). Письмо о русской поэзии   16
Александр Жолковский. "Я вас любил..." Бродского:
интертексты, инварианты, тематика и структура   38
Валентина Полухина. Грамматика метафоры и художественный
смысл   63
Барри Шерр. Строфика Бродского   97
Кейс Верхейл. "Эней и Дидона" Иосифа Бродского   121
Карл Проффер. Остановка в сумасшедшем доме:
поэма Бродского "Горбунов и Горчаков"   132
Джеральд Смит. Версификация в стихотворении И. Бродского
"Келломяки"   141
Джейн Нокс. Иерархия *других* в поэзии Бродского   160
Джеральд Янечек. Бродский читает
"Стихи на смерть Т. С. Элиота"   172
Лев Лосев. Чеховский лиризм у Бродского   185
Петр Вайль, Александр Генис. От мира — к Риму   198
Д. С. Пушкин и Бродский   207
А. Каломиров. Иосиф Бродский (место)   219
Михаил Хейфец. К истории написания статьи
"Иосиф Бродский и наше поколение"   230
Станислав Баранчак. Переводя Бродского   239

Об авторах   252

Summary   253

ПРЕДИСЛОВИЕ

БРОДСКИЙ: ОТ МИФА К ПОЭТУ

На русской культурной сцене последних двух десятилетий Иосиф Бродский занимает исключительное положение — первого поэта в стране, где к поэзии относятся как к самому значительному искусству. Тот факт, что большую часть этого периода Бродский провел в изгнании, лишь закрепил его исключительный статус, поскольку для соотечественников он превратился в фигуру отчасти мифическую и уже этим обстоятельством выделился из ряда стихотворцев. Разумеется, нет ничего более спорного, чем распределение мест на Парнасе и, в виду отсутствия единых критериев, вопрос о том, "кто лучше всех пишет стихи", всерьез ставиться не может. Один из авторов настоящего сборника приводит в связи с анализом поэтики Бродского положение Геделя о том, что "любая система аксиом не позволяет собственными [...] внутренними средствами доказать свою непротиворечивость. Это можно сделать, лишь включив систему в другую, внешнюю..." (стр. 25). Это верно и по отношению к аксиологическим аксиомам: исходя из поэзии как таковой, установить иерархию мастеров невозможно: Бродскому его нынешнее место в русской поэзии отводится в силу действия внеположной по отношению к поэтическому творчеству, более общей системы ценностей — культурно-исторической.

Сразу же следует сказать, что наименьшую роль здесь играет мнение западных средств массовой информации. Титулование Бродского "лучшим русским поэтом", ставшее почти обязательным для американских журналистов, в виду их малой компетентности в вопросе, немногого стоит. Безусловно следует прислушаться к восхищенным голосам западных поэтов, таких признанных классиков двадцатого века, как Оден, Лоуэлл или Милош. Но и их мнения, за исключением Милоша, основательно скомпрометированы незнанием русской поэзии и языка, на котором пишет Бродский. Достаточно вспомнить, что с не меньшим энтузиазмом Оден и Лоуэлл отзывались о творчестве такого антипода Бродского, как Вознесенский.

Культурный феномен Бродского, конечно же, создавался не на Западе, а в России. Знаменитое высказывание Мандельштама, смысл которого в том, что в России деятельность поэта приобретает трагическую значительность в силу исторического масштаба конфронтации с тиранией, оказалось пророческим в отношении Бродского. Когда ленинградские чиновники и активисты решили увеличить свой политический капиталец расправой с "ненормальным" молодым поэтом, они не представляли себе, что размер дарования и мужество намеченной жертвы превратят заурядную в их практике расправу в символическую схватку Тьмы и Света. Когда судья Савельева задавала Бродскому вполне резонный для советского бюрократа вопрос: "Кто вам сказал, что вы поэт?" — она и не догадывалась, что подает реплику в мистерии, где ей отведена незавидная роль, ибо Бродский ответил: "Я думаю, что это от Бога". Его вполне естественный ответ, по неумолимым законам мифотворчества, определил, от лица *кого* выступают его гонители.[1]

Разумеется, в первую очередь, миф о Бродском, о Поэте Милостью Божьей, был развит в самиздате, в романтически приподнятых письмах, обращениях, заметках, эссе подпольных авторов. Под их бесстрашными перьями реальная история травли Бродского в печати, заточения поэта в сумасшедший дом и тюрьму, ссылки на север, изгнания из страны приобретала обобщенные черты. Если речь у этих авторов шла о поэзии Бродского как таковой, то, чаще всего, не в плане объективного анализа, а в плане широких философских обобщений и исторических сопоставлений. С годами эти эссе приобретают все большую ценность как документы эпохи. Мы публикуем здесь два из них — "Иосиф Бродский (место)" А. Каломирова и другое, с почти невероятным для русского уха названием, "Пушкин и Бродский" Д. С. Нам известны даже два самиздатских романа, основанных на мифологизированной истории Бродского: *Некто Финкельмайер* Ф. Розинера и *Роман с эпиграфами* В. Соловьева.

Любопытно, с точки зрения статуса Бродского, совершенно беспрецедентное признание этого статуса *de facto* советской печатью в последние годы. Нормально, по законам идеологической цензуры, Бродский должен был бы разделить судьбу других "несуществующих" литераторов, т. е. не упоминаться вовсе или упоминаться в крайне уничижительном контексте. Тем более, что, в отличие от большинства других видных писателей эмигрантов, он и в самом деле никогда не существовал как советский писатель (две-три публикации оригинальных стихотворений в альманахах и периодике не в счет). Тем не менее, даже в наиболее пропагандистских публикациях читаем: "...людишки, заявлявшие еще недавно о своей приверженности идеалам чистого искусства и творческой свободы, выспренне толковавшие о своей любви к Родине, — Войнович, Бродский, Гладилин, Аксенов".[2] Для умеющего читать между строк советского интеллигента включение "никогда не существовавшего" поэта в блестящую плеяду вчерашних видных членов Союза писателей — своеобразное свидетельство признания Бродского даже ненавидящим его правительством.

Очевидно и то, что советская цензура смотрит сквозь пальцы на слабо завуалированные торжественные появления Бродского в текстах остающихся на родине собратьев по перу. В 1976 году читатели "Нового мира" без труда распознали, кто скрывается за обаятельным "рыжим Джо" в записках В. Аксенова об Америке "Круглые сутки нон-стоп".[3] Впрочем, в том же "Новом мире" Бродский возникал и в более возвышенном контексте еще в 1963 году, т. е. именно тогда, когда он скитался по городам и весям, преследуемый милицией и КГБ. Тогда там было напечатано стихотворение Ахматовой "Последняя роза" с эпиграфом из "И. Б.": "Вы напишете о нас наискосок". Рядом, в той же подборке, было и четверостишие, обращенное к молодому поэту:

> О своем я уже не заплачу,
> Но не видеть бы мне на земле
> Золотое клеймо неудачи
> На еще безмятежном челе.[4]

Так живой поэт Иосиф Бродский начал становиться *темой* в новейшей русской поэзии.

В стихотворении Ахматовой особенно значителен эпитет "золотое". Недаром Ахматова сравнивала своего юного друга с великим другом своей юности, "другим Осей", Мандельштамом.[5] "Золотое" — наивысший в мандельштамовском словаре эпитет.[6] И именно в этом золотом акмеистическом ореоле Бродский фигурирует в стихах современников.

> Ты, настороженный, рыжий, узлом завязавший шарф,—
> что бы там ни было — ты справедлив и прав!
> Смотрит в затылок твой пристально Аполлон,
> ты уже вытащил свой золотой талон.

Это из изданной в 1985 г. в Москве книги стихов Евгения Рейна.[7] В изданных годом раньше избранных стихотворениях Булата Окуджавы над его широкоизвестной "Песенкой о Моцарте" стоит посвящение — И. Б. Впрочем, и без этого посвящения все, кому когда-либо доводилось присутствовать на чтении Бродского, безошибочно угадывают по упоминаемому Окуджавой характерному жесту, о каком Моцарте идет речь:

> Моцарт на старенькой скрипке играет.
> Моцарт играет, а скрипка поет.
> Моцарт отечества не выбирает —
> просто играет всю жизнь напролет.
> Ах, ничего, что всегда, как известно,
> наша судьба — то гульба, то пальба...
> Не оставляйте стараний, маэстро,
> не убирайте ладони со лба.[8]

(Тому, кто захотел бы прочесть стих не метафорически, "прямо", пришлось бы проглотить очевидную нелепость — скрипач играет на скрипке и при этом держит ладони у лба.) Из трех цветовых эпитетов стихотворения на ударном месте стоит "золотые". Тема отказа от выбора отечества перекликается с известным стихотворением молодого Бродского "Стансы": "Ни страны, ни погоста / не хочу выбирать. / На Васильевский остров / я приду умирать".

Стихотворение Александра Кушнера "В кафе"[9] вообще довольно загадочно вне переклички со стихотворением Бродского "Зимним вечером в Ялте".[10] Впрочем, поэтический диалог Кушнера с Бродским имеет давнюю историю. Еще в бытность Бродского в Ленинграде Кушнер опубликовал такое стихотворение ("пророчества", упоминаемые Кушнером, — намек на стихотворение Бродского "Пророчество", 1965 г.):

> Он встал в ленинградской квартире,
> Расправив среди тишины
> Шесть крыл, из которых четыре,
> Я знаю, ему не нужны.
>
> Вдруг сделалось пусто и звонко,
> Как будто нам отперли зал.
> — Смотри, ты разбудишь ребенка! —
> Я чудному гостю сказал.
>
> Вот если бы легкие ночи,
> Веселость, здоровье детей...
> Но кажется, нет средь пророчеств
> Таких несерьезных статей.[11]

Кушнеровский шестикрылый серафим, Моцарт Окуджавы и любимец Аполлона у Рейна — все эти образы имеют один общий знаменатель: они пушкинские. Если и ревнивые к чужой славе поэты используют пушкинские автометафоры для изображения Иосифа Бродского, то не кажется таким уж непозволительным заголовок самиздатского читательского эссе — "Пушкин и Бродский".

* * *

В силу известных превратностей судьбы о Бродском значительно больше писалось в жанрах журналистики и в мемуарах, чем в научной критике.[12] Можно, конечно, перефразировать пастернаковский сарказм в том смысле, что и без докторских диссертаций, "на все проливающих свет", читатель бы разобрался, "велик ли Бродский или нет". Но пробел на месте, отведенном такой выдающейся фигуре, как Бродский, обедняет в первую очередь литературоведение, которое есть наука о литературном процессе, а не департамент по выдаче призов и патентов (кстати сказать, обратное влияние аналитического литературоведения на литературу тоже бывает плодотворным, как показывает, например, творчество Мандельштама или Ахматовой).

Иногда выражают сомнение в том, корректно ли вообще делать творчество современника предметом бесстрастного анализа. Рассказывают, что в начале нынешнего века известный филолог, академик Перетц, объявлял всех занимающихся русской литературой после 1700 года пустыми вертопрахами. Представление о том, что настоящий ученый должен работать на материале отдаленных стран и эпох (т. е. таком, о котором он знает очень мало и который никогда не сможет узнать досконально), что несолидно заниматься литературой своей страны и эпохи (т. е. тем, что знаешь интимно близко и подробно), до сих пор держится в академической среде. Спору нет, сохранять объективность и доказательность, имея дело с современниками, нелегко, но зато нет и более плодотворного материала для наблюдения над тончайшими процессами в языке и культуре. Наиболее смелые и оригинально мыслящие филологи никогда не чурались современности. Вспомним хотя бы, что Анне Ахматовой не было и тридцати трех лет, когда были опубликованы две монографии о ее творчестве, не импрессионистические отклики, а исследования, сохраняющие свою филологическую ценность и по сей день: *Анна Ахматова. Опыт анализа* Б. Эйхенбаума (1923) и *О поэзии Анны Ахматовой (Стилистические наброски)* В. Виноградова (1925).

Настоящий сборник не является коллективной монографией о творчестве Бродского. Это только ряд статей и эссе, посвященных отдельным аспектам его поэтики, отдельным произведениям.

В книгу включены также два ранее публиковавшихся эссе (Д. С. и А. Каломирова), которые представляют интерес как характерные отклики интеллигентных читателей. Заключают сборник мемуарный рассказ М. Хейфеца о попытке самиздатского собрания сочинений Бродского и заметки переводчика Бродского на польский язык Ст. Баранчака.

Хотя авторы входящих в сборник исследований используют разные подходы и методы, многие материалы, как нам кажется, удачно дополняют друг друга, и некоторые аспекты поэтики Бродского, например, такой существенный, как взаимоотношение строфики и интонационно-синтаксического строя, получили в результате, пусть не исчерпывающее, но довольно подробное освещение. Почти во всех статьях так или иначе затрагивается фундаментальная проблема интертекста. Заинтересованному читателю, в особенности читателю-специалисту, не приходится подсказывать, какие привлекательные для исследователей грани поэтики Бродского остаются пока незатронутыми. Если настоящее издание послужит катализатором и вызывет к жизни следующее собрание работ о поэтике Бродского, то издатели будут считать одну из главных своих целей достигнутой.

ПРИМЕЧАНИЯ

1. О нашумевшем судебном процессе над Бродским лучше всего рассказывается в кн. Е. Эткинд, *Записки не-заговорщика*, Oxford University Press, 1978.
2. Цит. по А. Л. Афанасьев, *Полынь в чужих полях*, Минск: Вышэйшая школа, 1985, стр. 211, где это представляет неаттрибутированную цитату из статьи, ранее появившейся в "Литературной газете".
3. "Новый мир" № 8, 1976.
4. "Новый мир" № 1, 1963, стр. 64-5.
5. См. Н. Я. Мандельштам, *Воспоминания*, Нью-Йорк: изд. им. Чехова, 1970, стр. 205.
6. Это наблюдение вполне подтверждается данными подсчета. К счастью, у читателей и исследователей Мандельштама есть незаменимое подспорье – *A Concordance to the Poems of Osip Mandelstam*, ed. Demetrius J. Koubourlis, Ithaca & London: Cornell University Press, 1974. Из цветовых метафор и метафорических эпитетов только *черный* и его деривативы превосходят у Мандельштама *золотой*, что примерно соответствует и распределению существительных по частоте в словаре Мандельштама: первая десятка – *ночь, воздух, сердце, земля, солнце, кровь, мир, жизнь, день, время*. До сих пор у нас имеются лишь словари языка Пушкина, Мандельштама, Батюшкова и Баратынского плюс

опыты с индивидуальными словарями некоторых других поэтов. Составление полного словаря языка русской поэзии — задача совсем не утопическая в нашем компьютеризированном обществе — открыло бы совершенно новые горизонты.
    7. Евгений Рейн, *Имена мостов,* Москва: Советский писатель, 1984, стр. 72. В двух предшествующих стихотворениях тоже прочитываются обращения к Бродскому, в частности ответ на посвященное Рейну стихотворение "К Евгению" ("Я был в Мексике, взбирался на пирамиды...") . У Рейна:

> Хоть словечко скажи, подбрось мне
> с берегов своей отчизны дальней,
> все прошло — и россказни и козни,
> только свет стоит пирамидальный.   (Стр. 70)

Цитаты из Бродского узнаются и еще в нескольких стихотворениях сборника.
    8. Булат Окуджава, *Стихотворения,* Москва: Советский писатель, 1984, стр. 189.
    9. Александр Кушнер, *Канва,* Ленинград: Советский писатель, 1981, стр. 132—3.
    10. Иосиф Бродский, *Остановка в пустыне,* Нью-Йорк: изд. им. Чехова, 1970, стр. 135.

Бродский

ЗИМНИМ ВЕЧЕРОМ В ЯЛТЕ

Сухое левантинское лицо,
упрятанное оспинками в бачки,
когда он ищет сигарету в пачке,
на безымянном тусклое кольцо
внезапно преломляет двести ватт,
и мой хрусталик вспышки не выносит;
я жмурюсь — и тогда он произносит,
глотая дым при этом, "виноват".

Январь в Крыму. На черноморский брег
зима приходит как бы для забавы:
не в состояньи удержаться снег
на лезвиях и остриях атавы.
Пустуют ресторации. Дымят
ихтиозавры грязные на рейде,
и прелых лавров слышен аромат.
"Налить вам этой мерзости?" "Налейте".

Итак — улыбка, сумерки, графин.
Вдали буфетчик, стискивая руки,
дает круги, как молодой дельфин
вокруг хамсой заполненной фелюки.
Квадрат окна. В горшках — желтофиоль.
Снежинки проносящиеся мимо.
Остановись, мгновенье! Ты не столь
прекрасно, сколько ты неповторимо.

Кушнер

В КАФЕ

В переполненном, глухо гудящем кафе
Я затерян, как цифра в четвертой графе,
И обманут вином тепловатым.
И сосед мой брезглив и едой утомлен,
Мельхиоровым перстнем любуется он
На мизинце своем волосатом.

Предзакатное небо висит за окном
Пропускающим воду сырым полотном,
Луч, прорвавшись, крадется к соседу,
Его перстень горит самоварным огнем.
"Может, девочек, — он говорит, — позовем?"
И скучает: "Хорошеньких нету".

Через миг погружается вновь в полутьму.
Он молчит, так как я не ответил ему.
Он сердит: рассчитаться бы, что ли?
Не торопится к столику официант,
Поправляет у зеркала узенький бант.
Я на перстень гляжу поневоле.

Он волшебный! Хозяин не знает о том.
Повернуть бы на пальце его под столом —
И, пожалуйста, синее море!
И коралловый риф, что вскипал у Моне
На приехавшем к нам погостить полотне,
В фиолетово-белом уборе.

Повернуть бы еще раз — и в Ялте зимой
Оказаться, чтоб угольщик с черной каймой
Шел к причалу, как в траурном крепе.
Снова луч родничком замерцал и забил,
Этот перстень... На рынке его он купил,
Иль работает сам в ширпотребе?

А как в третий бы раз, не дыша, повернуть
Этот перстень — но страшно сказать что-нибудь:
Все не то или кажется — мало!
То ли рыжего друга в дверях увидать?
То ли этого типа отсюда убрать?
То ли юность вернуть для начала?

Отношения между "Зимним вечером в Ялте" Бродского и "В кафе" Кушнера не ограничиваются очевидным сходством, это отношения не равенства, а зависимости. Бродский констатирует рождение лиризма, пародоксальным образом, из сочетания отталкивающих самих по себе элементов жизненной ситуации: неподходящее время года для Ялты, несимпатичный компаньон, грязные пароходы, прелые лавры, мерзкое вино. Все это констатируется бесстрастно (безлично: много назывных предложений, единственное "я" – в предложении, описывающем элементарную физиологическую реакцию). Нейтральность описания подчеркнута выбором одного из наименее семантически идентифицируемых размеров – пятистопного ямба, с расхожим чередованием мужских и женских окончаний, схема рифмовки нерегулярна. Единственное, мимолетное, появление чужого поэтического текста – банальная цитата из Гете, сходу опровергаемая. На этом фоне выделяется "литературность" кушнеровского отклика: регулярная балладная строфика, обилие литературных и культурных аллюзий, ассоциаций; помимо общей отнесенности всей вещи к стихотворению Бродского, тут и фольклорные повороты перстня три раза, и Моне, и опять-таки "Фауст" в заключительной строке. Поэтика "Зимним вечером в Ялте" акмеистическая, "адамистская", тогда как поэтика "В кафе" того рода, о котором Толстой говорил: "Поэтично – значит заимствовано". Лирическое содержание первого – переживание случайного момента, лирическое содержание второго – переживание себя в ситуации литературного déjà vu. С точки зрения пишущего эти строки, оба стихотворения по-своему прекрасны, и чтение их вместе усиливает наше впечатление от каждого из них. Сила лирического воздействия еще увеличивается при превращении лирического дуэта в трио. Словно бы третья лирическая точка зрения на ту же ситуацию прочитывается в таких стихах Рейна, как "Перед солнцеворотом" ("Набережная Ялты в середине марта") или "Перед отплытием":

> В самом дальнем отростке Средиземноморья,
> в грязном баре среди чужого застолья,
> за два года до собственного полувека
> невозможно изображать полубога,
> потому, что не вышло из тебя человека.   (Стр. 77)

Интересно, что, в отличие от Бродского и Кушнера, лирический герой Рейна в обоих стихотворениях, описывающих сходную ситуацию, разглядывает не соседа по застолью, а "блондинку в розовом". Для этого лирического героя вопроса о фиксации мгновения вообще не существует – настолько он этим мгновением живет.

11. Александр Кушнер, *Приметы*, Ленинград: Советский писатель, 1969, стр. 24.

12. В последнее время уже, пожалуй, можно говорить и о жанре нападок на Бродского, по преимуществу ad hominem. Это, видимо, неизбежное следствие большой славы. См. анонимное письмо "Христопродавцы" (*Континент*, № 43, 1985, стр. 380–1); статью Э. Лимонова "Поэт-бухгалтер" (*Мулета*, А, 1984, стр. 132–5); брошюру Л. Наврозова *Russian Literature in Exile and the New York Times, The Rockford Papers*, vol. 6, N. 1, 1981; стр. 189–97 в романе В. Аксенова *Скажи изюм*, Ардис, 1985.

***
СССР

ПИСЬМО О РУССКОЙ ПОЭЗИИ

1

[...] Рассматриваемое сочинение И. Бродского придется (за неимением истинного заглавия) называть по-своему: "Поэмой о Марии Стюарт" или короче "Мария Стюарт". Размер (пятистопный ямб) и самый дух поэмы располагают думать о ней как об отголоске традиций русской романтической поэмы. Таким же размером написаны "Сашка", "Литвинка" и "Аул Бастунджи" Лермонтова, не говоря уже о "Гавриилиаде" и "Домике в Коломне". Впрочем, с тою же легкостью приходит на ум и одноименная стихотворная драма Юлиуша Словацкого.

Столь же легко включить поэму в контекст английской поэтической традиции, как "Беппо" Байрона. Но есть и более отдаленный пласт английской поэзии, о близости которому новой поэмы Бродского можно судить не только по формальным (сонет — четырнадцатистишие) признакам. Это — поэзия эвфуизма и, в частности, "Holy Sonnets" Джона Донна, о влиянии которого на автора современной "Марии Стюарт" уже говорилось и раньше.

Поиски параллелей можно не продолжать: видно и так, что поэма как бы нарочито традиционна, подходит к любой (русской, польской, английской) литературной канве. Законен вопрос: что это — дурное эпигонство, патологически выраженное безразличие к форме и жанру (любые подойдут) или далеко рассчитанный прием. В последнее поначалу верится с трудом.

Размышляя о прочитанном, всякий читатель испытывает неуютное чувство раскачивания на качелях — от мгновенного и полного неприятия поэмы (пустословие ни о чем по старым образцам) до на мгновение приходящих озарений, высвечивающих поэму лучами иновосприятия. Но, затверживая понравившиеся куски наизусть, любитель вдруг осознает, что восхищаться, собственно, нечем: стихи, распадаются на два равно знакомых нам потока: заученных с детства "классических" цитат и — столь же примелькавшихся в речевом обиходе канцеляризмов.

И *в силу* этой встречи
...
Во избежанье роковой черты
...
Ну, это, *как хотите, не основа*

стилистически нейтральных клише:

Ему-то вообще какое дело
...
Я одна, а вас... много
...
Лишнего билета нет

просторечий:

Где пьет один, *забуревают оба*
...
Они тебе *заделали* свинью

или автоматически произнесенных поговорок:

взглянуть глазами *старого барана
на новые ворота...*

И страшно становится от наступившей духоты безъязычья.

2

Именно это скопление фраз-паралитиков, обезличенных речевых единиц, конструкций-калек и бьет в голову прежде, чем поэма будет дочитана. Читающий россиянин видит себя в словесном зеркале — и негодует. Ведь это мы и есть — служащие, научные сотрудники, соискатели разных степеней, участники семинаров, члены редколлегий и прочая, и прочая. Разве не мы считаем признаком хорошего тона щегольнуть раз-другой неизвестными нам и неусвоенными нами оборотами и глагольными формами:

> ... Он
> твой *суть* единственный поклон,

разве не мы гордимся ученостью нашего лексикона, произнося варварскую чушь:

> *число* твоих любовников, Мари,
> *превысило* собою *цифру* три

Но нам еще мало "числа, превышающего цифру"! Мы и в философии горазды теперь, — все для болтовни подойдет, — там — термин, тут — случайно запомнившаяся фамилия:

> ...твой парик,
> упавший с головы упавшей —
> *(дурная бесконечность)*, он...

или

> не сотворит *по Пармениду* — дважды
> сей жар в крови

Больше всего, правда, наш интеллигент любит материться, но об этом известно и без зеркала, — там, где россиянин пустил бы от избытка чувств очередью душевных речений, автор вынужден обойтись пробелом или многоточием:

> То, что исторгло изумленный крик
> из английского рта, что к мату
> склоняет падкий на помаду
> мой собственный, что отвернуть на миг
> Филиппа от портрета лик
> заставило и снарядить Армаду,
> то было — не могу тираду
> закончить — в общем, твой парик...

Поэт давно уж присматривался к нашему речевому параличу, — ведь именно о нем сказано как о "выговоре еврейском" в стихотворении двенадцатилетней давности:

> Плывет во мгле замоскворецкой
> Пловец в несчастии случайный.
> Блуждает выговор еврейский
> На желтой лестнице печальной.

Впрочем, еще около полувека тому назад о том же писал Осип Мандельштам:

> Это было косноязычие и безъязычие. Русская речь польского еврея? Нет. Речь немецкого еврея? Нет. Тоже нет. Может быть, осбый курляндский акцент? Я таких не слыхал. Совершенно отвлеченный придуманный язык, витиеватая и закрученная речь самоучки, где обычные слова переплетаются с старинными философскими терминами Гердера, Лейбница, Спинозы, причудливый синтаксис талмудиста, искусственная, не всегда договоренная фраза — это было все, что угодно, но не язык.[1]

Встречный поток классических цитат лишь внешне противостоит мешанине языка придуманного. На деле — именно потому столь часто мы поминаем классиков, что нас вполне устраивает переход на крупнопанельное изготовление сообщений, — уже не отдельные удачные слова, но целые блоки у нас под рукой. Чем самому думать, как лучше выразить то, что чувствуешь, лучше обойтись готовым суррогатом. Вместо выражения мыслей, речь все более склоняется к тому, чтобы "обозначать" жизненные явления их заместителями — ярлыками. Чего там пылать, усиливаясь выразить невыразимое — любовь, например. "В эпоху кино и радио" ежесуточно по разным программам нам напоминают о том, какие речи говорились великими мастерами слова в подходящих ситуациях. И не хочешь, да собьешься обреченно на

> Я Вас любил. Любовь еще (возможно,[2]
> что просто боль)...

А при взволновавшей душу встрече с чем-то некогда любимым, да оставленным, нашими устами цитирует себя классик:

> И так как *все былое ожило*
> *в отжившем сердце...*

Даже о собственном возрасте не сказать иначе, как через посредника. Тут в дело идет суровый Дант:

Можно бы и еще цитировать, да нужно ли? Вся поэма пропитана, словно уксусом, безнадежной иронией, которую иные по ошибке принимают за некий вселенский цинизм автора. В сущности, этот отчужденно-неприязненный тон сродни каренинскому тону — "насмешки над тем, кто бы в самом деле так говорил"... Возмущаясь, принимаем: ведь все эти мертвые слова-сигналы уже неотделимы от речи, — увы, и нашей собственной тоже.

3

И, смеясь безотрадно, поэт кое-что находит для раскрепощения речи. Слово убито — прекрасно. Не увидим ли мы его как бы заново, если потребуем, чтобы оно несло тройную нагрузку, замыкалось бы не на единственный коррелят, а на многие?

Прием совмещения времен, соположения различных литературно-событийных ареалов, благодаря которому многие куски поэмы мыслятся сразу в нескольких социальных или временных ярусах, проводится Бродским с завидной последовательностью.

> Сегодня, превращаясь во вчера,
> себя не утруждает переменой
> пера, бумаги, жижицы пельменной,
> изделия хромого бочара
> из Гамбурга

Искушенный читатель, конечно, припоминает моментально: "Луна ведь обыкновенно делается в Гамбурге; и прескверно делается... Делает ее хромой бочар, и видно, что дурак никакого понятия не имеет о луне". Введение в речевой ряд почти вышедшего из употребления и тем самым выделенного в контексте слова "бочар" активизирует наше ассоциативное мышление, и вот уж найдена и вторая параллель — в сознании оживает Гофман. "Мастер Мартин бочар и его подмастерья". И вот уже процитированный кусочек поэмы (собственно текст) оттеснен на второй план, а на первом — знакомая каморка Авксентия Ивановна Поприщина.

Доказательство можно продолжить:

> Она ушла куда-то в макинтоше
> Во избежанье роковой черты.

Эти строки побуждают взглянуть на осеннее одиночество Бродского через увеличительное стекло более знакомого нам блоковского одиночества, ибо кто же не вспомнит знаменитые строки:

> Ты в синий плащ печально завернулась,
> В сырую ночь Ты из дому ушла.

Таким же своеобразным детонатором, высвобождающим нашу "воспоминательную" энергию, служат строки

> Не то тебя, скажу тебе, сгубило,
> Мари, что женихи твои в бою
> поднять не звали плотников стропила...

оживляющие целый каталог ассоциаций. Зная эпиталаму

> Эй, потолок поднимайте, —
> О, Гименей! —
> Выше, плотники, выше!
> О, Гименей!
> Входит жених, подобный Арею,
> Выше самых высоких мужей...,

непроизвольно перескакиваешь из Шотландии в Грецию, а вокруг этих самых стропил уже вьются обрывки читательских ассоциаций — "Сафо и Мария Стюарт? Не поискать ли в их судьбах чего-то общего, родственного?.." Вместе с тем работает и другая ветвь дерева уподоблений: если "стропила", так почему бы не примыслить на место героя — автора поэмы, не шутя размышляющего о своем супружестве с Марией, Симора Гласса? Тоже очень продуктивная параллель...

Не все такие потенциально полихроничные сегменты текста лежат на поверхности. Например, легко пройти мимо строк

> в чьей плюшевой утробе
> приятнее, чем вечером в Европе...

которые — при среднем знакомстве с поэзией Владислава Ходасевича прекрасно проецируются на его "Европейскую ночь". В сборнике стихотворений о *Европе* найдется первоисточник:

> и мягкой млечностью твоей
> обволокнуться, *как утробой*...

Благодаря приему косвенного цитирования Бродский мифологизирует как сюжет, так и отдельные мотивы собственной поэмы. Она приобретает многомерность, а рядовой эпизод воспринимается не

иначе как sub specie aeternitatis (то есть, под знаком вечности).
Или еще прием. Цитата не вводится в текст ссылкой-напоминанием, но разрабатывается, варьируется, приживляется к собственно авторскому тексту. Известное ахматовское восклицание

> Когда б вы знали, из какого сора
> Растут стихи, не ведая стыда.

по-хозяйски переосмыслено:

> Язык, что крыса, копошится в соре,
> выискивает что-то *невзначай*.

Обыгрывая характерное для английского языка неразличение чисел (единственного и множественного) в местоимении второго лица, автор заменяет оппозицию пушкинской пары

> Пустое "Вы" сердечным "Ты"
> Она, обмолвясь, заменила.

синтезом "Ты" и "Вы":

> На "Ты" и "Вы", смешавшиеся в "ю".

Иногда варьируется собственная формула, причем результат разработки отличается от исходного стихотворного отрезка ясностью, масштабностью, большей весомостью звучания. Достаточно сравнить отрывок из опубликованной в России поэмы "Памяти Т. С. Элиота":

> Без злых гримас, без помышленья злого
> из всех щедрот большого каталога
> смерть выбирает не красоты слога,
> а неизменно самого певца.

со скупыми строками поэмы о том же самом:

> Да, у разлуки все-таки не дура
> губа (хоть часто кажется — дыра),

чтобы подивиться экономному использованию материала автором.

4

Становится ясно, что в "Марии Стюарт" д в а главных героя, два действующих лица. Это, прежде всего, русская речь в ее прошлом и настоящем, и поэт, затевающий с ней ссору или принимающий ее дары. Наблюдая за этим почти сюжетным противостоянием, нельзя не заметить, что и сам автор постоянно двоится: его комментарии, суждения, пристрастия никак не свести в единое целое.

Московский филолог С. И. Гиндин недавно обратил внимание[3] на существование двух взаимополярных типов поэтического мышления. В первом случае авторское "я" входит в изображаемое, действует в нем. Это — Блок.

> Я сам, позорный и продажный,
> С кругами синими у глаз,
> Пришел взглянуть и т. д.

> И перья страуса склоненные
> В моем качаются мозгу...

Во втором — авторское "я" легко вычленимо из хода событий. Поэт — гость, зритель, прохожий, — только не действующее лицо: "Простой свидетель, не участник..."
Это — Брюсов:

> Я — неведомый прохожий
> В суете других бродяг...

или:

> Если б некогда гостем я прибыл
> К вам, мои отдаленные предки...

или:

> Я посещал сады Ликеев, Академий,
> На воске отмечал реченья мудрецов;
> Как верный ученик, я был ласкаем всеми,
> Но сам любил лишь сочетанья слов.

И. Бродский небезуспешно пробует явить нам пример синтеза обеих авторских позиций — то есть — и быть и не быть в событийном ряду своей поэмы.

С одной стороны — собственную текущую биографию он вписывает в плюсквамперфектум шотландских коллизий:

> Шотландия, как видишь, обошлась...[4]

примысливает себя к ситуации четырехвековой давности:

> Я б гордым показал тебя славянам.
> В порт Глазго караван за караваном

> пошли бы лапти, пряники, атлас.
> Мы встретили бы вместе смертный час.
> Топор бы оказался деревянным,

но при этом оценивает дела давно минувших дней из окна современности; обращаясь к исторически реальному лицу, — резонерствует, умудренный многознанием потомка:

> Не то тебя, *скажу тебе,* сгубило
>
> А во-вторых, *скажу тебе,* на свете
> ничем, *вообрази это,* опричь
> искусства, твои стати не постичь...
>
> *Замечу в скобках,* так оно и было.
>
> Но, *может,* как любая немчура,
> наш Фридрих сам страшился топора,
>
> На склоне лет, в стране за океаном,
> открытой, *как я думаю,* при Вас.
>
> *Я думаю,* сведи удача нас...

С другой стороны — настоящее, — в том числе и собственные сравнения и тропы автор высвечивает лучами вводных предложений, брошенными будто из прошлого:

> Меч палача, *как ты бы не сказала,*
> приравнивает полу небосвод.
>
> Тьма скрадывает, *с к а з а н о,* углы...
>
> В озерах, — и *по-прежнему им несть*
> числа...

Действующий автор не комментирует, поучающий — не действует. Разграничение функций доверено вводным словам и вводным предложениям. Есть у них и другая конструктивная роль — поскольку в "Марии Стюарт" Бродский дерзко диахроничен, вводные слова связуют времена, работают как мостки.

Кто знает, нет ли в этой временной эквилибристике некоего credo? Может быть, автор исподволь склоняется к признанию абсолютной неправоты абсолютной теоремы Гёделя; вольный пересказ ее таков:

Любая система аксиом не позволяет собственными, так сказать, внутренними средствами логического вывода доказать свою непротиворечивость. Это можно сделать, лишь включив систему в другую, внешнюю (совсем упрощая: изнутри не видно — все — благо или все — зло).5

Не в этом ли смысл затеянной автором беготни над вечностью ("Меж нами вечность") по мостикам вводных предложений? И не перекликаются ли осторожные реплики "я думаю", "может", "скажу тебе", "возможно" со знаменитым афоризмом Бертрана Рассела:

Чистая математика — это такой предмет, где мы не знаем, о чем мы говорим, и не знаем, истинно ли мы говорим.5

Видимо, не только чистая математика...

5

Если вводные предложения подчас берутся управлять ходом повествования, не поднять ли голову и вовсе безликим словам-лакеям, с л у ж е б н ы м словам? Так это и есть. Бродский питает к ним давнюю и, видимо, осознанную слабость. Ставит их в парадный ряд, требует к ним внимания. Какая позиция в стихотворной строке наиболее активна? Конечно же, позиция рифмующегося слова, позиция в самом конце строки. У кого из поэтов еще найдется такое обилие служебных слов в рифмах? 6

И обратиться не к нему с "*иди на...*"
...
в который вдарить? Портила не дрожь, *н о*
задумчивость.
...
Баран трясет кудряшками (они *же*
руно), вдыхая запахи травы.
Вокруг Гленкорны, Дугласы и *иже*
...
тебе, а *не кому-нибудь*, не все *ли*
равно
...
Ей отрубили голову. *Увы*
...
разжевывать впоследствии. Ты, *чай*,
привычная к не доремифасоли

или столь редкие анжамбеманы, как:

> смотрю на затвердевшие седины
> мыслителей, письменников и *взад-*
> *вперед* гуляют дамы, господины...

Однако, эта семантизация связок и разделителей, частиц и междометий вполне понятна — поэт стремится увидеть в этих семантически незначимых, сугубо вспомогательных элементах языка некий ресурс высвобождения речи из-под глянца автоматизма. Словно прутья каркаса топорщатся они над пустотой, которая была когда-то стеной или крышей. Их появление в гостиной лексем скребет по слуху, деформирует восприятие текста, возвращает наш скользящий по поверхности глаз к узловым моментам повествования.

6

Нужно до конца проследить, какими средствами поэт решает свою нелегкую задачу, чтобы самый смысл этой задачи стал понятен.

Говорят, Бродский-де слишком академичен, в нем-де самом живого голоса нет, он-де традиционен насквозь...

Традиционен ли?

Словарь определяет "традиционный" как "издавна привычный".

Можно ли сказать, что так уж привычны нагромождения придаточных предложений, и не в прозе Льва Толстого, а в стихотворной речи. Автор нередко растягивает одно-единственное предложение до размеров целой строфы ("То, что исторгло изумленный крик") или п о ч т и строфы ("Земной свой путь пройдя до середины...", "Не то тебя, скажу тебе, сгубило..." и т. п.). Нынче увлекаются подсчетами средней длины предложения, — похоже, что этот показатель бывает полезен при выявлении индивидуальных стилевых особенностей разных авторов. Но и без вычислений видно, что Бродский — поэт с наиболее длинными периодами. Настолько длинными, что в поисках соответствий приходится, двигаясь во времени вспять, пройти всю русскую стихотворную классику. Знакомое нам по стилю Бродского образование предложения как сложной многоярусной конструкции, утяжеленной еще и инверсиями, встречается лишь... в стихотворениях графа Хвостова.

Квадрат, возможно, делается шаром	О слава! Тысячью устами
и *с на ночь глядя залитым пожаром*	Гремящая от древних дней,
багровый лес незримому курлы	Обремененная мольбами
беззвучно внемлет порами коры;	Простолюдинов и царей;

<blockquote>
лай сеттера, встревоженного шалым
сухим листом, возносится к Стожарам,
смотрящим на озимые бугры.
(И. Бродский. 1974)
</blockquote>

<blockquote>
Слаба полета при начале,
Растешь, чем путь умножишь дале.
Ты судишь грозной битвы меч
И скиптр владыки на престоле;
Вещай, о ком разносишь боле
Ты громоносную здесь речь?
(Д. И. Хвостов. "Дарование". 1811)
</blockquote>

Необходимо отметить, подчеркнуть, особо выделить, что "предложения Бродского", если позволено будет для краткости называть так именно эти мегалоконструкции, работают т о л ь к о в авторской речи! Оказывается, автор вполне способен писать отрывисто, броско, лаконично. В этом можно убедиться, выделив в поэме те строфы, где автор как бы уходит со сцены, где вместо рассказа о... вводится по принципу монтажа само изображаемое. Например, нужно приблизить читателя к какой-то старенькой кинокартине, шедшей на ленинградских экранах "в сорок восьмом году". И кинокадры будто вмонтированы в ткань поэмы:

<blockquote>
Равнина. Трубы. Входят двое. Лязг
сражения. "Ты кто такой?" — "А сам ты?"
"Я кто такой?" — "Да, ты." — "Мы протестанты."
"А мы католики." — "Ах вот как!" Хряск!
Потом везде валяются останки.
Шум нескончаемых вороньих дрязг.
Потом — зима, узорчатые санки.
Примерка шали.
</blockquote>

Каждое назывное предложение = кинокадру.
Другой пример — речи Гленкорнов, Дугласов и иже:

<blockquote>
В тот день их речи были таковы:
"Ей отрубили голову. Увы."
"Представьте, как рассердятся в Париже."
"Французы? Из-за чьей-то головы?
Вот если бы ей тяпнули пониже..."
</blockquote>

Возвращаясь к тому, что отличает собственно авторскую речь, подытоживаем: не традиционность, но архаичность.
Продолжим разбор на лексическом уровне.

7

Удивляет разнородность поэтического словаря "Марии Стюарт". То и дело попадаются не смешивающиеся с той мутной средой безъязычья, о которой здесь уже шла речь, не то варваризмы, не то неологизмы. Временами же от смелости автора читатель вздрагивает и готов, крестясь, повторить вслед за Коробочкой: "Ах, какие ты забранки пригинаешь!" О таком не скажешь, что все-де это "издавна привычное".

И тем не менее — все это у ж е было в русском языке, только мы в небреженьи обронили:

Немногое, чем *блазнилась* слеза, сумело уцелеть от перехода в *сень* перегноя.	То, что девять из десяти примут за неологизм, — исконно русское! В старославянском языке имелись существительное "блазнъ" и глагол "блазнити" (соблазнять). Слово воскрешено, а не придумано поэтом. (Этот же глагол использован в "Разговоре с небожителем": Вот это мне и *блазнит* слух, привыкший к разнобою.)
не все ли равно, какое *хлебово* без соли разжевывать впоследствии...	"*Хлёбово* — жидкая пища, похлебка. (Словарь русского языка. С — Я, т. IV, М., 1961)
и ты в саду французском непохожа на ту, с ума сводившую *вчерась*.	"Вчера *(вчерась)* — накануне сегодня, вчерашний день, в течение дня, предшедшего нынешнему". (В. Даль. Толковый словарь живого великорусского языка. т. 1, А — З, М. 1955. *Вчерась* не раз встречается в пушкинской прозе: "Был ты *вчерась* у ***?" — "Пиковая дама").
и Люксембургский в частности? *Сюды* забрел я как-то после ресторана	Бытовавшая в восемнадцатом веке форма. См., например, "Лобанова *сюды*"[7] или "Мы получили ведомость, что неприятель гораздо приближается к Чирикову. То мы отсель пойдем туды".[8]

Добавьте к этому дремлющие в запасниках языка "бочар", "посадский, молью траченый жакет", "исторгло", "чела" и станет ясно, насколько любезны поэту... подержанные слова, временно уступившие место новеньким, звонким и быстро исчезающим:

                  к подержанным вещам,
             имеющим царапины и пятна,
             у времени чуть больше, вероятно,
             доверия, чем к свежим овощам.

Нужно сказать еще немного о словах запретного лексикона, появляющихся в стихотворениях Бродского. Помнится, на судебном процессе поэту инкриминировалось, в частности, сочинение... порнографических стишков. В "Марии Стюарт" поэт вновь отваживается рискнуть своей репутацией:

> Твоим шотландцам было не понять,
> чем койка отличается от трона.
> В своем столетьи белая ворона
> для современников была ты блядь.

Приходится и тут напоминать, что некогда русская письменная (литературная) речь включала слова такого рода в повседневный обиход. То, что эпатирует наших современников, в литературе восемнадцатого века входило в серьезные тексты:

> Не ищите риторики и философии, ни красноречия, но здравым истинным глаголом последующе, поживите. Понеже ритор и философ не может быть христианин... Да и вси святии нас научают, яко риторство и философство — внешняя блядь, свойственна огню негасимому...9

Как видно, увлеченность русской стариной иногда дорого обходится автору, — но ведь пристрастия не выбирают. Дай ему волю, он бы и современность перевел на допушкинский язык, — нет-нет, да и вырвется у него фигура вида "как это по-старому":

> В озерах, и по-прежнему им несть
> числа, явились монстры *(василиски)*.

Для того, чтобы самая направленность исследования и выводы вот-вот готовые отправить поэтическое творчество Бродского в соответствующий раздел литературной истории с соответствующим ярлычком, смогли избежать упреков в субъективизме, не мешало бы показать, что предлагаемые разыскания — не случайные натяжки. Иначе говоря — что поэт действительно отвечает за каждую деталь своей поэмы, что в ней нет ничего "приблизительного", каждый ход — осознан и подчинен авторскому заданию.

Такое доказательство удобнее всего провести, обратившись к формальным моментам поэмы, которые поддаются математическому анализу (строфика, ритмика, фонетический состав стиха).
Полный формальный анализ поэмы, конечно, не входит в нашу задачу; со временем станет видно, нужен ли он вообще. Возможности применения точных методов будут продемонстрированы выборочно,

но без вульгаризаторских упрощений с одной стороны, как и без выспреннего наукообразия — с другой.

8

Исследователю, владеющему методикой структурного анализа поэтического текста, материал поэмы сулит легкие и многочисленные открытия. Но и при любительски внимательном вчитывании в текст невооруженным глазом можно заметить столь явное подчинение стиха формальным заданиям, которые ставит и решает автор, что становится самоочевидным экспериментальный характер поэмы. Приведем примеры.

Один из важнейших отличительных признаков с о н е т а являет расположение рифм и членение всего четырнадцатистишия на меньшие стихотворные единицы. Понятно, что рифма и структура строфы в первую очередь должны отразить формотворческие замыслы поэта. Выпишем ряды рифмующих слов в строфе "Пером простым, неправда, что мятежным":

слова	падеж	слова	падеж
мятежным	тв	саду	предл.
нежным	дат.	году	предл.
прилежным	тв.	суду	дат.
падежным	дат.	среду	вин.
неизбежным	тв.	Катманду	имен.
белоснежным	дат.	труду	дат.
		веду	—
		дуду	вин.

Левый ряд — вереница прилагательных, в которой творительный и дательный падежи аккуратно сменяют друг друга. Вероятность такой именно цепочки т д т д т равна:

$$2 \times 2^5 = 1/16$$

а это значит, что сама собой, случайно, без осознанной реализации задуманного такая правильность в чередовании падежей скорее всего не получится.

В правом ряду, напротив, почти все падежи (кроме родительного). Зато этот ряд столь же однороден, что и левый, по признаку однотипности частей речи (всюду — только существительные, за исключением глагола "веду"). С какой аптекарской точностью варьируются падежи и сепарируются — ошую или одесную — части речи... Конечно, вся строфа и воспринимается как решение задачи, сформулированной автором здесь же:

> Предоставляю Вашему суду
> ....
> ....
> в) слабость к окончаниям падежным.[10]

Другая решаемая автором задача — на использование максимально возможного разнообразия с о ч е т а н и я зарифмованных строк внутри строфы. Известно, что сонет из четырнадцати строк членится на две неравновеликие части. Первая — восходящая, состоит из двух катренов (восемь строк); вторая (каданс) насчитывает шесть строк. Особо регламентируется первое восьмистишие. Поэтому есть смысл проследить, какие схемы рифмовки (смежная, опоясывающая, перекрестная) реализованы именно в этой главной части сонета.

Эти схемы для всех двадцати строф поэмы сведены в таблицу 1. Оказывается, в "Марии Стюарт" исчерпаны почти в с е допустимые для восьмистишия (в сонете!) способы рифмовки! Расчет несложен. Опоясывающая, перекрестная или смежная рифмы порождаются как цепочки из бинарных сегментов двоякого вида:

ав или *ва*

Каждый сегмент — двустишие. Итак, восемь строчек расчленяются на четыре двустишия. В итоге — цепочка из ч е т ы р е х мест, каждое из которых может быть заполнено одним из двух *(ав)* или *(ва)* возможных способов. Первый сегмент не варьируется — он всегда имеет вид *ав* потому, что буквенная разметка строк всегда ставит первой строке стихотворения в соответствие именно букву *а*, и начало вида *(аа)* в сонете невозможно. Каждый последующий, начиная со второго, сегмент может оказаться либо *(ав)*, либо — *(ва)*. Окончательно получаем:

$$2^3 = 8$$

то есть максимум того, что позволяет сонет — в о с е м ь вариантов рифмовки строк в восьмистишии. Семь из них и реализованы в поэме. Вот они:

ав ав ав ав
ав ав ав ва
ав ав ва ав   — отсутствует

```
            ав ав ва ва
            ав ва ва ва
            ав ва ва ав
            ав ва ав ав
            ав ва ав ва
```

Отвлекаясь от схем рифмовки, замечаем, что и сами рифмы, — то есть их звуковое наполнение — находится под столь же строгим авторским контролем. Мало сказать, что они — неточные, кто же сейчас избегает неточных рифм? В последовательности рифмующихся слов раскрывается увлекательная игра п о с т е п е н н о г о замещения согласных (реже согласных и гласных), итогом которой нередко оказывается вырождение рифмы в а с с о н а н с (неполная рифма, в которой где-то совпадает только ударный гласный звук).

```
шерсть ─────► шесть ─────► несть ─────► нефть
       −р            ш → н           с→ф
```

В этой последовательности каждые два смежных члена — рифмуются; более удаленные одно от другого слова — уже ассонансы:

```
    шесть — нефть,
    шерсть — нефть.
```

Тщательность развертывания такой серии рифмующихся слов, в которой каждое следующее отличалось бы от предыдущего одной (!) согласной, вновь искушает вопрошать, кому же принадлежит авторство: математику, порождающему конкретную языковую цепочку в заданной грамматике, или поэту, чьи стихи и доныне ценятся за какие угодно достоинства, кроме формальных!

Таблица 1

Строфы (обозначаемые по начальным строкам)	Схема рифмовки 8-ст.
Что делает историю? Тела. То, что исторгло изумленный крик Тьма скрадывает, сказано, углы Мари, шотландцы все-таки скоты Лязг ножниц, ощущение озноба,	а в в а а в в а
Для рта, проговорившего "прощай" Равнина. Трубы. Входят двое. Лязг Париж не изменился. Плас де Вож Я Вас любил. Любовь еще (возможно, Пером простым, неправда, что мятежным	а в в а в а в а
В конце большой войны не на живот, На склоне лет, в стране за океаном Осенний вечер. Якобы с Каменой. Любовь сильней разлуки, но разлука	а в в а в а а в
Мари, теперь в Шотландии есть шерсть Не то тебя, скажу тебе, сгубило,	а в а в а в а в
Земной свой путь пройдя до середины	а в а в а в в а
Красавица, которую я позже	а в в а а в а в
Баран трясет кудряшками. Они же	а в а в в а в а

Будущему автору словаря рифм И. Бродского придется поломать голову над тем, как указать гнезда рифм в таких, например, сериях:

      углы   курлы   коры   бугры;
      шаром пожаром шалым Стожарам;
      лязг   хряск   дрязг Дамаск ласк.

Присматриваясь к фонетическим экспериментам поэта, нельзя пройти мимо типично Бальмонтовских (как это ни поразительно) аллитераций:

В каком колене клетчатого клана;

Пломбы в пасти плавились от жажды;

Пером простым, неправда, что мятежным...

9

Несколько слов по поводу ритмики поэмы. В таблице 2 дано распределение ударности стоп. Процент ударности указывает, в каком отношении находится количество полноударных стоп к общему числу стоп (например, среди всех первых стоп поэмы — 87% полноударных, т. е. имеют ударение на втором слоге стопы). Отягощение безударного слога внеметрическим ударением не находит отражения в таблице; замена (ипостаса) ямбической стопы — хореической, т. е. ′‿ вместо ‿′ засчитывается как случай неударной стопы (метрического ударения на нужном слоге нет).

Таблица 2

Номер стопы	1	2	3	4	5
Процент ударности	87	59	89	14	100

В таблице 3, заимствованной у М. Л. Гаспарова,[11] для сравнения приведены распределения ударности стоп у современных русских поэтов (и стихотворцев), а также обобщенные показатели ударности стоп для русской поэзии XX и XIX веков:

Таблица 3

Авторы	Стопы				
	1	2	3	4	5
Н. Заболоцкий 1947—1958	77	77	89	22,5	100
Б. Корнилов "Моя Африка", 1935	81	62	86	22	100
Я. Смеляков. 1940—60-е	89,5	71	88	25,5	100

Таблица 3 (продолжение)

Авторы	Стопы				
	1	2	3	4	5
XIX век (стих без цезуры)	82,6	73,7	84,6	53,8	100
XIX век (стих с цезурой)	86,0	75,2	95,3	39,3	100
Начало XX века (лирика)	86,1	77,9	89,4	44,3	100
Советские поэты (лирика)	82,5	72,3	84,1	38,9	100

Вывод следует довольно любопытный: оказывается, модель пятистопного ямба, реализованная в "Марии Стюарт" раньше не встречалась. Проценты ударности первой и третьей стоп как будто позволяют поставить поэму в один ряд с лирикой начала XX века, но по ударности второй и четвертой стоп эта модель вообще не имеет аналогов. Лишь Б. Корнилов, пожалуй, напоминает в этом Бродского (на второй стопе — 62 и 59 процентов соответственно; на четвертой — 22 и 14). Зато ударность нечетных (первой и третьей стоп) у Корнилова заметно меньше. По крайней мере, можно утверждать, не опасаясь обвинений в категоричности выводов, что и ритмику поэмы т р а -
д и ц и о н н о й назвать нельзя.

10

Разбор поэмы, очевидно, показал, что это новое произведение Бродского создано по строгим законам поэтического ремесла. Поэту пришлось поставить и решить немало чисто профессиональных задач. Общий же замысел этой сложной экспериментальной работы, видимо, таков: болезнь и исцеление речи. И поэт пробует внести свою лепту на общий алтарь воскрешения русского языка. Тот же анализ подсказывает нам, что будущее русской речи поэт видит не на путях словотворчества в духе Крученых или в отказе от запретов и норм ради форм, которые хороши лишь своей новизной. Его путь и его вклад — в бережном восстановлении бытовавшего задолго до всяких перемен языкового у к л а д а, в истовом следовании внутренним нормам самого не нами выработанного литературного языка. "В эпоху кино и радио" лишь язык — гарант от вырождения нации. Впрочем, именно это уже было сказано И. Бродским — о языке и о себе:

> Слушай, дружина, враги и братие!
> Все, что творил я, творил не ради я
> славы в эпоху кино и радио,
> но ради речи родной, словесности.
> За каковое раченье-жречество
> (сказано ж доктору: сам пусть лечится),
> чаши лишившись в пиру Отечества,
> ныне стою в незнакомой местности.

И трагические строки:

> Я трачу, что осталось, русской речи...

следует воспринимать шире личной трагедии поэта. Речь больна, ее "остается" все меньше и меньше, — и не только у поэта, но и у всех нас. А речь потерять — все потерять, — на этом, видимо, сойдутся все мыслящие россияне, готовые повторить бессмертные ахматовские строки:

> Не страшно под пулями мертвыми лечь,
> не страшно остаться без крова.
> И мы сохраним тебя, русская речь,
> Великое русское слово.

ПРИМЕЧАНИЯ

1. О. Мандельштам. "Шум времени", "Хаос иудейский" в кн.: *Египетская марка*. Ленинград. 1928. стр. 103.
2. Виртуознейший отрывок из поэмы. Автоматически, по инерции повторяемая цитата вдруг прерывается скобкой, и очнувшийся герой переключает на слове "возможно" (вместо ожидаемого "быть может") течение мысли в иное русло.
3. З. Паперный. "Блоковская конференция в Тарту". *Вопросы литературы* № 9, 1975.
4. Яснее не сказать — читай: и Россия без меня не пропадет!
5. Цит. по книге: Э. Нагель, Д. Ньюмен. *Теорема Геделя*. М. 1970.
6. Этот прием автор использует с нарастающей азартностью — в "Памяти Т. С. Элиота", "Post aetatem nostram", "Разговоре с небожителем", стихотворении "На смерть друга" и теперь – в разбираемой поэме.
7. *Письма и бумаги императора Петра Великого*. Т. 8. Резолюция на докладе Федора Матвеевича Апраксина, стр. 365, М., 1948.
8. Там же, к Борису Петровичу Шереметеву. Стр. 95.
9. Протопоп Аввакум. Цит по кн.: А. М. Панченко. *Русская стихотворная культура XVIII века*. Ленинград, 1973, стр. 193.
10. Нередко в стихотворении видится и такое, о чем автор и слыхом не

слыхивал... Однако, поделимся догадкой о причине вторжения в ряд обычных нарицательных имен русского языка экзотического собственного имени — Катманду. Рифмовка существительных подчинена требованию открытости — опорная гласная — последняя буква в рифмующемся слове. Следовательно, в этом ряду невозможны рифмы типа: среду — дух, саду — недуг и т. п. Но задание найти рифмы на все падежи обязывает что-то предпринять для того, чтобы именительный падеж занял тут свое законное место. Так появляется иноязычное слово Катманду, подходящее по условию открытости.

11. М. Л. Гаспаров. *Современный русский стих. Метрика и ритмика.* М., 1974, стр. 101—103.

Александр ЖОЛКОВСКИЙ
США

"Я ВАС ЛЮБИЛ..." БРОДСКОГО: ИНТЕРТЕКСТЫ, ИНВАРИАНТЫ, ТЕМАТИКА И СТРУКТУРА

> *Повторимо всего лишь
> слово: словом другим.*
> Иосиф Бродский. "Строфы".

При рассмотрении литературной цитации интересно установить не просто наличие отсылки, но и функцию интертекста в новой поэтической структуре. Тем более, что цитироваться могут как содержательные мотивы, так и формальные конструкции. А новую структуру естественно рассматривать не изолированно, а в контексте постоянных — "инвариантных" — черт поэтического мира автора. Наконец, самый факт обращения одного поэта к другому может быть осмыслен полнее путем соотнесения их поэтических миров, т. е. двух систем инвариантов.

Органическую связь четырех аспектов проблемы, вынесенных в подзаголовок статьи, удобно проиллюстрировать на примере стихотворения, которое принадлежит перу одного из литературных менторов Бродского и может послужить своего рода точкой отсчета для последующих сопоставлений.

Есть в близости людей заветная черта,
Ее не перейти влюбленности и страсти, —
Пусть в жуткой тишине сливаются уста,
И сердце рвется от любви на части.

И дружба здесь бессильна, и года
Высокого и огненного счастья,
Когда душа свободна и чужда
Медлительной истоме сладострастья.

Стремящиеся к ней безумны, а ее
Достигшие — поражены тоскою...
Теперь ты понял, отчего мое
Не бьется сердце под твоей рукою.

Это типичная Ахматова — с ее неверием в полноту счастья, жестом встречи/невстречи, классическими — "пушкинскими" — интонациями. Собственно говоря, ее излюбленные содержательные мотивы являются заостренным развитием пушкинской темы бесстрастной страсти, любви *и без надежд и без желаний*.[1] Поэтому закономерно заимствование у Пушкина лейтмотивного образа стихотворения, ср.:

> Но недоступная черта меж нами есть.
> Напрасно чувство возбуждал я.
> ("Под небом голубым страны своей родной...")

Но если у Пушкина недоступная черта разделяет поэта и его умершую в далекой стране давнюю возлюбленную, то у Ахматовой она присутствует и в самой интимной близости всех любящих.

Образ "черты, границы" — один из поддающихся проекции в структурный план текста, в частности, в виде переноса, акцентирующего стиховые и синтаксические границы. На игре с переносами и построена композиция ахматовского стихотворения. В первой строфе переносов нет; во второй их два, заметных, но не вопиющих *(года/ ... счастья; чужда/ ... истоме);* а третья строфа, где речь заходит о трагическом достижении заветной черты, представляет собой целый букет переносов. Текст прерывается паузами после *безумны,* после *ее,* после *достигшие,* после *понял* и после *мое,* то есть дважды в концах и трижды внутри строк. Разрывы обострены инверсиями *(ее/достигшие; мое/не бьется сердце),* создающими сильное тяготение, тенденцию к преодолению остановок. Таким образом иконически воплощается противоречие между стремлением к близости и непереходимостью черты. А вершиной этого нагромождения инверсий и остановок оказывается структурная цитата из Пушкина — из концовки его стихотворения "На холмах Грузии лежит ночная мгла...". Ср. две последние строки Ахматовой и

> И сердце вновь горит и любит — оттого,
> Что не любить оно не может.

Приблизительно одинаковы: размещение остановок, тип синтаксической структуры, сами союзы *(отчего/оттого),* размер, центральный образ *(сердце),* даже рифмовка (чередование мужских и женских рифм на -о-). Сходство завуалировано различием в длине строк, структуре предложений и позиции союза (у Ахматовой не под рифмой). Но главное — переосмыслена концовка: у Пушкина, несмотря на паузы и сдержанный тон,[2] даже в разлуке сердце горит и любит, а у Ахматовой, наоборот, не бьется даже под рукой любовника.

Налицо многообразная тематическая цитация, а стержнем структуры является заимствованный формальный эффект: стихотворение как бы растянуто между содержательной цитатой из Пушкина, задающей тему, и структурной цитатой из него же, поставляющей формальный эквивалент этой темы. Сама же эта тема — один из инвариантов ахматовского мира, который, в свою очередь, представляет собой некую современную вариацию на пушкинские мотивы.

В свете сказанного о взаимодействии тематики, структуры, интертекстуальности и авторских инвариантов обратимся к 6-му из "Двенадцати сонетов к Марии Стюарт" Иосифа Бродского — блестящей перелицовке "Я вас любил..." Пушкина.

1 Я вас любил: любовь еще, быть может,
2 В душе моей угасла не совсем;
3 Но пусть она вас больше не тревожит;
4 Я не хочу печалить вас ничем.

5 Я вас любил безмолвно, безнадежно,
6 То робостью, то ревностью томим;
7 Я вас любил так искренно, так нежно,
8 Как дай вам Бог любимой быть другим.

1 Я вас любил. Любовь еще (возможно,
2 что просто боль) сверлит мои мозги.
3 Все разлетелось к черту на куски,
4 Я застрелиться пробовал, но сложно
5 с оружием. И далее: виски:
6 в который вдарить? Портила не дрожь, но
7 задумчивость. Черт! Все не по-людски!
8 Я вас любил так сильно, безнадежно,
9 как дай вам Бог другими — но не даст!
10 Он, будучи на многое горазд,
11 не сотворит — по Пармениду — дважды
12 сей жар в крови, ширококостый хруст,
13 чтоб пломбы в пасти плавились от жажды
14 коснуться — "бюст" зачеркиваю — уст!

Это не первая в русской поэзии вариация на тему "Я вас любил...". Заданный Пушкиным образец преодоления несчастной любви в духе несколько парадоксальной отчужденности и в элегически спокойной интонации пятистопного ямба с цезурой на 2-ой стопе, открывающегося женской и кончающегося мужской рифмой, отразился (подобно лермонтовскому "Выхожу один я на дорогу...")[3] в серии имитаций, например, бунинской:

Спокойный взор, подобный взору лани,
И все, что в нем так нежно я любил,
Я до сих пор в печали не забыл,
Но образ твой теперь уже в тумане.

А будут дни — угаснет и печаль,
И засияет сон воспоминанья,
Где нет уже ни счастья, ни страданья,
А только всепрощающая даль.

Бунин сохранил многие содержательные и структурные черты оригинала, но, разумеется, переосмыслил его. У Пушкина к концу контрапунктно нарастают как отчужденность, так и вовлеченность, сквозь его спокойную доброжелательность проглядывает вспышка ревнивой страсти.[4] Бунин, напротив, идет от любви к полному забвению и прощению, чему вторит движение от крупнопланового чувственного пятна в начале *(взора лани)* к размытой импрессионистической *дали* в конце, поддержанное развитием рифменного вокализма и некоторыми другими средствами. Переосмысление это, однако, совершается с полным пиететом, который сохраняется и в более вольных вариациях на ту же тему Кузмина, Ахматовой, Цветаевой.[5] Они могут с вызывающим эстетизмом смаковать собственную покинутость или напряженность любовного треугольника, а то и "квадрата", но сохраняют искренность чувства и органичность формы. Все это еще не пародии — в отличие от сонета Бродского.

Пародийны и интертекстуальны уже сами объяснения Бродского в любви к статуе: взаимодействие между живой страстностью и холодной статуарностью — один из инвариантов Пушкина.[6] Кроме того, "Сонеты" напичканы явными и не совсем, но всегда снижающими отсылками к Данте *(Земной свой путь пройдя до середины)*, Шиллеру (автору "Марии Стюарт"), стихам самой Марии Стюарт, Пушкину, Гоголю, Ахматовой *(Во избежанье роковой черты...)* и разнообразным русским клише, пословицам, романсам и т. п.; к Моцарту *(айне кляйне нахт мужик)*, Мане ("Завтрак на траве"), к фильму "Дорога на эшафот" с Сарой Леандр; к парижской архитектуре и топографии и многому другому.

Шестой сонет посвящен систематическому — содержательному и структурному — обнажению поэтики "Я вас любил...".[7] Несчастная любовь огрубляется до физической боли и преувеличивается до покушения на самоубийство, отказ от которого затем иронически мотивируется чисто техническими трудностями (обращение с оружием, выбор виска) и соображениями престижа *(все не по-людски)*[8]. За пушкинским *другим* усматривается открытое множество любовников,[9] а намек на неповторимость любви поэта развернут в шутейный философский трактат со ссылкой на первоисточник. Бог из полустертого компонента идиомы *(дай вам Бог)* возвращен на свой пост творца всего сущего, хотя опять-таки не без иронических оговорок (творить ему разрешается, но только (не) по Пармениду); робкая нежность оборачивается физиологией и пломбами, плавящимися от *жара*, раздутого Бродским из пушкинского *угасла не совсем.* Повторена, с преувеличением, и пушкинская сублимация чувства (притязания на грудь любимой переадресуются освященным традицией устам), в свою очередь обессмысленная тем, что объект страсти — не реальная женщина, а скульптура, а субъект — не столько реальный мужчина с плавящимися пломбами во рту, сколько сугубо литературное — пишущее и зачеркивающее — "я"[10].

Содержательным преувеличениям-снижениям вторят формальные, в первую очередь, лексические. Пушкинский словарь осовременивается и вульгаризируется: вместо *быть может* Бродский ставит *возможно*, вместо *души — мозги*, вместо *безнадежно — безнадёжно*, вместо *так искренно* — глуповатое *так сильно*. Появляются разговорные *черт, всё разлетелось на куски, не по-людски*, канцелярское *и далее* и откровенно неграмотное *вдарить*. *Черт* и *всё* даже повторены, чем нарочито убого имитируются изящные пушкинские параллелизмы.

Обнажает Бродский и основной композиционный принцип оригинала — подспудное нарастание страсти к концу: сонет кончается явным crescendo с восклицательным знаком и поцелуем в диафрагму (хотя и всего лишь в виде воспоминания о желании). У Пушкина подспудность выражена, в частности, синтаксической сложностью двух заключительных строк, с их однородными членами *(так искренно, так нежно)*, придаточным *(так..., как...)*, пассивом *(любимой другим)* и тяжелой инфинитивно-объективной конструкцией *(дай вам Бог быть)*. Для Бродского такая структура, конечно, далеко не рекорд сложности — ему ничего не стоит не только кончить, но и начать тирадой строк на пять-восемь, а то и на все четырнадцать (см. сонеты 4-й, 8-й, 15-й, 20-й и в особенности 17-й). Но в 6-м сонете он, подобно Пушкину, приберегает этот эффект на конец, где, разумеется, далеко превосходит оригинал: последние 5 (если не 7) строк образуют единое предложение, содержащее однородные члены *(жар, хруст)*, придаточное *(чтоб...)*, деепричастный оборот *(будучи...)*, инфинитивную конструкцию *(жажды коснуться)* и вводные слова и предложения *(по Пармениду; "бюст" зачеркиваю)*.

Сохраняет и утрирует Бродский и общее риторическое движение от утвердительного *Я любил* к многочисленным отрицательно-уступительно-противительным частицам *(но, не, пусть)*, увеличивая их число *(НО сложно — НЕ дрожь, НО — НЕ по-людски — НО НЕ даст — НЕ сотворит*, не говоря о *ЗАЧЕРКИВАЮ)* и выделяя их постановкой в ключевые стиховые и синтаксические позиции. У Пушкина подобные частицы, а также модальные оговорки, которыми насыщена первая строфа оригинала *(еще, быть может, не совсем* и др.), подрывают признание в неугасающей любви не только по существу, но и чисто структурно, сбивая цельность интонации. Бродский пародирует этот эффект путем нанизывания многочисленных переносов. Начинает он с усиления (до точки) скромной остановки после лейтмотивного *Я вас любил*, а затем как бы копирует и лишь лексически снижает (заменой на *возможно*) второй пушкинский перенос *(быть может)*. В действительности он резко его усиливает, подменяя вводное слово к группе сказуемого вводным предложением, удваивающим подлежащее — *любовь... (возможно,/ что просто боль)*, — чем и мотивированы скобки в первой же строке. В дальнейшем утрированные переносы, тире, вводные слова, обрывы и остановки завладевают текстом Бродского, достигая кульминации во вводном *"бюст" зачеркиваю* последней строки.

Один из утонченных структурных эффектов оригинала — подготовленная неожиданность его финальной рифмы. Часто подготовка последнего рифмующего слова состоит в том, что оно заранее вводится в предыдущий текст[11]. Возьмем альбомный парадокс Пушкина:

> Напрасно воспевать мне Ваши именины
> При всем усердии послушности моей;
> Вы не милее в день святой Екатерины
> Затем, что никогда нельзя быть Вас милей.
> ("Бакуниной")

Здесь финальное *милей* "предсказывается" не только рифмой *(моей)*, но и словом *(не) милее*, готовящим его лексически, грамматически и фонетически. Этот прием настолько распространен, что сама неожиданность становится более или менее ожидаемой. Написанная по такой схеме, вторая строфа "Я вас любил..." выглядела бы примерно так:

> *Я вас любил безмолвно, безнадежно,
> То робостью, то ревностью томим;
> Я вас любил так искренно, так нежно,
> Как не был никогда никто любим.

где финальное *любим* полностью предсказано комбинацией *любил + томим*. Однако Пушкин, обожавший сюрпризы в рифмовке (вспомним его знаменитое *морозы/(риф)мы розы)*, не удовлетворился подготовленной неожиданностью первого порядка. Вместо *любим* он поставил в рифму *другим*, но ожидавшееся *любим* не выкинул совсем, а лишь передвинул из рифменной позиции в предрифменную (в форме *любимой)*. Какова функция такого передергивания рифм? Структурно здесь налицо освежение приема: ожидания и обмануты (рифма не та), и выполнены, хотя и неожиданным образом (рифма есть; ожидавшееся слово включено в строку). Важнее, однако, тематическая уместность эффекта. Доминанта стихотворения, — по содержанию посвященного отказу от банальной концепции любви, сюжетно построенного на отдаче любимой сопернику, а текстуально движущегося от "я", которым открываются обе строфы и последнее полустрофие, к "другому", появляющемуся в последнем слове текста, — оказывается спроецированной в план рифмовки: ожидаемое рифменное слово в буквальном смысле уступает место неожиданному, другому, которым и оказывается слово *другим*.

У Бродского это изящное словесное уступание места грубо обнажено: поэт прямо заявляет о вычеркивании напрашивающейся рифмы в пользу другой, "сублимированной". Правда, Бродский играет с другими словами *(хруст – бюст – уст* вместо *любил – томим – любим – другим)* и не воспроизводит пушкинскую структуру в точности: бюст лишь частично подготовлен хрустом. Зато неприемлемость зачеркиваемого слова выпячена путем переноса из сферы подспудных рифменных ожиданий в предметный план в виде непристойности.

Чего же, по выражению Зощенко, хочет автор сказать своим художественным произведением? Сводится ли суть 6-го сонета к виртуозному пародированию оригинала на всех уровнях — или же Бродский вносит в него что-то свое и тем самым присваивает его? Пройдемся по тексту вторично, на этот раз с другими стихами Бродского в руках.[12]

Строка 2.
Боль — частый мотив Бродского; она проклятие всего живого, изнанка страсти и цена жизни: *Разве ты знала о смерти больше/ нежели мы? Лишь о боли. Боль же/ учит не смерти, а жизни* (К:25); *...боль не нарушенье правил: /страданье есть/ способность тел/ и человек есть испытатель боли* (К:63). Один из типичных носителей боли вообще и любовных страданий в частности — мозг: *И вкус во рту от жизни в этом мире /.../ И мозг под током! /.../ В мозгу горчит* (К: 67); *... пляска замерзших розг./ И как сплошной ожог –/ не удержавший мозг* (Н: 136); *Сравни с собой или примерь на-глаз/ любовь и страсть — и через боль — истому /.../ Но ласка та, что далеко от рук,/ стреляет* [sic!] *в мозг, когда от верст опешишь,/ проворней уст: ведь небосвод разлук/ несокрушимей потолков убежищ* (Н:63).

От боли в мозгу мотивные связи протягиваются к разлуке, устам (см. выше), а также к вискам, костям и творчеству. Ср.: *трезвость мысли снижается. Мозг в суповой кости/ тает* (Ч:105); *Безумье дня по мозжечку стекло/ в затылок, где образовало лужу./ Чуть шевельнись — и ощутит нутро,/ как некто в эту ледяную жижу/ обмакивает острое перо/ и медленно выводит "ненавижу"* (Ч:104); и особенно: *в моем мозгу/ какие-то квадраты, даты,/ твоя или моя к виску/ прижатая ладонь /.../ затасканных сравнений лоск/ прости: как запоздалый кочет,/ униженный разлукой мозг/ возвыситься невольно хочет* (К:81–2). Готовым оказывается не только весь тематический комплекс, но и рифменное сцепление мозга и виска! Что касается сверлящего характера боли в сонете, то он соответствует форме мозговых извилин (ср.: *Твой мозг перекручен, как рог барана*, Ч:96), предвещает мотив пули в висок (ср. выше *стреляет в мозг)* и отлит в готовую русскую идиому.

Строка 3.
Разлетание на куски[13] не только готовит выстрел, но и представляет характерный для Бродского мотив распада, развала. Ср.: *Что-то внутри, похоже, сорвалось, раскололось* (Ч:68); *Вещь можно грохнуть, сжечь,/ распотрошить, сломать./ Бросить. При этом вещь/ не крикнет: "Ебёна мать"* (К:111); *...в бесцветном пальто,/ чьи застежки одни и спасали тебя от распада* (Ч:31); ср. также ниже о мотиве разлуки.

Строки 4–7.
Мысленное примеривание самоубийства и сопутствующей ему дрожи тоже неоднократно встречается у Бродского, часто в комбинации с кровью, разлукой, виском, зубами/пастью, и под знаком ошибки. Ср.: *То-то крови тесна/ вена: только что взрежь –/ море ринется в брешь /.../ вход в бессмертие врозь* (Н:24)[14]; *Застегни же зубчатую пасть. Ибо если лежать на столе,/ то не все ли равно, ошибиться крюком или морем* (К:101); *Но не ищу себе перекладины:/ совестно браться за труд Господень./ Впрочем дело, должно быть, в трусости./ В страхе. В технической акта трудности./ Это влиянье грядущей трупности* (Ч:25); *И если резко/ шагнуть с дебаркадера вбок, вовне/ будешь долго падать, руки по швам; но не/ воспоследует всплеска* (Ч:101); *То ли пулю в висок, словно в место ошибки перстом* (К:59).

Несмотря на жалобы на сложность с оружием, оно применяется в стихах Бродского довольно часто; ср. *...и жажда слиться с Богом,/ как с пейзажем,/ в котором нас разыскивает, скажем,/ один стрелок* (К:63); *Здесь пуля есть естественный сквозняк./ Так чувствуют и легкие и почка* (Ч:62); *Здесь это связано с риском/ быть подстреленным сходу* (Ч:68); *...и где у черепа в кустах всегда три глаза/ и в каждом пышный пучок травы* (Ч:64). Ср. также ясно воображаемый *продырявленный кумпол* (К:59) и беззвучное *всех клеток "пли"* (Н:143), стирающее все живое с лица земли.

За навязчивыми образами самоубийства стоит одна из центральных тем Бродского — тема смерти, пустоты, грани небытия в очень характерном повороте физически ощущаемого страха смерти и боли, подстерегающих человека. Ср. в примерах выше: риск; разыскивающего нас стрелка; море крови, готовое ринуться в брешь; сквозняк пули; боязнь грядущей трупности; а также: гангрену, взбирающуюся по бедру полярного исследователя (А:5); короля червей, который загодя ликует, предвкушая трупы (К:30); рыбу, на чешуе которой уже лежит отблеск консервного серебра (Н:132, 141); голову, ожидающую топора (К:60, Ч:56); страх перед смертным часом, пришиваемый сердцу, как *вырванное с мясом* (К:65); холод, трясущий сердце, *мне в грудь попав* (Н:52); зависть к вещи, не знающей ужаса, *даже если вещица при смерти* (Ч:27); статью о попавшем под колесо *(с облегченьем подумать: это не про меня,* Ч: 47); уготованность смертного жребия *как мяса с кровью* (Ч:69); сознание, что глаза *скормить суждено воронам* (Ч:70); расползание смерти по карте (Ч:85); ночного мотылька, подобно пуле, посланного природой из невидимого куста (Ч:103); мостовую, которую всегда пересекаешь *с риском быть за$^к_п$леванным насмерть* (Ч:113); и многое другое.

Особенно характерна группа образов живо представляемой боли в голове/шее: *Во избежанье роковой черты,/ я пересек другую — горизонта,/чье лезвие, Мари, острей ножа./ Над этой вещью голову держа,/ не кислорода ради, но азота,/ бурлящего в раздувшемся зобу,/ гортань... того... благодарит сурьбу* (Ч:52); *Лязг ножниц, ощущение озноба./ Рок, жадный до каракуля с овцы,/ что брачные, что царские венцы/ снимает с нас. И головы особо* (Ч:56). Оба примера — из "Сонетов" и потому акцентируют обезглавливание. В других случаях кастрационные обертоны всей этой группы мотивов выражены впрямую. Смерть нависает над жизнью, любовью, способным к любви телом: *Речь о саване/ еще не идет. Но уже те самые,/ кто тебя вынесет, входят в двери /.../ чую дыханье смертной темени/ фибрами всеми и жмусь к подстилке./ Боязно! Тот-то и есть, что боязно./ Даже когда все колеса поезда/ прокатятся с грохотом ниже пояса,/ не замирает полет фантазии* (Ч:24—5); *Я прошел сквозь строй янычар в зеленом,/ чуя яйцами холод их злых секир,/ как при входе в воду /.../ я пересек черту* (Ч:100; ср. еще воображаемое *серпом по яйцам* в К:16); *Состоя из любви, грязных снов, страха смерти, праха,/ осязая хрупкость кости, уязвимость паха,/ тело служит...* (Ч:109). Одна из вариаций на эти темы содержит и сходные с 6-м сонетом образы неповторимости жизни, орудия убийства, и даже каламбурную рифму типа *дрожь, но: Бобо мертва. На круглые глаза/ вид горизонта действует как нож, но/ тебя, Бобо, Кики или Заза/ им не заменят. Это невозможно* (Ч:9).

Характерная деталь несостоявшегося самоубийства "я" — его колебания (в выборе виска). Это тоже повторяющийся мотив: Бродского интересуют альтернативные варианты поведения, мироощущения, жизни, бытия; ср.: *"Чем это было?" /.../ Самоубийством? Разрывом сердца/ в слишком холодной воде залива?/ Жизнь позволяет поставить "либо" /.../ ризы Христа иль чалма Аллаха /.../ в два вари-

анта Эдема двери/ настежь открыты, смотря по вере (К:22–3). Этот фрагмент из "Памяти Т. Б." сочетает идею альтернативности с мыслью о самоубийстве и вообще смерти, о богах, устройстве мира "по" тому или иному учению и о выборе слова, т. е. накладывается на 6-й сонет целым пучком мотивов. В связи с альтернативностью ср. еще: *одну ли, две ли/ проживаешь жизни, смотря по вере* (Ч:113); замечание о римской жаре: *этих лучей заглаза б хватило/ на вторую вселенную* (Р:3); концовку "Наброска": *Пускай Художник, паразит,/ другой пейзаж изобразит* (Ч:10); и описание языка индейцев майя как *не знавшего слова "или"* (Ч:70); см. также ниже о мотиве *дважды*.

Строки 9–11
    Дважды — любимое словечко Бродского, настолько, что даже с *жажды* оно рифмуется не раз, ср. К:32, а также: *Бедность сих строк – от жажды/ Что-то спрятать, сберечь, / обернуться. Но дважды/ В ту же постель не лечь* (Н:112), где в перекличке с 6-м сонетом участвуют также архаическое *сих,* разговор о поэзии *(строк)* и, главное, самая мысль о неповторимости страсти. Этот фрагмент из "Строф" проясняет также связь комплекса *не... дважды* с именем Парменида, который, в противоположность Гераклиту, полагал мир неизменным и, значит, допускал возможность дважды войти в одну и ту же реку. Через сходную конструкцию *(дважды в ту же ... не...)* фразеологическая нить тянется к неповторимости любовного пыла лирического "я" в нашем сонете[15].
    Сама апелляция к Пармениду стоит в ряду многочисленных у Бродского ссылок на авторитеты, часто в тире или скобках, "по" которым описывается данная ситуация и мир вообще: на Аристотеля (К:16); Катона (Н:78); Архимеда (как на закон о вытеснении, так и на рычаг, К:18, Ч:26, Н:28, 69); Гоббса (К:13), Малевича (белое на белом, А:4, Р:12); Ленина (на инструкцию о подготовке восстания, Н:32); Цельсия (т. е. температуру, Н:66); и на целую когорту великих — по самым разным вопросам ("Письмо в бутылке"). Мотив "мир по *Х*-у" — еще одно воплощение общего релятивизма Бродского; ср. сказанное выше об игре в альтернативные варианты бытия, а также такие образы, как недостоверность мира *в хмурый день* (К:71); зависимость взгляда на вещи от снов, причем *смотря кто спит* (Ч:110); зависимость *правды от искусства* (К:38), а существования шахматных фигур от логичности ходов (К:40); и, наконец, любовь Бродского к набрасыванию альтернативных идиллических сценариев жизни (Н:57, Ч:54).
    Релятивизм этот, однако, относителен. Бродский убежден в абсолютности смерти, пустоты, "ничто" и в уникальной неповторимости жизни, любви, всего, что минутно и что бренно. Вновь и вновь варь-

ирует он образы невозвратимости встреч с любимыми местами (Ч:11, 113) и женщинами (Н:63, 80, 88, 144, К:80); вечно занятого телефона (Ч:48); выхода вон из совместной жизни (Н:95, 143); тоски *расстегиваться врозь* (Ч:57); невозможности *встать вдвоем* в разлуке, так как одного светила не хватает на двоих (Ч:197); неизбежности лежать врозь и после смерти, будь то в раю или в аду (Н:86, К:76); отсутствия жизни на других планетах (Ч:84); и т. д., и т. п. В то же время идея возврата, повторения, тождества занимает Бродского и присутствует как возможность или сон (Н:129); как встреча в уме (Н:34) или в ином измерении (К:79). Повторимым, однако, оказывается, лишь искусство, слово, перо (Н:112, 123; Ч:102, 105). Все эти мысли часто являются как реакция на разрыв с любимой и/или эмиграцию, но не сводятся к ней, а восходят к основам жизненной философии поэта.

Мотивы "неповторимость встречи" и "мир по *X*-у", совмещаясь, приводят к обильным ссылкам на Эвклида с его непересекающимися параллельными *(насчет параллельных линий/ все оказалось правдой и в кость* [sic!] *оделось,* Ч:89, ср. также К:76) и прямыми, пересекающимися только в одной точке (К:28). А жажда встречи подсказывает всякого рода неэвклидовы решения (К:106, Ч:99), в частности, "по" Лобачевскому (ср. Н:142, К:59 и особенно Ч:102, где мотивы разлуки и мечты о встрече сочетаются с образами мозга, слюны, гула слов). Роль Эвклида = не Лобачевского и берет на себя (не)Парменид = Гераклит, по которому ничего не бывает дважды, но тем более исключительной оказывается страсть, живописуемая в конце сонета (ср. еще: *я любил тебя больше, чем ангелов и самого /.../ в темноте всем телом твои черты,/ как безумное зеркало, повторяя,* Н:129).

Строки 12–14.
От страсти связи часто ведут, с одной стороны, к физиологии — жару, крови, костям, хрусту, пасти, больным зубам, грудям и прочим непристойностям, а с другой, — к выбору слов и рифм, то есть, ко всем составляющим комплекса, венчающего 6-й сонет. *Страсть* недаром рифмуется с *пастью* (Н:67; в нашем сонете это происходит лишь в подтексте); ко рту, а также к треску костей ведет и рассуждение о теле, раскаявшемся в страстях: *Зря оно пело, рыдало, скалилось./ В полости рта не уступит кариес/ Греции древней, по меньшей мере./ Смрадно дыша и треща суставами,/ пачкаю зеркало...* (Ч:24). Образ разрушающихся зубов, так или иначе связанный с культурой, творчеством, старением, разлукой и любовью, Бродский варьирует неоднократно: *...я, скрывающий во рту/ развалины почище Парфенона* (Ч:28); *Средиземное море шевелится за огрызками колоннады,/ как соленый язык за выбитыми зубами./ Одичавшее серд-*

це все еще бьется за два/ *За сегодняшним днем стоит неподвижно завтра,/ как сказуемое за подлежащим* (Ч:82). Назову также *большую десну* (Ч:102) и *зубчатую пасть*, появляющиеся в контексте тем творчества, эмиграции и самоубийства (К:101), и рифму *пасть/часть (речи)* (Ч:95) в контексте зубов, жизни и смерти, разлуки, творчества и шуршания, раздающегося в мозгу *вместо неземного "до"* (ср. мозг и зачеркивание в сонете) [16].

Комплекс *страсть – жар (горячо/ожог) – хруст в кости – уста*, рифмующиеся с *(обнажая) места* (т. е. почти бюстом), представлен в "Горении" (Н:134–6); а в "Ломтике медового месяца" (Н:21) *(устриц) хруст* рифмуется со *(страсть, достигшая) уст* в контексте *обрывка жизни вдвоем и слов*. Одно из стихотворений "Мексиканского романсеро" (Ч:68) строится на соединении образов боли в губе, слова, творческого дара, расколовшегося внутреннего мира и жанра *(правильней – жара)*; а в другом тексте (Н:145) воспоминания о любимой включают мотивы касания, сотворения, голоса, жара. Сближение уст и бюста тоже повторяется у Бродского, ср.: *снег, что ундине уста занес,/ и нежный бюст превратил в сугроб* (Н:71) и даже рифму *уст/бюст* (Н:61), хоть и с иной семантикой.

В нашем сонете (где налицо семантика одного из примеров и почти что рифмовка другого) *уст* и *бюст* привлечены в качестве альтернативных рифм к *хруст*, причем *бюст* вычеркивается. Дело, разумеется, не в непристойности бюста — Бродский иной раз загибает и не такое, ср. образы ног на плечах (К:103, 107), *"иди на", жэ, переспать* и *блядь* в "Сонетах" (Ч:52, 53, 59), *"ебёна мать"* (К:111), *ох ты бля"* (Ч:91) и т. п. Но чаще он одновременно скрывает и обнажает непристойность — как по чисто художественным соображениям, так и ради специфического для него акцента на авторской воле. Ср.: *и волны, которых нельзя сомкнуть,/ в которых бы я предпочел тонуть* (т. е. груди) (Н:93); *[и слово сие писати] в tempi следует нам passati* [что по-русски звучит как "нам нужно срочно помочиться"] (Ч:16); *и уже седина стыдно молвить где* (Н:144); *о тепле твоих – пропуск – когда уснула* (Ч:81); *извиваясь ночью на простыне –/ как не сказано где-то по крайней мере –/ я взбиваю подушку мычащим "ты"* (Н:129).

Последние три примера напоминают педалирование авторской воли с помощью вводных конструкций, примененное в зачеркивании бюста. Нередки у Бродского и прямые заявления о сознательном выборе слов; ср. выше *жизнь позволяет поставить "либо"*, а также: *...написав "куда",/ не ставлю вопросительного знака* (Н:82); *И хочется, уста/ слегка разжав, произнести "не надо"* (Ч:9); *едва могу произнести "жила"* (Ч:32); *На Севере – плантации, ковбои,/ переходящие невольно в США,/ что позволяет перейти к торговле* (Ч:71); *ежась, число округляешь до "ох ты бля"* (Ч:91); *я пишу эти стро-*

ки, стремясь рукой /.../ на секунду опередить "на кой",/ с оных готовое губ в любую/ минуту слететь (Ч:104). Очевидно безразличие Бродского к соображениям благопристойности: в одних случаях они вообще несущественны, в других выбор делается в пользу мата, а в третьих, — в пользу приличий, но только после произнесения запретных слов, как в последнем примере, особенно близко (вплоть до упоминания о губах) напоминающем финал 6-го сонета. Еще более точный прообраз этой концовки находим во фрагменте: *Генерал! Я взял вас для рифмы к слову/ "умирал", что было со мною, но/ Бог до конца от зерна полову/ не отделил, и сейчас ее/ употреблять — вранье* (К:33), посвященном предмету особых забот поэта — выбору рифмы, точнее — ее несостоявшемуся применению в контексте несостоявшейся смерти.

Одним из первых в русской поэзии экзистенциалистский жест словесного произвола как ответа на окружающую пустоту опробовал, по-видимому, Мандельштам, и не исключено, что один из интертекстов к 6-му сонету — концовка "Астр":

Я пью, но еще не придумал, из двух выбираю одно —
Веселое асти спуманте иль папского замка вино.[17]

О Мандельштаме (с его пристрастием к образу шевелящихся губ поэта, помазанных пустотой) напоминает и связанный с выпячиванием авторского присутствия выбор именно уст. По сюжету речь идет об объекте поцелуев, но подспудно и об устах поэта, творящих стихи. Бродский вообще любит кончать стихотворение образом губ: *когда книга захлопывалась и когда/ от тебя оставались лишь губы, как от того кота* (Н:138); *...оттиском "доброй ночи" уст/ не имевших сказать кому* (Ч:80); *...крича/ жимолостью, не разжимая уст* (Ч:90); *рыба рваной губою/ тщетно дергает слово* (Ч:68); *разомкнуть уста/ любые. Отыскать чернила/ И взять перо* (К:72). Даже в первом примере, где губы явно эротичны, *книга* и интертекст — чеширский кот из "Алисы в стране чудес"[18] — индуцируют связь с устами как органом поэзии, представленным в остальных концовках. Иногда Бродский сознательно сближает обе функции уст: *Там есть места, где припадал устами/ тоже к устам и пером к листам* (Ч:113).

Участие уст поэта подразумевается и в финальном поцелуе сонета — именно у него во рту рождается жажда коснуться бюста/уст. В пользу поэтических уст свидетельствует также употребленный с ними глагол. Ср.: *уже ни в ком/ не видя места, коего глаголом/ коснуться мог бы, не владея горлом /.../ ...слюной/ кропя уста взамен кастальской влаги,/ кренясь Пизанской башнею к бумаге...* (К:61). Отсылка к "Пророку" в этом "Разговоре с небожителем" очевидна, как очевидно, что в *коснуться* здесь контаминированы действия будущего поэта *(глаголом жечь)* и серафима, снаряжающего его в творческий путь *(моих зениц/ ушей коснулся он; и он к устам моим приник)*. Вспомним также, что в 6-м сонете сочетание *коснуться... уст* управляется словом *жажды* — первым существительным "Пророка" *(Духовной жаждою томим...)*. Таким образом, целый комплекс образов: *жар* (ср. *глаголом жечь*) + *жажда* + *коснуться* + *уста* делает "Пророк" вторым важнейшим интертекстальным источником сонета, причем связующим звеном с "Я вас любил..." могло послужить общее слово *томим*[19].

Что касается "Разговора с небожителем", т. е. откровенного "Пророка" "по-бродски", то далее в нем поэт не умирает, а *сжав уста и сойдя с креста* идет *на вещи по второму кругу* (К:63), т. е. уста опять-таки участвуют в преодолении смерти. На это способны именно уста говорящие *(И хочется, уста/ слегка разжав, произнести "не надо"./ Наверно, после смерти — пустота,* Ч:9), а в пределе — поэтическое слово без уст, по-мандельштамовски рождающееся прежде губ: *Когда вокруг — лишь кирпичи и щебень, предметов нет, а только есть слова./ Но нету уст. И раздается щебет* (Н:64).

Итак, подмена уст целуемых устами творящими закономерна — как ввиду очевидной метапоэтичности сонета, так и потому, что именно поэтическому слову дано в мире Бродского преодолевать разлуку, развалины и невозвратность момента: *повторимо всего лишь/ слово: словом другим* (Н:112). *Бисер слов, написанных умирающим от гангрены полярным исследователем, покрывает фото супруги, к ее щеке/ мушку даты сомнительной приколов* (А:5) и переживает их обоих. *Дорогая, несчастных/ нет! нет мертвых, живых./ Все — только пир согласных/ на их ножках кривых./ Видно, сильно превысил/ свою роль свинопас,/ чей нетронутый бисер/ переживет всех нас./ Право, чем гуще россыпь/ черного на листе,/ тем безразличней особь/ к прошлому, к пустоте/ в будущем. Их соседство,/ мало проча добра,/ лишь ускоряет бегство/ по бумаге пера /.../ Но мы живы, покамест/ есть прощенье и шрифт* (Н:111, 113)[20].

Если сонет так насыщен инвариантами Бродского, то пушкинский оригинал в нем должен быть не только спародирован, но и потеснен чисто структурно. Как мы помним, важнейшее сюжетное изменение состоит в вынесении на поверхность и в финал страстного утверждения любви. Грубо говоря, пересказ оригинала заканчивается в середине 9-й строки, где Бродский обрывает Пушкина на полуслове своим ...— *но не даст!* Эффект скомканности поддержан также тем, что в полторы строки (8-ю и половину 9-й) втиснут материал из начала, середины и конца второй строфы оригинала: *Я вас любил* из 5-й/7-й строк, *безнадежно* из 5-й, *так* + однородные из 7-й, *Как* и т. д. из 8-й. На обрывание работает и разделение 8-й и 9-й строк в рифменной композиции сонета: *безнадежно* — последняя рифма восьмистишия, а *даст* — первая шестистишия.[21]

В синтаксическом плане именно первые девять строк написаны довольно короткими фразами, тогда как в финале Бродский дает волю своему витиеватому красноречию. Разумеется, весь синтаксис, с самого начала, — типичный для Бродского разорванный, цветаевский. Но в начале сонета он как бы подверстывается к пушкинскому, а в конце выходит за классические рамки.

Что касается словаря, то к концу практически исчезает вульгарная лексика и появляются архаизмы и поэтизмы: *Бог, будучи, сотворит, по Х-у, сей (!) жар в крови, коснуться, уст*. Нейтрально-серьезная лексика проходит через весь текст *(любовь, оружие, задумчивость, зачеркиваю)*, но в финале особое значение получают слова двойной стилистической принадлежности — контекстуально низкие и высокие одновременно. Таковы *горазд*, архаичное в контексте *будучи* и разговорное в контексте *на многое*; животная *пасть*, привлеченная к объяснению в любви; *жажда*, то ли духовная, то ли связанная с выделением слюны, которое угадывается за плавящимися пломбами. Контекст слюны и пломб снижает гиперболический образ плавления, в возвышенном плане отсылающего к пастернаковскому голосу поэта, который... *властный, как полюдье,/ Плавит все наперечет./ В горловой его полуде/ Ложек олово течет /.../ В миг, когда дыханьем сплава/ В слово сплочены слова*[22]. В начале сонета подобная стилистическая двойственность разве что намечена словом *сверлит*. Таким образом, и лексическая композиция делит стихотворение на две части — пародийную и серьезную.

В плане рифмовки Бродский тоже как бы комкает оригинал. У Пушкина рифмы плавно движутся от *-ож* — через *-ем* и *-еж* — к *-им*, причем драматизм финального *-и-* усилен введением соответствующего согласного — велярного взрывного *г* — в последнюю рифму *(другим)* и многочисленными *и* и велярными в двух заключительных строках *(таК ИсКренно, таК, ... КаК боГ любИмой бЫть друГИм)*. Бродский конспективно сводит *-ож-* первой строфы и *-ежно* второй строфы в *-ожно* сонетного восьмистишия, которое он заключает каламбурным совмещением обоих рифменных рядов Пушкина в своем *безнадёжно*. Рифму *-ожно* он чередует с *-ги/ки*, т. е. заключительной рифмой оригинала. Так рифменная четверка Пушкина оказывается сжатой до пары, которая и растягивается, с неизбежной пародийной монотонностью, на все восьмистишие. Разделавшись с пушкинскими рифмами, Бродский обращается к новым созвучиям: *-аст, -ажды* и *-уст*. Оба гласных и все три комплекса в целом (за исключением *-ж-*) находятся на периферии пушкинского текста, ни разу не попадая под рифму и редко под ударение.

Какова же логика рифменного движения во второй части сонета?

В конец вынесено закрытое и минорное *-у-* в сочетании с двойным глухим исходом *-ст*. Этот комплекс поддержан двойным проведением в финальной строке (коснУТЬСя, бЮСТ), многочисленными *у* в остальном тексте *(любил, любовь, чертУ, орУжием, задУмчивость, полюдски, любил, другими, бУдучи, хрУст)* и присутствием *-ст* в другой рифменной паре шестистишия *(даст/горазд)*. Эта последняя вместе с рифмой на *-ажды* четко противопоставляют заключительному *у* широкое *а*, причем широта и вокальность даже нарастают, достигая максимума в паре *дважды/жажды*, с ее женскими (т. е. двугласными) клаузулами, открытыми слогами в конце, полным отсутствием глухих и обилием ударных *а* в 13-й строке. Женские рифмы с окончанием на гласный + *ж* + звонкий + гласный подготовлены рифменным рядом *-ожно*, чем создается определения связность рифмовки. После максимально открытого, широкого и звонкого *-ажды* рифмовка решительно сужается к глухому и сдержанному — "сублимированному" — *-уст.*[23]

Итак, основной композиционный принцип 6-го сонета состоит в том, что на нескольких уровнях (сюжетном, лексическом, синтаксическом и рифменном) Бродский как бы сокращает, а затем перебивает и отодвигает в сторону пушкинский оригинал, чтобы в конце выступить со своим собственным номером. А в сюжете этот прием применен даже дважды — к материалу сначала первой, а затем второй строфы оригинала. Пересказ первой строфы сведен у Бродского к одной-двум строкам, а далее мотив альтруистического подавления любви замещается эгоцентрическими размышлениями о самоубийстве и физическими образами, совершенно отсутствующими в абстрактно-куртуазном тексте Пушкина. Правда, в отличие от 9-й строки, в первый раз Бродский не столько обрывает Пушкина, сколько перевирает его, подменяя *быть может* своим *возможно* и повышая вводность синтаксиса. Перевирание применено и во втором случае — в 8-й и 9-й строках *(так сильно; безнадёжно; другими)*, чтобы затем смениться перебиванием *(...но не даст!)*. Обе техники напоминают обращение с Пушкиным Маяковского:

    Как это/ у вас/ говаривала Ольга?
    Да не Ольга!/ Из письма/ Онегина к Татьяне:
    — Дескать,/ муж у вас/ дурак/ и старый мерин,
    я люблю вас,/ будьте обязательно моя,
    я сейчас же,/ утром должен быть уверен,
    что с вами днем увижусь я.
                      ("Юбилейное")

Потеснив пушкинский текст, Бродский насыщает сонет собственными мотивами, в частности грубо физиологическими, композиционное развитие которых вторит общей переориентации с пушкинской отрешенности на более бравурный собственный тон. Материальные мотивы вводятся в сонет двумя порциями — в середину, на место первой строфы, и в конец, на место второй, причем по нагромождению физиологических деталей три последние строки не уступают шести первым. Там — *боль, сверлит... мозги, застрелиться, оружие, виски, вдарить, дрожь,* здесь — *жар, кровь, ширококостный хруст, пломбы, пасть, жажда, коснуться, бюст, уст.* Первая группа образов утрирует несчастность любви, а вторая ее уникальность и, значит, — некий триумф. Переход от первых ко вторым построен как двойная подготовка финальной тирады — по сходству и контрасту.

Сходство в том, что и в начале и в конце речь идет об отрицательных физиологических состояниях, служащих аккомпанементом любви, причем в обоих случаях в них вовлекается не только физиология, но и техника *(оружие; пломбы).* Контрастный же ход состоит в том, что физиологические ощущения начинаются в мозгу и висках и носят безоговорочно негативный характер, а затем через кровь и кости сосредотачиваются во рту, чтобы, наконец, разрешиться, улетучившись через губы в виде поцелуя/поэтического слова; при этом в начале металл угрожает страждущему телу, а в конце телесная страсть плавит металл.

На комбинации перевирания с перебиванием строится композиционное движение и другой важнейшей серии инвариантов Бродского, которая контрапунктно сопоставлена физиологической серии.

Через все стихотворение проходит мысль об альтернативности и призрачности жизни, причем, как и в случае с физиологией, прочерчивается зигзаг от негативного начала к позитивному концу. Первым едва заметным звеном цепи является альтернативная пара "то ли любовь, то ли боль", полученная перевиранием пушкинского *быть может.* Затем следуют уже совершенно явные и сугубо "бродские" мотивы: потенциальность самоубийства, альтернативность висков, потенциальная множественность миров, творимых "по" X-у, и наконец, альтернативность возможных рифм и концовок, причем реальная неповторимость любви и определенность авторского выбора слов знаменуют поворот от релятивистских колебаний к по-релятивистски же произвольному — экзистенциальному — разрешению проблемы. Эта мотивная цепь не случайно начинается с перевирания пушкинской вводной конструкции в первой строке, ибо релятивизм Бродского имеет одним из своих законных поэтических источников характерную пушкинскую самоотрешенность, первым проявлением которой в "Я вас любил..." является как раз *быть может,* а последним — решение уступить любимую другому.

Итак, бесцеремонная перелицовка оригинала нацелена не на пародию вообще, а произведена существенным образом "по-бродски". Попробуем сформулировать, как звучит 6-й сонет в целом — сам по себе и по отношению к пушкинскому тексту.

Одни из новых образов (телесные состояния "я" — от боли в мозгу до плавящихся пломб) акцентируют уникальную материально-физиологическую природу бытия; другие (самоубийство, альтернативность и призрачность жизни, отсутствие реального объекта любви) представляют противостоящие человеку смерть и пустоту; а третьи (авторский произвол, проявляющийся в скобках, тире, пародировании и обрывании оригинала, зачеркивании бюста и выборе уст, отсылка к "Пророку" и творческие коннотации уст) воплощают способность поэтического слова преодолеть великое Ничто. В целом складывается образ какой-то необычайно мощной, животной и в то же время чисто условной и риторической страсти, чудом — на собственной тяге — держащейся в пустоте. Как же понимать этот образ — всерьез или как упражнение в поэтическом многоглаголании?

Тема живого, телесного и вообще материального, как бы упирающегося в нематериальное, смерть и пустоту, явно занимает Бродского. Она представлена целым комплексом характерных мотивов, таких как:
—встреча-граница-совмещение телесного и бестелесного, бесформенного и формы, зримости и беззвучности, манифестациями чего служат образы пламени, бабочки, профиля, тени, воображения, памяти, снега на крышах, воды, принимающей форму сосуда, сгустка пустоты, белого на белом ("по" Малевичу), стула и темени внутри комнаты среди темноты снаружи, *крика молчания*, искусства, способного видеть то, чего нет, разговора душ в аду, и мн. др. (Н:12, 37, 71—2, 74, 76, 104, 131, 132, 135—6, 145; К:61, 79, 80—2, 103, 107, 113; Р:5, 6, 11, 12; Ч:8—9, 11, 27, 31, 34, 36, 38, 42, 44, 47, 61, 81, 100, 108—9, 112);
— геометрическая вложенность жизни и любви в пространство, пространства во время, а времени в смерть и пустоту (К:18, 24, 59, 62, 106; Р:10, 12; Ч:10, 32, 39, 57, 66, 69, 106, 110);
— абстракции, воображаемые линии, арифметические действия и другие школьные и научные понятия, скрытые под реальностью или выводящие за ее пределы, в частности образы вектора, треугольника, перпендикуляра, конуса, круга, вычитания, силы тяжести, строения атома, воздействия луны на приливы и отливы и т. п.[24] (Н:34, 36, 63, 66, 70, 79, 141; 143, 144; К:37, 77, 79, 80, 106; Ч:13, 16, 32, 37, 66, 86, 89, 99, 105, 108—9, 113);
— выход из комнат, прошлых связей, жизни; точка зрения с другого континента, с луны, из будущего, из ниоткуда или в никуда/ничто; пристрастие к жанру эпитафии (Н:96—6, 103, 110, 114, 143, 129, 130; К:75, 80; Р:2; Ч:31, 43, 44, 68, 77, 80, 84, 87, 92, 103, 107).

Как легко видеть, эти группы мотивов многообразно связаны друг с другом: одной из масок бестелесности можно считать научные абстракции; одна из таких абстракций — геометрическая вложенность жизни в пустоту; абстракции могут выводить за пределы реальности, вон и в никуда, и мотивировать абстрактную точку зрения из ниоткуда, позволяющую увидеть жизнь беззвучной, бесплотной — и т. д. опять сначала. К этому кругу мотивов относится и образ безличной страсти в пустоте, ср. "чеширские" губы любимой в темноте (Н:138) и такие программные строчки: *Необязательно помнить, как звали тебя, меня /.../ безымянность нам в самый раз, к лицу/ как в итоге всему живому, с лица земли/ стираемому беззвучным всех клеток "пли"* (Н:143), переходящие дальше в рассуждение о "нас" и "здесь" как *клине/локте, выдвинутом вовне,* но простирающемся лишь до определенного предела. Особенно сходен с несотворимой дважды, но безадресной страстью 6-го сонета следующий фрагмент: *Ниоткуда, с любовью, надцатого мартобря/ дорогой, уважаемый, милая, но не важно/ даже кто, ибо черт лица, говоря/ откровенно, не вспомнишь, не ваш, но/ и ничей верный друг вас приветствует /.../ я любил тебя больше, чем ангелов и самого/ и поэтому дальше теперь от тебя, чем от них обоих,/ поздно ночью в уснувшей долине, на самом дне/ в городке, занесенном снегом по ручку двери...* (Н:129) [25]

Спасение от заносящей все пустоты приходит, диалектически, через ее приятие — через упование на пустые слова, на чистую словесность, на *пир согласных на их ножках кривых,* на *бисер слов* и на *бегство по бумаге пера* (Н:111). Диалектика состоит в том, что слова сопричастны как призрачности существования, так и авторской воле (см. выше), и, одновременно, как пустоте, так и материальному миру — отсюда *ножки, бегство, пир* и животный субстрат любовной риторики в 6-м сонете[26]. Предельно разведя полюса "звуков" и "жизни", Бродский совмещает их в характерный поэтический гибрид — *смесь/ сильных чувств динозавра/ и кириллицы смесь* (Н:114).

Смесь эта не более цинична и не менее искренна, чем сплав порнографии и высокой литературы в набоковской "Лолите". Анализ страсти, взятой в крайних ее проявлениях, характерен для XX века (ср. еще такие разные тексты, как роман Пруста, "Эдичку" Лимонова или "Нинку" Высоцкого с рефреном *А мне плевать, мне очень хочется),* но не составляет его монополии — достаточно оглянуться на "Мадам Бовари", "Манон Леско", а то и на Катулла. Новым является, по-видимому, сочетание такого анализа с рефлектирующим обнажением условной природы искусства, приводящее к сознательно экспериментаторскому анатомированию патологической страсти. Принадлежа в этом смысле XX веку, Бродский и его сонет все же восходят своими истоками к Пушкину, с его изображением страсти сквозь призму бесстрастия, расщеплением "я" на человеческое, земное, любящее, страдающее, бренное и поэтическое, полубожественное, посмертное, спокойно возвышающееся над смиренно идущими под ним тучами и собственными страданиями (см. прим. 10); с его лирическими отступлениями, убивающими сюжет, и вообще преданностью *высокой страсти ...для звуков жизни не щадить*. Но если у Ахматовой пушкинская анестезия страсти при помощи пауз и переносов доводится до максимума возможного в рамках классической поэзии, то Бродский продолжает ту же тенденцию далеко за эти пределы, опираясь на опыт русского футуризма и, шире, модернизма вообще. Его сонет — это, так сказать, "Я вас любил...", искренно обращенное Гумберт Гумбертычем Маяковским к портрету Мэрилин Стюарт работы Веласкеса — Пикассо — Уорхола.

Чем мне закончить мой отрывок? Подобно пушкинскому тексту, структура которого как бы собрана в фокус в его финальном стихе, эмблематической строчкой завершается и сонет Бродского: *Коснуться — "бюст" зачеркиваю — уст!* Здесь есть все: герой и героиня; человеческое тело и камень статуи; объект плотской страсти и орган поэзии; поцелуй под занавес и чисто литературная правка текста; буквальные прикосновения и побуждение к творчеству через отсылку к "Пророку"; сублимация страсти à la Пушкин и "чеширские" губы для концовки; обнажение пушкинского отказа от напрашивающейся рифмы и демонстрация авторской воли в выборе слов; характерный вводный синтаксис и интенсивная фонетическая подготовка слова *уст*.

Это последнее несет, помимо названных выше, еще один важный эффект. Четко отделенное от предшествующего текста — синтаксически и графически благодаря тире, семантически благодаря зачеркнутости предыдущего объекта, а фонетически благодаря перебивке цепи повторов комплекса *у + с + т* резко отличным *зачеркиваю*,[27] — слово *уст* предстает в виде точки, венчающей затянутый заключительный период. Контраст с длиной периода (да и всего сонета) доведен до максимума односложностью последнего слова, узкостью гласного и глухостью согласных. Напряженный период разрешается еле слышным коротким выдохом. Так стихотворение, буквально *сходя на конус*, в конце, вопреки Эвклиду, *обретает не ноль, но Хронос* (К:106). Этому структурному воплощению излюбленного мотива Бродского вторит еще один иконический эффект: единственный гласный слова *уст* — губной[28]. Выпячиванием губ в объемлющую пустоту и заканчивается "Я вас любил..." Иосифа Бродского.[29,30]

ПРИМЕЧАНИЯ

1. Об инвариантах Ахматовой см. Щеглов 1979; о мотиве бесстрастной страстности у Пушкина см. Жолковский 1979а, б.
2. См. об этом Жолковский 1979б: 86—87.
3. См. Тарановский 1963. Кстати, как показал Викери (1972), пушкинский текст отмечен влиянием ряда стихов Делорма (Сент-Бёва), в том числе двух сонетов.
4. Здесь и далее (уже без ссылок) структура "Я вас любил..." рассматривается согласно работе Жолковский 1979а, опирающейся на Якобсон 1981 (^{1}1961).
5. Ср. напр., "О, быть покинутым — какое счастье!.." Кузмина, "Не будем пить из одного стакана..." и "Пусть голоса органа снова грянут..." Ахматовой, "Мне нравится, что вы больны не мной..." и "Писала я на аспидной доске..." Цветаевой. Интертекстуальное потомство "Я вас любил..." — тема специального исследования.
6. См. Якобсон 1975 (^{1}1937).
7. Сонетная транспозиция "Я вас любил..." возможна благодаря как тематике (возвышенная любовь), так и метрике стихотворения: пятистопный ямб — один из двух основных размеров русского сонета. В рифмовке Бродский следует принятой уже Пушкиным свободе сочетания опоясывающих рифм с перекрестными (ср. "Мадонну" Пушкина), далеко, впрочем, не достигая уровня вольности, заданного рядом других "Сонетов" (5-м, 8-м, 9-м, 11-м, 15-м); ср. прим. 21.
8. Ср. у Ахматовой: *Отчего все у нас не так?* ("Мы не умеем прощаться...") и *По мне, в стихах все быть должно некстати,/ Не так, как у людей.* ("Тайны ремесла, 2").
9. Ср. в 5-м сонете: *Число твоих любовников, Мари,/ превысило собою цифру три,/ четыре, десять, двадцать, двадцать пять...*
10. Расщепление авторского "я", представленное в "Я вас любил...", — один из инвариантов Пушкина, связанный с оппозицией страсть/бесстрастие, см. Жолковский 1979 а, б, 1980.
11. Об этой технике вообще и в "Я вас любил..." в частности..." см. Жолковский 1979 в; ср. также Штокмар 1958, Херрнстайн Смит 1968.
12. В обзоре инвариантов Бродского учтены стихи из сборников Бродский 1977 а, б. 1982, 1983 и альманаха Поляк 1980. В ссылках на страницы используются первые заглавные буквы — К, Ч, Н, Р, А (Альманах).
13. Ср. у Ахматовой *И сердце рвется от любви на части.*
14. Ср. пастернаковское *Открыть окно — что жилы отворить.*
15. В связи с Гераклитом ср. еще: *Там всегда протекает река под шестью мостами* (Ч:113) в контексте уст, невозвратности и творчества. Что касается Парменида, то ссылку на него можно понимать и прямо противоположным образом: мир един, неизменен и несотворим, все существует раз и навсегда, а не дважды. Эта парадоксальная синонимия Парменида и Гераклита возможна благодаря неоднозначности связей, идущих от глагола с отрицанием.
16. Ср. еще обратное сравнение — домов с зубами: *Тело в плаще,/ ныряя в сырую полость/ рта, по ломаным, обветшалым/ плоским зубам поднимается к воспаленному небу* (Ч:112). Ср. весь этот мотив с мандельштамовским описанием Парижа *И тесные дома — зубов молочных ряд/ На деснах старческих как близнецы стоят* ("Язык булыжника...").
17. Об этом жесте в "Астрах" в связи с инвариантами Мандельштама см. Жолковский 1979 г.

18. Кроме того, самый переход от книги к поцелуям, по-видимому, восходит к дантовским Паоло и Франческе, возможно, через "Осень" Пастернака *(Я с книгою, ты с вышиваньем /...] И на рассвете не заметим,/ Как целоваться перестанем)* и *"Она пришла с мороза..."* Блока, где отсылка к Данте дана впрямую и вдобавок к книге есть и кот: *Оказалось, что большой пестрый кот/ С трудом лепится по краю крыши, / Подстерегая целующихся голубей.* Ср. также *оставались лишь губы ...с чтобы были одни сплошные губы* в "Облаке в штанах", с одним местом из которого перекликается и частое у Бродского сжимание/разжимание уст *(...пришел поэт,/ легко разжал уста...)*.

19. В перекличке с "Пророком" не исключено участие пастернаковской вариации "Мчались звезды..." *(Плыли свечи. И, казалось, стынет/ Кровь колосса. Заплывали губы /.../ Море тронул ветерок с Марокко...)* с ее образами оплывания (ср. *плавились),* касания *(тронул),* губ, крови, страсти колоса (ср. *пасть* и общий гиперболизм предпоследней строки сонета), творчества. Кстати, в другом стихотворении Пастернака встречается рифма *уст/бюст* в контексте быстро хлынувшей крови, рта, гипсовости и вдохновения ("Весенний дождь"). Возвращаясь к пушкинскому *коснуться* в контексте вдохновения, отмечу, что оно повторяется в "Поэте" *(Но лишь божественный глагол/ До слуха чуткого коснется),* кончающемся творческим бегством *В широкошумные дубровы,* т. е. возможным интертекстом к оригинальному неологизму Бродского *ширококостный.*

Вообще 6-й сонет оставляет ощущение глубокой интертекстуальной укорененности в русской поэзии. Назову некоторые возможные интертексты из двух любимых поэтов Бродского, подсказывающие если не генетические, то типологические параллели к мотивному комплексу 6-го сонета.

Из Мандельштама (1967): *нежные губы + крови сухая возня* (№ 119); *Не утоляет слово/ Мне пересохших уст /.../ На дикую, чужую/ Мне подменили кровь./ Меня к тебе влечет /.../ Вишневый нежный рот* (№ 122); *Холодок щекочет темя /.../ Как ты прежде шелестила,/ Кровь.../ ...Шевеленье этих губ* (№ 129); *Не своей чешуей шуршим,/ Против шерсти мира поем /.../ Чтобы розовой крови связь/ И травы сухорукий звон...* (№ 132); *Пенье — кипенье крови/ Слышу и быстро хмелею* (№ 156); рифма *вхруст/ наизусть* (№ 228); *Чтоб* [sic!] *губы перетрескались, как розовая глина, /.../ Не табачною кровью заката пишу,/ Не костяшками дева стучит —/ Человеческий жаркий искривленный рот* (№ 241-2), ср. у Ахматовой: *И жар по вечерам, и утром вялость,/ И И губ растрескавшихся вкус кровавый* ("И жар по вечерам..."); *Покуда в жилах кровь, в ушах покуда шум (№ 276); Он улыбается своим широким ртом,/ Он мыслит костию и чувствует челом* (330).

Из Цветаевой (1965): *Мне нравится, что я больна не вами /.../ И не краснеть удушливой волной,/ Слегка соприкоснувшись рукавами /.../ ...что вы при мне/ Спокойно обнимаете другую* (№ 14); *Что ты любим! любим! любим — любим — /.../ И как потом, склонивши лоб на стол, /Крест-накрест перечеркиваю — имя* (№ 166); *Искала я у нежных уст румяных —/ Рифм только, а не уст /.../ была — как снег, что здесь, под левой грудью —/ Вечный апофеоз* (№ 163); *Ипполит! Ипполит! Болит!/ Опаляет... В жару ланиты /.../ Нельзя не коснувшись уст... /.../ Нельзя, припадая к устам,/ Не припасть и к Психее, порхающей гостье уст /.../ С рокового двухолмия — в пропасть твоей груди!/ В вощаную дощечку — не смуглого ль сердца воск?! /.../ Ипполитову тайну устами прочтет твоя/ Ненасытная Федра* (№№ 252-3).

20. Ср. преодоление смерти шрифтом и даже рифму *кривд/шрифт* в "Безвременно умершему" Пастернака (цикл "Художник").

21. Оборотной стороной этого обрывания Пушкина является сплочение двух основных частей сонетной формы в единый словесный поток, вообще ха-

рактерное для "Сонетов": из 20 случаев граница между восьми- и шестистишием полностью соблюдена в семи (в 3-м, 7-м, 12-м, 14-м, 16-м, 18-м, 19-м), а в остальных имеет место либо синтаксический перенос (в 1-м, 4-м, 6-м, 10-м, 17-м), либо рифменный перехлест того или иного рода (в 5-м, 8-м, 11-м, 20-м), либо и то и другое вместе (во 2-м, 9-м, 13-м, 15-м). В 6-м сонете перенос через эту границу подготовлен двумя предыдущими: между четверостишиями *(сложно/ с оружием)* и между строками (6-й и 7-й), но зато особенно острым *(не дрожь, но/ задумчивость)*.

22. Это из "Скромный дом, но рюмка грогу..." — 3-го стихотворения того же цикла "Художник". Пастернаковское *расплавленное олово* (1936 г.) обратно мандельштамовскому *И губы оловом зальют* ("1 января 1924 г."), с которым его дополнительно связывает отсылка к средневековым реалиям (сбору дани, алхимии, жестоким казням). Бродский, возможно, реагирует на обоих поэтов и на их перекличку.

23. Звук *у* не только объективно узкий, т. е. закрытый, но и субъективно понимается Бродским именно так: *...на площадях, как "прощай", широких,/ в улицах узких, как звук "люблю"* (Ч:42; отметим, кстати, то же противопоставление узкого *у* широкому *а* — на площАдях, "прощАй" — что и в нашем сонете). Как узкую воспринимает Бродский и соответствующую букву: *и улица вдалеке сужается в букву "у"* (Ч:92).

24. Опора на школьную науку (здесь и в мотиве "по X-у") напоминает Александра Кушнера; однако там она служит, так сказать, неоклассическим, а у Бродского — барочным целям.

25. Стихотворение "Ниоткуда, с любовью...", помещенное в Бродский 1983 непосредственно после "Сонетов" образует с 6-м сонетом своего рода "двойчатку" (Мандельштам), трактуя те же мотивы в более серьезном ключе. В связи с темой страсти в пустоте ср. еще *Имяреку тебе.../ ...от меня, анонима* (Ч:31).

26. Ср. также любовь Бродского к сравнению изображаемого с формой букв — "р", "у", "ж", и мн. др.

27. Ср. эффектное отделение финального слова в 11-м сонете: *и ты не знала "я одна, а вас",/ глуша латынью потолок и Бога,/ увы, Мари, как выговорить "много"* (Ч:56).

28. Легкость финального губного гласного оттенена напряженностью взрывных губных согласных в предыдущей строке (чтоБ ПломБы в Пасти Плавились...) и в альтернативном слове "Бюст".

29. Аналогичным жестом — физическим, тематическим и фонетическим — завершаются и "Сонеты" в целом: *я благодарен бывшим белоснежным/ листам бумаги, свернутым в дуду* (Ч:60); образ полой дудки — один из повторяющихся у Бродского, ср. Ч:26, 100.

30. Статья была уже закончена, когда я познакомился с только что вышедшей монографией М. Крепса (1984), содержащей ряд сходных наблюдений над поэзией Бродского.

ЛИТЕРАТУРА

Бродский, Иосиф
    1977 а. *Конец прекрасной эпохи*. Анн Арбор: Ардис.
    1977 б. *Часть речи*. Анн Арбор: Ардис.
    1982. *Римские элегии*. Нью-Йорк: Руссика.
    1983. *Новые стансы к Августе*. Анн Арбор: Ардис.

Викери, Уолтер
1972 : Walter N. Vickery. "Ja vas ljubil...': A literary source. *International Journal of Slavic Linguistics and Poetics"*, XV, 160–167.

Жолковский, А. К.
1979а "Инварианты и структура текста. "Я вас любил..." Пушкина". *Russian Literature*, VII, 1–25 (см. также Жолковский 1984: 179–194)

1979 б. "Материалы к описанию поэтического мира Пушкина". В кн.: *Russian Romanticism. Studies in the Poetic Codes*, ed by N. A. Nilsson. Stockholm: Almquist & Wicksell, 45–93 (см. также Жолковский 1984: 159–178).

1979 в. О подготовке рифмы: ПРЕДВЕСТИЯ и ОТКАЗЫ в рифмовке. *Wiener Slawistischer Almanach*, 4, 125–151. (см. также Жолковский 1984: 273–254).

1979 г. Инварианты и структуры текста. II. Мандельштам: "Я пью за военные астры..." *Slavica Hierosolymitana*, 4, 159–84.

1980. 'Превосходительный покой': об одном инвариантном мотиве Пушкина". В кн. А. К. Жолковский, Ю. К. Щеглов. *Поэтика выразительности (Wiener Slavistischer Almanach. Sonderband 2)*, 87–114.

1984. Alexander Zholkovsky. *Themes and Texts. Toward a Poetics of Expressiveness*. Ithaca and London: Cornell University Press.

Крепс, Михаил
1984. *О поэзии Иосифа Бродского*. Анн Арбор: Ардис.

Мандельштам, Осип
1967. *Собрание сочинений в трех томах*. Под ред. Г. П. Струве и Б. А. Филиппова. Том 1. Стихотворения. Вашингтон: Международное литературное содружество.

Поляк, Григорий, ред.
1980. *Часть речи. Альманах культуры и искусства*. № 1. Нью-Йорк: Серебряный век.

Тарановский, К. Ф.
1963. "О взаимоотношении стихотворного ритма и тематики". *American Contributions to the 5th International Congress of Slavists.* The Hague: Mouton.

Херрнстайн-Смит, Барбара
1968. Barbara Herrnstein Smith. *Poetic Closure: A Study of How Poems End.* Chicago: University of Chicago Press.

Цветаева, Марина
1965. *Избранные произведения*. Москва: Советский писатель.

Штокмар, М. П.
1958. *Рифма Маяковского*. Москва: Советский писатель.

Щеглов, Ю. К.
1979. "Черты поэтического мира Ахматовой". *Wiener Slawistisher Almanach*, 3, 21–56.

Якобсон, Роман
1975. Roman Jakobson. "The statue in Pushkin's poetic mythology," В кн.: John Burbank, transl. and ed., *Pushkin and his Sculptural Myth.* The Hague: Mouton.

1981. "Поэзия грамматики и грамматика поэзии". В кн.: Roman Jakobson. *Selected Writings*, 3, 63–79. The Hague: Mouton.

Валентина ПОЛУХИНА
Англия

ГРАММАТИКА МЕТАФОРЫ
И ХУДОЖЕСТВЕННЫЙ СМЫСЛ

> *А поэзия? Философским ножом вы раскрыли состав ее, рассекли таинственные связи, которыми соединяются ее стихии, разобрали их, оцифровали, положили под стекло; вы взрыли пепел индийский и греческий; вы очистили ржавчину на кольчугах средних веков и в кладбище истории хотели отыскать жизнь поэтическую.*
>
> В. Ф. Одоевский.[1]

Если существуют объективные факторы, ограничивающие произвол вкуса поэта в формировании и развитии его индивидуального стиля, их назвал сам поэт: это живой современный русский язык и та поэтическая система, в которую он пришел. Первый требует от поэта быть воплощенным в совершеннейшей поэтической форме в данном состоянии своего бытия, ибо поэзия, по определению Бродского, "это не "лучшие слова в лучшем порядке"[2], это — высшая форма существования языка"[3]. Поэтическая система, унаследованная поэтом, требует либо своего завершения путем дальнейшей реализации заложенных в ней эволюционных возможностей, либо своего обновления: "Каждый автор развивает — даже посредством отрицания — постулаты, идиоматику, эстетику своих предшественников".[4] Поэтические системы, в свою очередь, как известно, возникают, стабилизируются и функционируют в постоянном взаимодействии с живым языком. Отвечая требованиям обоих, поэт совершенствует язык "его же, языка, средствами".[5] Присутствие третьего фактора, мироощущения, также поставлено Бродским в зависимость от языка: "...я это вижу просто невооруженным глазом, что то, чем я занимаюсь, вернее, то, как я это делаю на бумаге, в сильной степени продиктовано не моим отношением к действительности и т. д,, ровно наоборот, мое отношение к действительности продиктовано языком. В этом смысле можно сказать, что бытие определяет сознание, но не мое, а языка как такового".[6]

Высказывания Бродского о языке неоценимы (и пока еще не оценены и не осмыслены) для понимания его поэтики и его мироощущения. Пишет ли он о Платонове, о Мандельштаме, о Цветаевой или о своих современниках, Лимонове и Кублановском, он выделяет язык в качестве определяющего сущность и судьбу литература.[7] "...дело в том, что на самом деле у стиха, у пластики поэтической, существует своя определенная логика, которая в общем не зависит от того же самого бытия. Поэт даже не столько марионетка своего дара, сколько марионетка языка. И у языка есть своя собственная логика, свое собственное направление. И писатель, вольно или невольно, — я не хочу никакого пафоса — просто служит языку, он является его инструментом, и не инструментом даже, а каким-то пособником его развития".[8]

Итак, мы вступили в круг, начинающийся языком и языком замыкающийся. Такая степень зависимости от языка была свойственна, может быть, только двум русским поэтам — Хлебникову и Цветаевой, стилистическое родство с которыми ощутимо в поэтике Бродского в большей мере, чем духовное родство с Ахматовой. Как Хлебников, Бродский делает язык "главным героем"[9] своей поэзии и доминантой своего мироощущения; как Цветаева, он средствами языка отстраняется "от действительности, от текста, от себя, от мыслей о себе"[10] и от самого языка, видя в нем одновременно спасение. В отличие от обоих, он "пишет на языке своей эпохи",[11] пользуясь архаической и диалектной лексикой лишь спорадически, зато охватывая почти все остальные подсистемы современного русского языка: сленг, прозаизмы, мат, иностранные слова, идеологические клише. Бродский передает все разнообразие разговорной речи и на уровне синтаксиса: всевозможные расстройства синтагматических связей инверсий, анжамбеманом, вводными конструкциями, выделением придаточных предложений в самостоятельные, а также своеобразными мелодическими сдвигами. И тут напрашивается еще одна параллель, проливающая свет на некоторые структурные особенности его метафор: как и Оден, Бродский "развивает механизм здравого смысла до логической крайности, его аргументация простирается дальше, почти до абсурда".[12]

Как проявляется установка Бродского на язык в его метафорах? Ответить на этот вопрос можно, описав и проанализировав грамматическую структуру всех его метафор. Такой подход позволит также проследить, чью поэтическую традицию он развивает и почему, и как в саму "грамматику" метафоры вписана интерпретация мира поэтом. Как известно, метафоры современной поэзии сложны по своей структуре, затемнены по смыслу и многофункциональны. Систематическое изучение всех метафор данного поэта поможет понять их внутреннюю систему отношений и функционирования в контексте всего творчества поэта.

Метафора в традиционном понимании — как переносное употребление слова — измерялась единицей меньшей, чем предложение. Отсюда многие исследователи метафоры позволяют себе не учитывать контекст. "Метафора в части предложения, — пишет Потебня, — делает метафоричным все то целое, которое нужно для ее понимания".[13] На этом принципе "взаимопроникновения" значений построена одна из теорий метафоры, так называемая "теория взаимодействия".[14] Как показали работы А. И. Ричардса,[15] Макса Блэка,[16] Фонтанье,[17] метафора действует на уровне предложения, а не на уровне слова. Предложение Бродского иногда равно стихотворению ("Ниоткуда с любовью...", **Ч. р.**, 77)[18] и часто строфе или последовательности строф. Развернутые метафоры могут охватывать целые фразовые единства. Эти особенности его синтаксиса требуют учета широкого контекста для понимания того, как создается второй смысл при пересечении значений в метафоре.

По возможности полное описание и анализ всех метафор Бродского может способствовать пониманию его художественного мира, ибо данный троп относится одновременно к лингвистическому, психологическому, композиционному и содержательно-концептуальному уровням. Эта точка зрения на метафору находит поддержку у самого поэта: "Метафора обычно образуется из двух составных частей: из объекта описания ("содержания", как называет это И. А. Ричардс) и объекта, к которому первый привязан путем воображения или просто грамматики ("носителя"). Связи, которые обычно содержатся во второй части, дают писателю возможность совершенно неограниченного развития. Это и есть механизм стихотворения".[19]

В методологическом плане одно из преимуществ грамматического подхода заключается в том, что он позволяет в короткий срок привести в систему тысячи метафор. Принято думать, что "... эффективной процедуры для изучения метафор быть не может. Иными словами, не может быть выработан постоянный метод для (1) обнаружения метафор, когда они появляются или (2) разбора метафоры, когда она известна".[20] Таким эффективным методом выделения метафор из текста может быть грамматический, в то время как для проникновения на содержательно-концептуальный уровень с целью "распаковать" метафору нам потребуется описать трансформации смысла, происходящие в метафорах разных грамматических структур, расклассифицировав их по семантическим типам.

Исследование метафоры как явления прежде всего лингвистического осуществлено Кристиной Брук-Роуз[21] и Ю. Левиным.[22] Брук-Роуз на выборочном материале из разных английских поэтов убедительно показывает, что все предыдущие классификации метафор (на основе их лексического состава, сфер аналогии и т. д.) уступают в логике грамматической классификации: "Означает ли образное использование слова перенос общего на частное, неодушевленного на одушевленное, абстрактного на конкретное, именуется ли посредством тропа вещь, сделанная из данного материала, материалом или целое — частью вещи, является ли метафора натянутой (или весьма приемлемой), оправдывает ли общее свойство двух объектов перенос (или нет), из той или иной области мышления взята метафора, протащена ли она контрабандой или возникла естественно "изнутри", правдива она или лжива, глубока или мелка, сознательна или бессознательна, декоративна или припрятана, навязчива ли, радикальна ли, обладает ли какими-то другими свойствами, посредством которых ее можно анализировать, все равно должен существовать способ, позволяющий рассматривать все эти категории на основе анализа синтаксических групп, из которых метафора волей-неволей должна состоять".[23]

Тут же следует оговориться, что грамматическим скальпелем не всегда возможно рассечь поэтическую ткань, вырезать метафору и оцифровать, так как разные тропы нередко совмещены, метафора может покрывать собою метонимию:

> Весь стадион — одно большое ухо. **К. п. э.**, 91

сравнение может включать метафору:

> ...Грунтовая дорога,
> как *пыльная форма бреда*... **Ч. р.**, 69

метафоры разной грамматической структуры могут переходить друг в друга:

> Навряд ли я,
> *бормочущий комок
> слов*, чуждых цвету,
> вообразить бы эту
> палитру смог.   **Ч. р.**, 33

где генитивная метафора "комок слов", являясь приложением к "я", как бы овеществляет и "я", и слова, в то время как атрибутивная метафора "бормочущий" одухотворяет этот "комок слов".

Анализ метафор с точки зрения их грамматики создает иллюзию некой автономии метафор как по отношению друг к другу, так и по отношению к тексту. На самом деле, глагольные метафоры, например, являются метафорами только по отношению к субъекту или/и к объекту:

> *Зевок загоняет в берлогу простую фразу.*
>   "Эклога 4-я (зимняя)"

атрибутивные метафоры изменяют имя, а в случае наречий — глагол:

> Эти слова мне диктовала не
> любовь, и не Муза, но *потерявший скорость
> звука пытливый, бесцветный голос.* **Ч. р.**, 47

Однако, грамматический анализ метафор при всех своих ограниченных возможностях недвусмысленно демонстрирует предпочтения поэта. Если учесть, что метафора, как и другие формальные элементы стиха, существует в поле традиции и на фоне традиции, то систематическое изучение любого аспекта метафоры помогает ответить на вопрос, сформулированный Мандельштамом: "На вопрос, что хотел сказать поэт, критик может и не ответить, но на вопрос, откуда он пришел, отвечать обязан".[24] Сравнительный анализ метафор Бродского, Хлебникова, Цветаевой и Маяковского "сразу выводит нас на твердую почву" в поисках не столько влияний, сколько "литературного генезиса поэта".[25]

Грамматический анализ метафор постоянно выталкивает нас на другие уровни: так, не представляет труда проследить связи и соотношения между грамматической структурой метафоры и ее семантическими типами, как невозможно не заметить, что определенные грамматические структуры тяготеют к одним и тем же постоянным функциям в стихе.

Метафоры приписывания,[26] составляющие около 50% всех семантических типов метафор Бродского, выражены, как правило, глаголом, прилагательным или причастием и выполняют функцию олицетворения:

> *Оцепеневший дуб кивает лукоморью.*
> "Пятая годовщина"

> Так *счастливый булыжник грешит* с голубым исподним
> длинноногой подруги. **Р. э.**, 3

> И дрова, грохотавшие в гулких дворах *сырого
> города, мерзнущего* у моря,
> меня согревают еще сегодня.
> "Эклога 4-я (зимняя)"

Метафоры сравнения наиболее разнообразны по своим грамматическим структурам, что, по-видимому, способствует их разнородным функциональным нагрузкам: одухотворения, овеществления, описания:

>   ...Петухи отправлялись
>   за *жемчужными зернами*.   **С. и п.**, 27

>   А ее *любовь*
>   была *лишь рыбой* — может и способной
>   пуститься в море вслед за кораблем... **О. в п.**, 99

>   Как поздно заполночь ища *глазунию
>   луны* за шторами зажженной спичкою,
>   вручную стряхиваешь *пыль безумия*
>   с осколков желтого оскала в писчую.   **Ч. р.**, 88

>   *Дерево* за окном — *пасмурная свеча.*   **К. п. э.**, 83

Метафоры отождествления, описанию которых и посвящена данная статья, выражены исключительно именем существительным в именительном падеже в роли предиката:

>   В полдень *комната есть торос,
>   полюс*, где ваш овал
>   прямоугольный сухой мороз,
>   как Седого, сковал.
>   "Полдень в комнате"

Метафоры замещения, в которых один из членов тропа полностью устранен, выражены обычно именем существительным в любом падеже:

>   Ночь. Переулок. Мороз блокады.
>   Вдоль тротуаров лежат *карпаты.*   **К. п. э.**, 14

Сама природа этих метафор требует, чтобы они были более или менее самоочевидны, не превращаясь в слишком затемненные или банальные. Будучи построены на принципе "скрытого сравнения", метафоры замещения, по наблюдениям Брук-Роуз, в большой степени зависят от контекста. Она перечисляет чисто грамматические приемы уточнения поэтом значений метафор замещения (21, 26). В русском языке за отсутствием артиклей указательные и притяжательные местоимения берут на себя роль пояснения специфики этих метафор:

>   Но *этот груз* тебя не пустит ввысь,
>   откуда этот мир — лишь сотня башен   **С. и п.**, 134

"Этот груз" — метафора замещения мыслей и чувств Джона Донна, о которых речь шла несколькими строками выше:

> Здесь я одна скорблю в небесной выси
> о том, что создала своим трудом
> тяжелые, как цепи, чувства, мысли.
> Ты *с этим грузом* мог вершить полет
> среди страстей, среди грехов и выше. **С. и п.**, 134

Присутствие сравнения поясняет метафору замещения в большей мере, чем указательное местоимение. По всей вероятности, ограниченными возможностями анафорических местоимений выражать специфику метафор замещения можно объяснить их редкое употребление у Бродского: всего 2,5%. Метафоры замещения, имеющие при себе прилагательное, обладают большей возможностью отстранения от описываемого объекта при одновременном указании на связь с ним:

> Настоящий конец войны — это на тонкой спинке
> венского стула платье одной блондинки
> да крылатый полет *серебристой жужжащей пули
> уносящей жизни на Юг в июле.* **Ч. р.**, 85

"серебристая жужжащая пуля" — это самолет, "механический слон" — это советский танк в Афганистане, "каменное гнездо" — это Флоренция. Подобные метафоры замещения, лишенные прилагательных, были бы затруднительны для расшифровки.

Обращает на себя внимание то, как часто поэт облегчает понимание метафоры грамматикой, так генитивная синтагма с поясняющим членом в первой или во второй части тропа входит в состав всех четырех семантических типов метафор.

Основной причиной для выделения четырех семантических типов метафор послужило наблюдение, что принцип сходства и аналогии не является единственным принципом построения метафоры. Анализ тысяч и тысяч собранных нами метафор одиннадцати русских поэтов показал, что, кроме подобия и аналогии, в метафорах современной поэзии присутствуют отношения контраста, столкновения и полного отождествления описываемых объектов. Можно предложить следующее рабочее определение метафоры: это такое изменение смысла, которое может опираться как на (1) реальное сходство и (2) предполагаемую аналогию двух реалий, так и на (3) допускаемое их тождество, а также на (4) произвольное приписывание одному объекту свойств другого объекта.

В настоящей работе мы хотим рассмотреть лишь один из названных выше типов метафор Бродского и уяснить, в чем его своеобразие. Это семантический тип, в котором описываемый объект назван и прямо отождествлен с другим объектом по формуле *А есть В*. В русской филологической науке для него не существует термина, ибо он выпал из поля зрения исследователей русской метафоры. Правда, в нашем распоряжении имеется латинский термин copula, которым пользуются английские и американские авторы, если его употреблять не в узком значении глагола-связки, как рекомендует словарь лингвистических терминов О. С. Ахмановой,[27] а в значении связь, соединение — tie, bond, connection. В русском языке глагол-связка, как известно, может отсутствовать, да и смысл вовсе не в связке, а в типе связывания двух грамматических категорий, субъекта и предиката, при этом, присутствие или отсутствие связки не меняет сути отношений, при которых субъект признан тождественным предикату. Здесь уместно напомнить, что в распоряжении русского поэта имеется две грамматических возможности оформления именной предикативной метафоры: именительный падеж существительного чередуется с творительным в зависимости от глагола-связки и его временной формы. Второй возможностью Бродский пользуется не так охотно, как первой: всего 13% именных предикативных метафор выражено творительным падежом, 87% — именительным. У Ахматовой общее количество этих метафор в 4 раза меньше, чем у Бродского, из них 46% метафор с творительным сказуемостным, 54% — с именительным предикативным. Их модальное и семантическое различие особенно заметно, когда они расположены по соседству:

> *Время есть холод. Всякое тело,* рано
> или поздно, *становится пищею телескопа,*
> остывает с годами, удаляется от светила.
> "Эклога 4-я (зимняя)"

Вторая метафора "тело становится пищею телескопа" не выражает отношений полного тождества, а указывает на преходящий характер идентификации, она менее догматична по сравнению с первой "время есть холод", мы не можем перевести эту метафору в прошедшее или будущее время, ей свойственно, говоря словами В. В. Виноградова, "отрешенность от "моментности".'[28] На этом основании многие исследователи русской метафоры называют творительный сказуемостный — метаморфозой.[29]

Метафоры-копулы занимают исключительное место среди других метафор по ряду причин:

1. Грамматически они наиболее самостоятельны, так как вклю-

чают в себя субъект и предикат и нередко совпадают с предложением.

> Я — лишь действующее стекло,
> отраженье дня.
>   "Полдень в комнате"

2. Для понимания таких метафор не требуется большой контекст:

> И вся-то жизнь — биенье сердца,
> и говор фраз, да плеск вины...   **С. и п.**, 51

3. В этом типе метафор существенно меняется "напряженность сравниваемой силы",[30] что выражено как грамматикой, так и авторитетностью, иногда даже категоричностью тона:

> Сама
> вещь, как правило, пыль
> не тщится перебороть,
> не напрягает бровь.
> Ибо *пыль — это плоть*
> *времени; плоть и кровь.*   **К. п. э.**, 110

Этот не допускающий возражения тон у Бродского подчеркнут повторами, усилительными и ограничительными частицами:

> и, если бы *душа* имела профиль,
> ты б увидал,
> что и *она*
> *всего лишь слепок с горестного дара,*   **К. п. э.**, 61

4. Данная грамматическая структура позволяет создавать метафоры, обладающие афористической силой и волнующей парадоксальностью:

> *Местность, где я нахожусь, есть рай,*
> ибо *рай — это место бессилья. Ибо*
> это *одна из таких планет,*
> *где перспективы нет.*   **Ч. р.**, 108

Однако, не всякий вкус, не любой склад ума и не всякая поэтическая система позволяет пользоваться этими метафорами широко. Так в английской поэзии, по данным Кристин Брук-Роуз, только три поэта по-настоящему использовали уникальные возможности этой грамматической структуры: "Копула на удивление мало использована в качестве метафоры в английской поэзии. За исключением Донна, Шекспир и Спенсер наиболее смелы и разнообразны в этом отношении, остальные пользуются ею куда реже, скучнее и осторожнее".[31]

Среди русских поэтов я просмотрела пока одиннадцать: у Державина я нашла чуть больше 50 метафор-копул, у Баратынского всего — 9, у Блока немногим больше 60, у Бальмонта — около 150, у Мандельштама — свыше 60, у Ахматовой — свыше 50, у Пастернака — свыше 70. Только три поэта пользовались этим типом метафор более часто, чем Бродский: Маяковский — около 350, Цветаева — свыше 500 и Хлебников — около 550, у Бродского их — 340.[32]

Сергей Бобров был прав, говоря, что "когда в наших руках будут статистические данные о стихе разных поэтов, мы без труда укажем предшественников любого поэта".[33] Однородность грамматических структур указывает на то, что у Бродского больше стилистических схождений с футуристами, чем с акмеистами. Л. Лосев объяснил некоторые общие черты стиля Бродского с Маяковским, в частности, смешение высокого и низкого, общей жанровой генетикой — ода 18 века — и тем фактом, что их поэзия рассчитана на произнесение.[34] Если учесть, что их стилистическое родство не ограничивается перечисленными выше чертами и распространяется на такие характеристики, как увлечение составными рифмами, анжамбеманом, инверсией, введением в поэзию всех подсистем языка, то потребуется иное объяснение. Оно частично дано самим Бродским. По его мнению, "Ахматова подвела итог всей русской классической поэзии",[35] в то время, как внутренние эволюционные возможности поэтической системы футуризма не были исчерпаны. Футуристы, по словам Пастернака, "замирали" на самых обещающих подъемах" и многие "дальнобойные" понятия и приемы никогда по-настоящему не исследовали и не использовали".[36]

Однако, правы и те, кто настаивает на необходимости понять, что при общих генетических корнях делает поэта оригинальным. Так, ни метафоры Маяковского, ни метафоры Цветаевой не являются в своей массе умозрительными. У обоих поэтов они зачастую эмоционально окрашены и относятся к "я" в субъекте:

        я — бесценных слов мот и транжир.   1, 56
        Вот — я,
        весь
        боль и ушиб.   1, 106

9,5% всех метафор-копул Маяковского содержат "я" в субъекте. И. Смирнов, говоря об авторском "я" Маяковского, приходит к интересному заключению: "У Маяковского лирический субъект, представленный главным образом как некая телесная конфигурация, вбирает в себя мировое тепло, оказывается либо центром "метафорической экспансии", либо центром "метафорического притяжения..."37 Когда Маяковский, по его собственным словам, "вылазит из лирической ямы" и заменяет "я" на "мы", начинается неостановимая инфляция этого типа метафор:

    Мы — зодчие земель,
    планеты декораторы,
    мы — чудотворцы. 2, 240

Именно этот тип метафор "отдан в услужение", превращен в пропагандиста идеологии:

    Коммунизм —
        это молодость мира... 7, 174

    ГПУ —
        это нашей диктатуры кулак. 8, 231

Структурным своеобразием метафор-копул поэтов символистов является преобладание личных местоимений в качестве определяемого объекта метафоры:
Блок:

    Я — одинокий сын земли,
    Ты — лучезарное виденье. 29

    Мы — забытые следы
    Чьей-то глубины... 152

41% всех метафор-копул Блока и 43% Бальмонта включают в себя личные местоимения:

    Я — изысканность русской медлительной речи,
    Предо мною другие поэты — предтечи,

    Я — внезапный излом,
    Я — играющий гром,
    Я — прозрачный ручей,
    Я — для всех и ничей. 137

У Бродского всего 2,3% метафор копул с "я" в субъекте, включая такие умозрительные, как:

> Я — круг в сеченьи. **О. в п., 184**
>
> "Я только ножка циркуля. Они
> опора неподвижная снаружи". **О. в п., 196**

Бродский в данной структуре метафор ближе всех Хлебникову, у которого эмоционально окрашенное "я" чередуется с отстраненным "я" в рассудочных метафорах:

> До сей поры не знаем, кто мы:
> Святое я, рука иль вещь?   2, 164

У Цветаевой метафоры-копулы иногда организуют композицию всего стихотворения:

> Я — страница твоему перу.
> Все приму. Я белая страница.
> Я — хранитель твоему добру:
> Возращу и возращу сторицей.
>
> Я — деревня, черная земля.
> Ты мне — луч и дождевая влага.
> Ты — Господь и Господин, а я —
> Чернозем и белая бумага!   1, 226

Только Цветаева строит метафоры-куполы исключительно из сложно-составных слов, соединяя при этом разные части речи в метафоре:

> Широкое ложе для всех моих рек —
> Чужой человек.
>
> Чужой человек,
> Дорогой человек,
> Ночлег-человек,
> Навек-человек!
>
> Простор-человек,
> Ниотколь-человек,
> Сквозь-пол-человек
> прошел-человек.   2, 162

У Маяковского и Хлебникова имеются сложно-составные метафоры, но не в куполе: "Жаровней-шляпой богомолка/ Старушка набожных бежит" (Хлебников, 1, 149).

В отличие от всех трех метафоры Бродского никогда не мотивированы фонетикой, хотя аллитерации могут сопутствовать метафоре. Только у Маяковского встречаются метафоры-копулы, мотивированные исключительно рифмой, причем пустой, т. е., не несущей никакой смысловой нагрузки. Некоторые из них находятся в пограничной зоне между метафорой и сравнением:

> Эти самые мешочники —
> все равно что камни в кишечнике. 2, 339.

другие — между метафорой-копулой и метафорой-приложением:

> Лига наций — европейский пожарный —
> нюхает, не пахнет ли буржуазией жареной? 4, 112

Усложнение схемы *А есть В* цепочкой метафор — прием общий для всех рассматриваемых здесь поэтов, начиная с Державина:

> Я связь миров повсюду сущих,
> Я крайня степень вещества:
> Я средоточие живущих,
> Черта начальна божества;
> Я телом в прахе истлеваю,
> Умом громам повелеваю.
> Я царь — я раб — я червь — я Бог! 107

Из девяти метафор-копул Баратынского две построены по формуле *А есть В и С от Д и Е от F*.

> Прими мой труд непринужденный!
> Счастливым светом озаренный
> Души, свободной от забот,
> Он — твой достаток справедливый,
> Он первый плод мечты игривой,
> Он новой жизни первый плод. 224

Ахматова никогда не соединяет вместе больше трех членов метафоры, чаще всего два:

> Я — голос вашего дыханья,
> Я — отраженье вашего лица. 2, 137

Мандельштам пользуется повторяющимся союзом "и" в копуле, подчеркивая этим, что описываемые объекты в метафоре не сравниваются, а приравниваются друг к другу:

> Я и садовник, я же и цветок,
> В темнице мира я не одинок.   1, 6

Таким образом, не столько семантикой, сколько грамматикой, такие метафоры включаются в тип отождествления, а не в тип сравнения:

> Она еще не родилась,
> Она и музыка и слово,
> И потому всего живого
> Ненарушаемая связь.   1, 9

У Бродского отношения тождества могут быть выражены или союзами, или наречиями:

> Пусть не тревожат нас в осенний день,
> нам не легко: ведь мы и плоть, и тень
> одновременно, вместе тень и свет...   С. и п., 195

или усилительной частицей "же" в сочетании с местоимением:

> Мои лисички — те же острова.
> (Да и растут лисички островами.)
> Проспекты те же, улицы, слова.   О. в. п., 179

Сам выбор связок — "есть", "суть" и связочных — "это", "вот", "это есть", "это то же, что", имеющих оттенок обусловленности, указывает на разную степень отождествления:

> Сильный мороз суть откровение телу
> о его грядущей температуре
>
> либо — вздох Земли о ее богатом
> галлактическом прошлом, о злом морозе.
>   "Эклога 4-я (зимняя)"

Отношения тождества могут быть подчеркнуты вводным словом "в сущности", сочетанием союза и связки "и есть", добавляющим модальный оттенок категорического утверждения:

> Пространство — вещь.
> Время же, *в сущности*, мысль о вещи.   Ч. р., 106

Придаточные предложения причины и следствия, поясняющие метафору, также служат грамматическими указателями их принадлежности к семантическому типу отождествления:

> *Север — честная вещь.* Ибо одно и то же
> он твердит вам всю жизнь — шепотом, в полный голос:
> в затянувшейся жизни — разными голосами.
>
> "Эклога 4-я (зимняя)"

С другой стороны, когда поэт включает в метафору-копулу сравнение, он как бы указывает на тип семантической трансформации:

> Вся степь, как до грехопаденья:
> Вся — миром объята, вся — как парашют,
> Вся — дыбящееся виденье!
>
> (Пастернак, 1, 32)

У Бродского сравнения в копуле встречаются только в первый период (1958—64):

> Как фонарики, фонарики ручные,
> словно лампочки, на уличных витринах,
> *наши страсти,* как страдания ночные
> этой плоти — и *пространства поединок.* **С. и п.**, 220

Именно в первый период многие его метафоры-копулы следует отнести к семантическому типу сравнения. Во второй (1964—72) и особенно в третий периоды (1972—) отношения тождества в метафорах-копулах Бродского решительно доминируют над отношениями сравнения.

На лексическом уровне различия между метафорами отождествления и метафорами сравнения сводятся к их тенденции сочетать разные комбинации "абстрактное-конкретное". Метафоры отождествления охотно включают в себя два абстрактных понятия: "Молчанье — это будущее дней" (**О. в п.**, 206), "Время есть холод" ("Эклога 4-я"). Приравнивая субъект к предикату по сущностным смыслам, эти метафоры как бы претендуют на большее приобщение истине, чем другие семантические типы метафор. Эта тенденция проявляется в новых грамматических схемах метафор-копул. Появляются разросшиеся метафоры, которые поэт искусственно укорачивает с помощью знаков препинания, не меняющих, однако, их грамматической структуры:

> Местность, где я нахожусь, есть пик
> как бы горы. Дальше — воздух, Хронос.

>   Сохрани эту речь: ибо *рай — тупик*.
>   *Мыс, впадающий в море. Конус.*
>   *Нос железного корабля.*
>   Но не крикнуть "Земля"!   Ч. р., 108

Этот прием выделения компонентов метафоры в самостоятельные предложения сближает Бродского с Цветаевой, которая наряду с тире, точкой и восклицательным знаком пользуется двоеточием, создавая варианты однотипной по структуре метафоры:

>   Минута: мающая! Мнимость
>   Вскачь — медлящая! В прах и хлам
>   Нас мелящая! Ты, что минешь:
>   Минута: милостыня псам.   3, 92

Дробление метафор на части у Бродского учащается в третий, т. е. текущий период. Появились даже случаи выделения первой части метафоры восклицательным знаком, что превращает ее в обращение:

>   *Наши оттиски!* В смятых сырых простынях —
>   этих рыхлых извилинах общего мозга! —
>   в мягкой глине возлюбленных, в детях без нас.
>   Либо — *просто синяк*
>   *на скуле мирозданья* от взгляда подростка,
>   от попытки на глаз
>   расстоянье прикинуть от той ли литовской корчмы
>   до лица, многооко смотрящего мимо.
>   "Литовский ноктюрн: Томасу Венцлова"

Строго говоря, начало этой метафоры находится несколькими строками выше: "Наша письменность, Томас!.. Прочный, чернильный союз, кружева, вензеля, помесь литеры римской с кириллицей: цели со средством... Наши оттиски!.. просто синяк на скуле мирозданья..." Такая структура метафоры нарушает интонационную, ритмическую и семантическую целостность фразы, что приближает ее к разговорной речи.

Характерным средством создания двойных и тройных метафор является употребление генитивной синтагмы в субъекте или в предикате, а то и в обеих позициях одновременно:

>   Зоркость этих времен — это зоркость к вещам тупика.
>   К. п. э., 60

Самый типичный вариант: *А есть В от С*. 25% всех метафор-копул Ахматовой включают в себя родительный падеж:

> А все, кого я на земле застала,
> Вы — века прошлого дряхлеющий посев!   1, 227

У Мандельштама генитивная синтагма входит в структуру его метафор еще чаще, она составляет 56%:

> Значенье — суета, и слово — только шум,
> Когда фонетика — служанка серафима.   1, 24

Оба, Ахматова и Мандельштам, исключительно редко распространяют метафоры-копулы с родительным падежом. В то время, как Хлебников, Цветаева и Бродский варьируют схему *A есть B от C и D*:

> Развалины есть праздник кислорода
> и времени.   **К. п. э.**, 18

Хлебников пользуется двойным и тройным присоединением родительного падежа к именительному предикативному в метафоре:

> Мы торговки черных небесных очей,
> Моты золота осени листьев...   4, 343

У этих трех поэтов именительный предикативный может иметь другие падежи в качестве зависимых:

> потому что смерть — это вторая
> Флоренция с архитектурой Рая.   **Ч. р.**, 111

Стремление проникнуть в самую суть описываемого предмета приводит к созданию богатого разнообразия грамматических схем: *A от B есть C от D и E от F*; *A есть B от C от D или E от F от G*. Отсюда метафоры, соединяющие не только сходные, но и контрастирующие смыслы. "Множественность смыслов, — пишет Бродский, — предполагает соответственное число попыток осмыслить..."[38]

В отдельную схему следует выделить метафоры, вводимые предикативной частицей "это". Речь идет не о метафорах типа "смерть — это зеркало, что не лжет", а о метафорах-обобщениях, являющихся результатом логического рассуждения:

> Воздух, пламень, вода, фавны, наяды, львы,
> взятые из природы или из головы, —
> все, что придумал Бог и продолжать устал
> мозг, превращено в камень или в металл.
> Это — конец вещей. Это — в конце пути
> зеркало, чтоб войти.   **Ч. р.**, 39

Таких метафор у Бродского в первом периоде совсем нет, они отражают растущую тенденцию поэта к созданию спекулятивных, логических метафор. Представляя собой обобщение сказанного или неожиданный вывод, они зависят от контекста в большей мере, чем другие грамматические варианты метафор с именительным предикативным:

> Вглядитесь в пространство!
> в его одинаковое убранство
> поблизости и вдалеке! в упрямство,
> с каким, независимо от размера,
> зелень и голубая сфера
> сохраняют колёр. *Это — почти что вера,
> род фанатизма!*
>
> "Эклога V-я: летняя"

Это качественно новое метафорическое образование в русской поэзии. Ни у Державина, ни у Баратынского, ни у Мандельштама таких метафор нет. Единичные случаи встречаются у Бальмонта и Блока, однако, их метафоры, построенные по сходной схеме, не наделены обобщающей силой:

> Розы — страшен мне цвет этих роз,
> Это — рыжая ночь твоих кос?
> Это — музыка тайных измен?
> Это — сердце в плену у Кармен?
>
> (Блок, 483)

Любопытно, что у Ахматовой и Пастернака такие метафоры употреблены только один раз для определения поэзии:
Пастернак:

> Это — круто налившийся свист.
> Это — щелканье сдавленных льдинок.
> Это — ночь, леденящая лист.
> Это двух соловьев поединок.   1, 22

Ахматова:

> Это — выжимки бессонниц,
> Это — свеч кривых нагар,
> Это — сотен белых звонниц
> Первый утренний удар...   1, 255

Отличие этих метафор от метафор с "это" Бродского состоит в том, что они, в сущности, являются вариацией схемы *А есть В от С*, так как "это" замещает субъект — "поэзия", "стихи", данный в заглавии.

Несколько метафор Маяковского однородной основы слишком политически окрашены, чтобы нести в себе философское обобщение:

> это —
> революционная воля,
> брошенная за последний предел,
> это — митинг,
> в махины машинных тел
> вмешавший людей и зверьи туши,
> это — руки,
> лапы,
> клешни,
> рычаги,
> туда,
> где воздух поредел,
> вонзенные в клятвенном единодушье. 2, 121

Метафоры Хлебникова и Цветаевой, построенные по данной схеме, ближе других к метафорам Бродского: они представляют собой заключение более общего порядка из конкретного наблюдения над миром.
Хлебников:

> Это не люди, не боги, не жизни,
> Ведь в треугольниках — сумрак души
> Это над людом в сумрачной тризне
> Теней и углов Пифагора ковши! 2, 244

Цветаева:

> Это, обзор трех куч,
> Детства скрипичный ключ.
>
> Подобрала у рыбацкой лодки.
> Это — голодной тоски обглодки:
>
> Камень — тебя щажу, —
> Лучше волны гложу,
>
> Осатанев на пустынном спуске.
> Это? — какой-то любви окуски:
>
> Восстановить не тщусь:
> Так неглубок надкус.
>
> Там и лежит не внесенный в списки.
> Это — уже не любви — огрызки:
> Совести. 4, 249

Однако, такие метафоры у Хлебникова и Цветаевой весьма не регулярны, чтобы образовать тенденцию.

Описание грамматических вариантов метафор-копул будет неполным без упоминания еще двух схем: *В от С есть А, С есть А от В*, т. е. включающих инверсию, и так называемых негативных метафор. Первые примечательны тем, что их немного у всех сравниваемых здесь поэтов. Этот факт показателен потому, что инверсия, порою тяжелая инверсия, отличительное свойство синтаксиса Державина, Хлебникова, Маяковского и Бродского (ср. "Если песнь не гремит вокзала" /Маяковский/, "То не в церковь белую к венцу — прямо к света нашего концу" /Бродский/). Несколько метафор-инверсий Бродского продиктованы скорее требованиями ритма и рифмы:

> Жизнь есть товар на вынос:
> торса, пениса, лба.
> И *географии примесь*
> *к времени есть судьба.*   **Н. с. к А.**, 110

Негативные метафоры Бродского повторяют все разнообразие описанных выше грамматических схем: *А есть не В, но С; А есть не С от В; А есть не В от С, но D от Е и F от G; А есть не В и не С, но D:*

> Данная песня не вопль отчаяния,
> Это — следствие одичания.
> Это — точней — первый крик молчания.   **Ч. р.**, 27

Соединение отрицания с противопоставлением позволяет ему обновить стершиеся метафоры, сблизить понятия, взятые из далеких семантических полей, создать иронический подтекст.

Только у Хлебникова и у Цветаевой такие метафоры встречаются регулярно. У Державина, Баратынского и Пастернака они вообще отсутствуют, у других поэтов появляются спорадически. Наиболее известная метафора Мандельштама, включающая отрицание, из "Адмиралтейства":

> Он учит: красота не прихоть полубога,
> А хищный глазомер простого столяра.   1, 29

Главной отличительной чертой метафор отождествления Бродского является их тенденция аппелировать к разуму, а не к зрению и слуху. Его метафоры поддаются логическому декодированию, а не визуальному узнаванию. В отличие от метафор сравнения с аналогичной грамматической структурой ("Время — волна, а Пространство — кит") в метафорах отождествления аналогия проведена по глубинным качествам описываемых объектов, а не по внешнему сходству. Говоря словами Кольриджа,[39] Бродский живет не под деспотизмом зрения, а под деспотизмом разума, что отражается на структуре его тропов: определяя отвлеченное через отвлеченное, он вынужден прибегать к опорам, выстраивать двойные, тройные и многорядные метафоры, давать пояснения в придаточных и вводных предложениях:

> Там, наверху...
> услышь одно: благодарю за то, что
> ты отнял все, чем на своем веку
> владел я. *Ибо созданное прочно,*
> *продукт труда*
> *есть пища вора и прообраз Рая,*
> верней — *добыча времени...*　　К. п. э., 64

создавать дополнительные метафоры-рифмы:

> Не сокрушайся ж, если
> твой век, твой вес
> достойны немоты:
> *звук — тоже бремя.*
> Бесплотнее, чем *время,*
> беззвучней ты.　　Ч. р., 36

где рифма "бремя — время" образует метафору в контексте стихотворения "Бабочка", как и в контексте всего написанного Бродским.

Мышление Бродского напоминает мышление ученого: он охотно включает в свои метафоры-копулы такие умозрительные категории, как "форма", "метод", "следствие", "основной механизм":

> Звук — форма продолженья тишины,　О. в п., 125

> Разлука
> есть сумма наших трех углов,
> а вызванная ею мука
>
> есть форма тяготенья их
> друг к другу...　　К. п. э., 81

Воображение поэта, создавшего подобные метафоры, воображение интеллектуальное, а не визуальное и не слуховое. Неодолимая потребность Бродского домысливать все до конца порождает относительно большое количество метафор-дефиниций, подобных научным формулировкам:

> Жизнь — форма времени. **Ч. р.**, 106
>
> человек есть конец самого себя
> и вдается во Время. **Ч. р.**, 109

Метафоры-копулы самой грамматической структурой соответствуют научным определениям. И Бродский широко пользуется этой возможностью грамматики. Именно в силу их формальной структуры и закрепленной за этой структурой интонации метафоры-дефиниции Бродского звучат аподиктично, а не потому, что он занял "судейское кресло" и выносит якобы "окончательные, итоговые, последние" оценки.[40] Даже тогда, когда его метафоры-копулы находятся в позиции придаточного предложения, они не менее аподиктичны, чем в позиции главного предложения, прежде всего своей непредсказуемостью и новизной:

> Затем что дни для нас —
> ничто. Всего лишь
> ничто. Их не приколешь **Ч. р.**, 32

> Одиночество учит сути вещей, ибо суть их то же
> одиночество. **Ч. р.**, 101

Его метафоры-дефиниции принципиально отличаются своей рассудочностью и дискурсивностью от многих "художественных дефиниций", собранных в статье Э. И. Ханпиры,[41] в частности, например, из Пушкина:

> Что дружба? Легкий пыл похмелья,
> обиды вольный разговор,
> Обман тщеславия, безделья
> Иль покровительства позор.

Ханпира не дифференцирует грамматическую структуру приводимых им примеров, не проводит различия между метафорой и не-метафорой, хотя и отмечает, что "одни из художественных дефиниций более, так сказать, зрительны, более образны, адресованы больше глазу, чем мысли, другие менее зрительны и даже в какой-то мере умозрительны, более интеллектуальны".[42]

Следует понять, что не все метафоры-копулы являются дефинициями, а только те из них, которые принадлежат к семантическому типу отождествления, ибо в них черты описываемых объектов абстрагированы от самых объектов, их внешнее сходство (или несходство) как бы намеренно игнорируется в поисках скрытого тождества сущностей. Так, цветаевское "Имя твое — птица в руке" является метафорой сравнения, как и метафора Бродского "Море, мадам, это чья-то речь", как и все метафоры из примеров Ханпиры: "Слово — полководец человечьей силы" (Маяковский), "Но старость — это Рим, который..." (Пастернак). Строго говоря, ни один из примеров Ханпиры нельзя отнести к метафорам-дефинициям, о которых здесь идет речь. Поэтому неудивительно, что он приходит к заключению, что "с логической точки зрения приведенные здесь художественные дефиниции ошибочны: они содержат слова, употребляемые метафорически, не указывая необходимых и достаточных существенных признаков понятия, они совершенно не раскрывают содержания и объема определяемых понятий".[43]

Метафоры-дефиниции Бродского нацелены именно на раскрытие "существенных признаков понятия", поэтому они не сравнивают, а приравнивают, выражая идентификацию по постоянным, а не преходящим признакам:

    ...Пространство — вещь.
    Время же, в сущности, мысль о вещи.   **Ч. р., 111**

Сама природа таких метафор позволяет поэту менять местами члены метафоры:

    Вещь есть пространство, вне
    коего вещи нет.   **К. п. э., 111**

В обсуждаемом здесь типе метафор более, чем в каком-либо другом грамматическом типе, "ощущается интеллектуально-волевое усилие создателя".[44] Для восприятия и осмысления подобных метафор также требуется затрата эмоциональной и интеллектуальной энергии. Приходится поставить под сомнение высказывание Аристотеля, что метафоры, которые не представляют объект в состоянии физической активности, не обладают энергией.[45] Должны ли мы из этого сделать вывод, что глагольные метафоры самые "энергичные"? Достаточно сопоставить их с метафорами любой другой грамматической структуры, чтобы убедиться, что глагольные метафоры, доминирующие у всех поэтов, включают в себя самый большой процент стершихся и мертвых метафор и посему не могут претендовать на особую художественную выразительность. Приписывание действий неодушевленным предметам и отвлеченным понятиям — одна из традиционных функций предикативных метафор. Шансы создания оригинальных глагольных метафор у современного поэта невелики. Однако, когда это ему удается, то свежие неожиданные глагольные метафоры, как новые непредсказуемые метафоры любой грамматической структуры, являются источником энергии в стихе, "нервными узлами", как назвал их Веселовский.[46]

Характер напряжения в метафорах-копулах меняется в зависимости от близости или далековатости семантических полей обозначаемого и обозначающего. Изменение чувства дистанции в поэтике Бродского можно проследить в метафорах, например, к "жизни", взятых из разных периодов, но однородных по своей грамматической структуре:

> И вся-то жизнь — биенье сердца,
> и говор фраз, да плеск вины,
> и ночь над лодочкою секса
> по слабой речке тишины.   **С. и п., 51**

Здесь "жизнь" еще не остранена, не вынесена за скобки средствами рационалистических метафор. Но уже несколькими годами позже в философской поэме "Горбунов и Горчаков" поэт как бы берет жизнь в кавычки:

> Жизнь — только разговор перед лицом
> молчанья". "Пререкания движений".
> "Речь сумерек с расплывшимся концом".   **О. в п., 206**

где "молчание" является метафорой замещения смерти. Метафорическое осмысление самого "молчания" дано в целой серии метафор отождествления:

> Молчанье — это будущее дней,
> катящихся навстречу нашей речи,
>
> Молчанье — это будущее слов,
> уже пожравших гласными всю вещность,
>
> Молчанье — настоящее для тех,
> кто жил до нас.   **О. в п., 206**

Это многоступенчатое метафорическое построение держится на антиномии его основных содержательно-концептуальных положений: жизнь — смерть, речь — молчание, дух — вещность, настоящее — будущее — вечность. Отсюда сделан следующий логический шаг к почти научной абстракции:

> Жизнь — форма времени. Карп и лещ —
> сгустки его. И товар похлеще —
> сгустки. Включая волну и твердь
> суши. Включая смерть.   **Ч. р., 106**

В круг обозрения включена не только человеческая жизнь ("товар похлеще" — метафора замещения человека), но и жизнь планеты и даже сама смерть. Наблюдение ведется как бы с точки зрения времени. "Дальше некуда", — как сказал сам поэт. — "Дальше ряд звезд. И они горят". (Ч. р., 104).

Бродский почти всегда практикует то, о чем теоретизирует в прозе. О важности для поэта чувства дистанции он писал в 1976 году: "Способность к отстранению есть вообще вещь уникальная, но в случае поэта... она также указывает на то, в каком масштабе оперирует его сознание. В случае поэта отстранение не есть "просто еще один предел", но выход за предел. Стереоскоп приобретает свойства телескопа".[47]

Описанный здесь грамматический тип метафор позволяет поэту с парадоксальным складом ума достичь предельного отстранения смысла, сближая далекие между собой идеи. Даже подобие в таких метафорах сопровождается несоответствием, несоразмерностью сравниваемых предметов:

> Но и *звезда* над морем —
>
> что есть она как не (позволь
> так молвить, чтобы высокий в этом
> не узрила ты штиль) *мозоль,
> натертая в пространстве светом?*   **К. п. э., 81**

Д. Лодж считает, что расстояние между обозначаемым и обозначающим более показательно для характеристики стиля поэта, чем выбор самой метафоры: "Чем больше расстояние (экзистенциально, концептуально, аффективно) между "тенором", который является частью контекста, и "носителем" (vehicle) метафоры, тем сильнее будет ее семантический эффект, но в то же время, тем больше будет и нарушение отношений по смежности между единицами речи и, следовательно, иллюзии правдоподобия".[48]

И тут мы наблюдаем явление уникальное: в метафорах Бродского происходит расшатывание метафоры, размывание границ этого тропа. В его логических метафорах причинно-следственные и пространственно-временные отношения вытесняют ассоциации по сходству, другими словами, метафора приближается к метонимии:

> Одиночество учит сути вещей, ибо суть их то же
> одиночество. Кожа спины благодарна коже
> спинки кресла за чувство прохлады.   **Ч. р., 101**

Эта амальгама двух тропов поддержана на уровне когезии, сцепления мыслей в стихотворении. Повторение слов "одиночество", "кожа", "спина", "спинка" создают иллюзию аналогии. На самом деле, эта и последующие мысли движутся от точки к точке во времени и пространстве:

> Вдали рука на
> подлокотнике деревенеет. Дубовый лоск
> покрывает костяшки суставов. Мозг
> бьется, как льдинка о край стакана.   **Ч. р.**, 101

Человек дан по частям, метонимически: кожа, спина, рука, суставы, мозг.

Проф. Эткинд уже писал об иронических отношениях прозаической речи Бродского с плотью стиха в связи с конфликтом "синтаксис — ритм", подчеркивая при этом его родство с Цветаевой: "В той или иной степени конфликт между синтаксисом и метром у Цветаевой, как и у Бродского, — это всегда конфликт между разумом и открытой эмоцией, или между космосом сознания и хаосом подсознания, гармонией и стихией".[49] Здесь речь идет об отношениях, при которых метафорическая сущность лирики вступает в конфликт-взаимодействие с метонимическими принципами прозы. Чем дальше поэт уходит в обратном от себя направлении — в направлении метонимического полюса языка, тем больше требуется компенсаций: точными рифмами, строгим метром или тропами. В этой связи показательно, как возрастает насыщенность поэзии Бродского метафорами: если в первом периоде одна метафора приходится в среднем на четыре строки, то во втором — одна метафора на три строки, а в третьем — одна метафора на две строки.[50] Там, где густота метафор снижается, падает энергия стиха, например, в таких повествовательных вещах, как "Посвящается Ялте" или "Новый Жюль Верн". Метафора, являясь лингвистическим хранилищем духовного материала, оказывает успешное сопротивление поэту, который, якобы сознательно, стремится очистить свою поэзию от тропов.[51]

В пределах статьи невозможно дать сколько-нибудь полную картину сложной системы отношений между метафорами разной грамматической структуры, ибо они обусловлены их лексическим наполнением и трансформационными возможностями, заложенными как в грамматике, так и в лексике. Следующая таблица показывает частоту употребления метафор Бродским в зависимости от их грамматической структуры:

Семантические типы и их грамматическое выражение	1-й период 1958–64	2-й период 1964–72	3-й период 1972–84	Общее кол-во %
	6123 строки	7602 строки	4249 строк	
МЕТАФОРЫ ЗАМЕЩЕНИЯ				
1. имя существит.	41,5%	34,5%	24%)	
2. атрибутив. синтагма	28%	31%	41%)	5,6%
3. генитивная синтагма	16%	31%	49%)	
МЕТАФОРЫ СРАВНЕНИЯ				
1. генитивная синтагма	23%	35%	42%)	
2. атрибутив. синтагма	29%	25%	46%)	
3. глагольная синтагма	25%	40%	35%)	
4. именная предикативная синтагма	10%	50%	40%)	33,9%
5. именительный предикативный	43%	39%	18%)	
МЕТАФОРЫ ПРИПИСЫВАНИЯ				
1. генитивная синтагма	41,5%	25,5%	33%)	
2. атрибутивн. синтагма	22%	25%	53%)	49,4%
3. глагольная синтагма	36,5%	36,5%	27%)	
4. именная предикативная синтагма	25,5%	41%	36%)	
МЕТАФОРЫ ОТОЖДЕСТВЛЕНИЯ				
1. именительный предикатив.	19,2%	47,6%	33,2%	7,6%
МЕТАФОРЫ-ПРИЛОЖЕНИЯ	18%	32%	50%	2,6%
МЕТАФ. С ТВ. ПРЕДИКАТИВ.	22%	44%	34%	0,9%

Надо знать весь метафорический контекст поэта, чтобы понять, как происходит концептуализация действительности в метафорах любого типа.

Поэтический мир Бродского, спроецированный на систему метафор, принципиально предметно-материален. Достигается это разнонаправленными процессами отстранения смысла в тропе: с одной стороны, идеальный мир систематически подвержен овеществлению во всех типах метафор, с другой, вещи и абстрактные понятия одухотворены. Снимая оппозиции, Бродский выстраивает компоненты своего поэтического мира в такой ряд, в котором они все выигрывают.

Нейтрализация самой традиционной оппозиции "человек — вещь" осуществлена наиболее драматическим образом в метафорах отождествления путем введения третьего члена — языка:

> Знаешь, *все, кто далече,
> по ком голосит тоска —
> жертвы законов речи,
> запятых, языка.*
>
> Н. с. к А., 111

Прозопопея языка как словесно-звукового явления реализована последовательно и в других семантических типах метафор. Аналогия части речи с человеком впервые появляется в одном из ранних стихотворений "Глаголы" (**С. и п.**, 72–73). В поэме "Исаак и Авраам" две функции метафор, овеществления и одухотворения, совмещены, как совмещены два типа метафор однородных грамматических структур, метафоры сравнения и тождества:

> Но вот он понял: *"Т" — алтарь, алтарь,*
> а *"С" на нем лежит, как в путах агнец.*   **С. и п.**, 146

> Что значит "С", мы знаем из куста:
> *"С" — это жертва, связанная туго.*
> *А буква "А" — средь этих букв старик,*
> союз, чтоб между слов был звук раздельный.
> По существу же — *это страшный крик,*
> *младенческий, прискорбный, вой смертельный.*   **С. и п.**, 152

В дальнейшем язык во всех своих аспектах существования все чаще то опредмечивается, то олицетворяется, лишаясь знаковой функции:

> сказуемое, ведомое подлежащим,
> уходит в прошлое время, жертвуя настоящим,
> от грамматики новой на сердце пряча
> окончание шепота, крика, плача.   **Н. с. к А.**, 106

Язык подвержен в метафорах тем же семантическим преобразованиям, что и вещи и человек. В своей "высшей форме существования" язык овеществлен в метафорах замещения:

> Право, чем *гуще россыпь*
> *черного на листе,*
> тем безразличней особь
> к прошлому, к пустоте
> в будущем.   **Н. с. к А.**, 111

и в метафорах сравнения:

> И в этой башне,
> в правнучке вавилонской, в *башне слов,*

> *все время недостроенной, ты кров*
> *найти не дашь мне!* К.п. э., 64

Метафоры приписывания не только одухотворяют, но и опредмечивают:

> *У языка есть полюс,*
> *Север, где снег сквозит*
> *сквозь эльзевир;* где голос
> флага не водрузит. Н. с. к А., 112

В метафорах отождествления поставлен знак равенства между словом и вещью:

> "Но ежели взглянуть со стороны,
> то можно, в общем, сделать замечанье:
> и *слово — вещь.* Тогда мы спасены!" О. в п., 205

как и между словом и человеком:

> Человек превращается в шорох пера по бумаге, в кольца,
> петли, клинышки букв и, потому что скользко,
> в запятые и точки. Ч. р., 112

Это полное отождествление себя со словом, существования с писанием роднит Бродского с Хлебниковым, у которого также материализованы и дух, и время, и язык: "Где камни — время" (3, 62), "Плеск небытия за гранью веры" (3, 42), "Слово — пяльцы; Слово — лен; Слово — ткань; " (5, 383).

Бродский не просто "уравнял идеологическую сферу с эмпирической",[52] как это сделали русские футуристы, он расширил это уравнение, наполнив его новым содержанием. Ставя знак равенства между "человек — вещь — слово", он "обнаруживает тупиковую философию в самом языке",[53] ибо социально-психологическим абсурдом оказался захвачен не только человек, но и сам язык.

Отождествляя идеальное с материальным, Бродский подвергает переосмыслению основные экзистенциальные категории. Слово для Бродского — это тот рычаг, которым он поднимает "вселенную на рога". Оно же и точка опоры.

ПРИМЕЧАНИЯ

1. В. Ф. Одоевский. *Русские ночи*, Л. Наука, 1975, стр. 22.
2. Определение поэзии как "лучшие слова в лучшем порядке" принадлежит Кольриджу. *Coleridge's Miscellaneous Criticism*, Ed. T. M. Raysor, Cambridge, Harvard Press, 1936, p. 403 and 422.
3. Иосиф Бродский, Предисловие "Поэт и проза", Марина Цветаева, *Избранная проза в двух томах*, Russica Publishers, New York, 1979, p. 12.
4. И. Бродский, *Указ. соч.*, стр. 16.
5. И. Бродский, "На стороне Кавафи" в переводе А. Лосева, "Эхо", № 2, 1978, стр. 144. В оригинале по-английски. Здесь и далее все цитаты даются по-русски. Оригинал "On Cavafy's Side," *The New York Review*, Febr. 17, 1977, pp. 32–34.
6. И. Бродский, из неопубликованного интервью Д. Савицкому, январь, 1983 г., Нью-Йорк.
7. Так в отличие от многочисленных исследователей жизни и творчества Осипа Мандельштама, Бродский расставил несколько иные ударения, дав свою интерпретацию трагедии поэта: "Поэт наживает неприятности в силу своего лингвистического, а стало быть, и своего психологического превосходства, а вовсе не из-за своих политических убеждений. Песнь есть своего рода форма лингвистического неповиновения, и звук ее подвергает сомнению более, чем конкретную политическую систему: он ставит под вопрос весь порядок существования". Вступление, *O. Mandelstam: 50 Poems*, Tr. by B. Meares, Persea Books, N. Y., 1977, p. 15.
8. Из цитированного выше интервью Д. Савицкому. Эту же мысль Бродский повторил в интервью Н. Горбаневской: "...мы считаем, что язык — орудие поэта. Ровно наоборот: это поэт орудие в руках языка". *Русская мысль*, № 3450, 3 февр. 1983, стр. 8–9.
9. Виктор Гофман, "Языковое новаторство Хлебникова". — В кн. *Язык литературы*, ГИХЛ, 1936, стр. 235. "...главным героем" поэзии Хлебникова, по мнению Гофмана, является язык.
10. И. Бродский, "Об одном стихотворении (Вместо предисловия)", Марина Цветаева, *Стихотворения и поэмы в пяти томах*, Russica, New York, 1980, т. 1, стр. 53.
11. И. Бродский, "Предисловие", Андрей Платонов, *Котлован*, Ann Arbor, Ardis, 1973, стр. 164.
12. Из неопубликованных записей семинаров И. Бродского в Мичиганском университете, AnnArbor, март-апрель, 1980 г.
13. А. А. Потебня, *Из записок по теории словесности*, Mouton, The Hague, Paris, 1970, стр. 267.
14. Идея взаимодействия значений в метафоре была развита в 30-е годы в работах И. А. Ричардса. В *Philosophy of Rhetoric* он пишет: "Простейшим образом это можно сформулировать так: мы прибегаем к метафоре тогда, когда имеем дело с двумя мыслями о двух различных предметах, возникающими совместно и выражаемыми единым словом или фразой, чье значение есть следствие их взаимодействия". Oxford Press, 1971, стр. 93.
15. См. выше.
16. Max Black, "Metaphor" in *Models and Metaphor. Studies in Language and Philosophy*, New York, 1962.
17. Pierre Fontanier, *Les figures du discours*, Paris, 1830, 1968.
18. Метафоры Бродского взяты из всех опубликованных поэтических произведений. Список принятых сокращений для сборников стихотворений:

С. и п. – *Стихотворения и поэмы*, Inter-Language Literary Associates, New York, 1965.
О. в п. – *Остановка в пустыне*. Изп. им. Чехова, Нью-Йорк, 1970.
В А. – *В Англии*, Ann Arbor, Ardis, 1977.
К. п. э.– *Конец прекрасной эпохи*, Ann Arbor, Ardis, 1977.
Ч. р. – *Часть речи*, Ann Arbor, Ardis, 1977.
Р. э. – *Римские элегии*, Russica, New York, 1982.
Н. с. к А. – *Новые стансы к Августе*, Ann Arbor, Ardis, 1983.

Список стихотворений Бродского, не вошедших в сборники и цитируемые в статье:

"Эклога 4-я (зимняя)" – ж. *Континент*, № 26, стр. 7–13.
"Пятая годовщина" – там же, № 36, стр. 7–10.
"Полдень в комнате" – ж. *ВХРД*, № 126, 1978, стр. 47–52.
"Литовский ноктюрн: Томасу Венцлова" – *Континент*, № 40, стр. 7–18.
"Эклога V-я: летняя" – ж. *Континент*, № 30, стр. 67–75.
"Новый Жюль Верн" – ж. *ВРХД*, № 123, 1977, стр. 97–103.

19. И. Бродский, "На стороне Кавафи", стр. 144.
20. Ted Cohen, "Metaphor and the cultivation of intimacy" in: *On Metaphor*, Ed. by Sh. Sack, Chicago and London, 1970, p. 9.
21. Christine Brook-Rose, *A Grammar of Metaphor*, London, 1970.
22. Ю. Левин, "Структура русской метафоры" в *Труды по знаковым системам*, II, Тарту, 1965, стр. 293–300; "Русская метафора: синтез, семантика, трансформации" в *Труды по знаковым системам*, IV, Тарту, 1967, стр. 290–303.
23. Указ. соч., стр. 16.
24. Осип Мандельштам, "Барсучья нора", *Собрание сочинений в трех томах*, т. 2., 271, Inter-Language Literary Associates, 1967.
25. Там же.
26. Термин "метафоры приписывания" позаимствован у Ю. Левина. В статье "Структура русской метафоры" он выделяет три типа метафор: метафоры-сравнения, метафоры-загадки, соответствующие традиционному типу метафор замещения, или, "чистых" метафор, и метафоры, "приписывающие описываемому объекту свойства другого объекта" – "ядовитый взгляд", "жизнь его сгорела". Эта классификация сделана "в зависимости от способа реализации принципа сравнения". Указ. соч., стр. 204. Предложенная мною классификация отличается от классификации Ю. Левина не только добавлением еще одного семантического типа, а именно, метафор отождествления, по непонятным причинам им упущенного, но и добавлением новых принципов построения метафоры. В частности, метафоры приписывания Бродского реже всего построены на принципе сравнения, они построены на принципе аналогии неживого с живым и еще более произвольной аналогии живого с неживым.
27. О. С. Ахманова, *Словарь лингвистических терминов*, Изд. "Сов. энциклопедия", М., 1966, стр. 208, 396.
28. В. В. Виноградов, *Поэтика русской литературы. Избранные труды*. М. "Наука", 1976, стр. 410.
Любопытно, что Виноградов вообще отказывает творительному падежу в праве оформления метафоры: творительный сказуемостный, – пишет Виноградов, – "даже когда он состоит из глагола-связки и имени, приписанного субъекту "переносно", метаморфически, не может быть назван метафорой, а лишь "метаморфическим применением", стр. 410. Примечательно, что и Б. Эйхенбаум не различает творительный предикативный в роли ме-

тафоры ("Был блаженной моей колыбелью / Темный город у грозной реки", Ахматова, 1, 126) от творительного сравнения ("Серой белкой прыгну на ольху, / Ласочкой пугливой пробегу...", 1, 138), давая их вперемежку в качестве примеров "ослабления глагола как такового" в поэзии Ахматовой: "Эти творительные большей частью имеют смысл сравнений, но отличаются большей смысловой энергией, большей спаянностью с фразой и при этом ослабляют значение глагола". Б. Эйхенбаум, *Анна Ахматова*, Изд. "Лев", стр. 55. Несколькими страницами ниже эта мысль подчеркнута: "Ослабление глагола как такового выражается у Ахматовой и в других формах. Чрезвычайно широко пользуется она краткой формой прилагательных и причастий, а также наречий в сравнительной степени...". Там же, стр. 58–59. Моя статистика предикативных метафор Ахматовой свидетельствует о том, что у нее глагольные метафоры в 10 раз превосходят число метафор, выраженных краткими формами прилагательных и причастий. Следующая таблица дает представление о грамматических структурах предикативных метафор Ахматовой и Бродского:

	глагол в личн. ф.	крат. формы прил. и прич.	им. п. существит.	тв. п. существит.
Ахматова	85,5%	8,2%	3,3%	3%
Бродский	85%	5%	9%	1%

29. См. Н. Д. Арутюнова, "Языковая метафора (Синтаксис и лексика)", *Лингвистика и поэтика*, М., "Наука", 1979, стр. 158.

30. А. А. Потебня, *Эстетика и поэтика*, М., "Искусство", 1976, стр. 205. Устойчивость выразительной энергии в метафорах с именительным предикативным обеспечена физической энергией самого сильного типа русской интонации с резким повышением тона, а именно ИК–3, необходимой для произнесения семантически незавершенной первой части этой метафоры: "Ибо пыль — это плоть / времени: плоть и кровь". Авторитетность тона второй части метафоры поддерживается ИК–2, обладающей также физически сильными характеристиками. Подробнее о семантике и физических фарактеристиках русской интонации см. в работе Е. А. Брызгуновой *Звуки и интонация русской речи*, М. "Русский язык", 1977.

31. Указ соч., стр. 128–129.

32. За отсутствием статистики по другим грамматическим типам вынуждена привести здесь абсолютные данные. В случае Бродского учтены все его поэтические произведения, опубликованные по декабрь 1984 г. Метафоры других поэтов взяты из следующих сборников и собраний сочинений. Учтены все их поэтические произведения, кроме переводов.

Г. Р. Державин, *Стихотворения*, Б-ка поэта, Большая серия, Л., 1933.

Г. Р. Державин, *Стихотворения*, М., Гос. изд. Худ. лит., 1958.

Е. А. Баратынский, *Стихотворения. Поэмы.*, М., "Наука", 1982.

К. Бальмонт, *Стихотворения*, Б-ка поэта, Большая серия, Л., 1983.

А. Блок, *Стихотворения*, Б-ка поэта, Большая серия, 1955.

В. Хлебников, *Собрание сочинений в пяти томах*, под ред. Ю. Тынянова и Н. Степанова в переиздании В. Маркова, включающем *Неизданные произведения*, под ред. Н. Харджиева и Т. Грица, Munchen, 1968–71.

В. Маяковский, *Полное собрание сочинений в 13 томах*, М., 1955–1961.

М. Цветаева, *Стихотворения и поэмы в пяти томах*, тт. 1–4, Russica, New York, 1980–83.

Б. Пастернак, *Собрание сочинений в трех томах*, под ред. Г. П. Струве и

Б. А. Филиппова, Ann Arbor, The Un-ty of Michigan Press, 1961.
О. Мандельштам, *Собрание сочинений в трех томах*. Международное лит. содружество, Вашингтон, 1967—69. 4-й дополнительный том, Ymca—Press, Paris, 1983.
А. Ахматова, *Сочинения*, т. 1 и 2, Междунар. лит. содружество, 1967—69. т. 3, Ymca—Press, Paris, 1983.

33. С. Бобров, "Заимствования и влияния", *Печать и революция*, VIII, 1922, стр. 72.
34. Л. Лосев, доклад "Поэзия Иосифа Бродского", SSEES, Лондон, 30 марта 1984 года.
35. Из неопубликованного интервью И. Бродского автору этой статьи.
36. Из письма Б. Пастернака П. Н. Медведеву, автору *Формальный метод в литературоведении*. Л., "Прибой", 1928. Письмо датировано 20 августа 1929 года и опубликовано в *Труды по знаковым системам*, № 5, Тарту, 1971, стр. 529.
37. И. П. Смирнов, *Художественный смысл и эволюция поэтических систем*. М., "Наука", 1977, стр. 117.
38. И. Бродский, Предисловие "Поэт и проза", стр. 9.
39. S. T., Coleridge, *Biographia Literaria*, Ed. by J. Shawcross, v. I, Oxford, Clarendon Press, 1907, p. 74.
40. А. Каломиров, "Проблемы современной русской поэзии, статья 1. Иосиф Бродский (Место)", *Вестник русского Христианского движения, Le Messager*, No. IV, 1977, стр. 143.
41. Э. И. Ханпира, "О художественной дефиниции", *Проблемы структурной лингвистики 1982*, М., "Наука", 1984, стр. 225—236.
42. Указ. соч., стр. 231.
43. Там же, стр. 230.
44. Е. В. Ермилова, "Метафоризация мира в поэзии XX века", *Контекст 1976*, М., "Наука", 1977, стр. 169.
45. Аристотель, Риторика, книга III, гл. 11, пар. 1—2: "Нам предстоит еще объяснить, что мы имеем в виду под "созданием картины" и результатом чего является наглядность. Я говорю, что то выражение представляет вещь перед нашим взглядом, которое изображает ее в состоянии действия. Так, когда мы говорим, что нравственно хороший человек четырехуголен, это, конечно, метафора, потому что оба эти понятия обозначают нечто совершенное, не обозначая однако действия *(ou semainei energian)*. С другой стороны, в выражении "он находится в цвете сил" содержится проявление деятельности".
46. А. Н. Веселовский, *Историческая поэтика*, Гос. изд. "Художеств. литература", Л., 1940, стр. 376.
47. Joseph Brodsky, "Preface to *Modern Russian Poets on Poetry*," Ardis, Ann Arbor, 1976, p. 8.
48. David Lodge, *The Modes of Modern Writting. Metaphor, Metonymy and the Typology of Modern Literature*, Ithaca, New York, 1977, p. 112.
49. Е. Эткинд, *Материя стиха*, Paris, Institut d'etudes slaves, 1978, pp. 114—119.
50. Как справедливо заметил Дж. С. Смит, идеально за основу подсчетов следовало бы взять не количество строк, а количество слогов в строке. Однако объем материала и ограниченное время вынуждают меня отложить эту работу на будущее. Общая тенденция возрастания метафоричности в поэзии Бродского для меня очевидна, несмотря на то, что длина строки многих стихотворений последнего периода увеличилась в связи с принципиально новой метрикой его стиха: 14—19 слогов длина строки в цикле "В Англии", 12—15 слогов в "Римских элегиях". Однако, многие стихотворения и поэмы из пер-

вого сборника состоят из строк не менее длинных: 15—23 слога в "Проплывают облака" (**С. и п.**, 78—79), 16—19 слогов в "Ты поскачешь во мраке..." (**С. и п.**, 85—87), 16—19 слогов в "Письмо к А. Д." (**С. и п.**, 92—93).
51. Из частного разговора с Бродским.
52. И. П. Смирнов, указ. соч., стр. 103.
53. И. Бродский, Предисловие, А. Платонов, *Котлован*, стр. 163.

Барри ШЕРР
США

СТРОФИКА БРОДСКОГО

То, что Иосиф Бродский обогатил тематику русской поэзии, признается всеми, кто следил за развитием его творчества. Его формальное новаторство, не столь заметное на первый взгляд, не менее важно. Иные из приемов Бродского — ошеломительные анжамбеманы, необычный ритм в цикле стихотворений "Часть речи" — трудно не различить. Однако во многих случаях его оригинальность не так уж очевидна. Таковы, например, его строфические формы, по всей видимости не привлекающие особого внимания большинства читателей. И, все же, именно разнообразием используемых форм строфы, с необычными подчас схемами рифмовки и постоянными манипуляциями с хорошо известными формами Бродский оживил интерес к тому аспекту поэзии, который в течение нескольких последних десятилетий мало привлекал внимание русских поэтов.

Обычно описание строфы состоит из четырех основных характеристик: количество содержащихся в ней строк, схема рифмовки, тип клаузулы и размер. Клаузулой называется часть строки, следующая за последним метрическим ударением. Когда ударение падает на последний слог, слогов для клаузулы не остается, и такое окончание называется "мужским". Если за последним ударением в строке следует один слог, то клаузула называется "женской", если два — то "дактилической", если три или больше — то "гипердактилической". При описании схемы рифмовки обычно указывается и тип клаузулы. Так четверостишие, описываемое *AbAb* состоит из *перекрестных* женских (*A*) и мужских (*b*) рифм. *A'A'BB* изображает четверостишие со *смежными* дактилическими (*A'*) и женскими рифмами, а *aB'B''a* — с *опоясывающей* мужской (*a*) и гипердактилической (*B''*) рифмой. Незарифмованные строки изображаются как *x*, *X*, *X'*, или *X''*, в зависимости от клаузулы. Например, четверостишие со всеми окончаниями мужскими, в котором рифмуются только четные строки, будет изображено как *xaxa*.[1]

Если хотя бы одно из этих четырех свойств изменяется от строфы к строфе, тогда стихотворение будет называться *неравнострофическим*. По большей части поэты выдерживают единообразную строфику внутри своих стихотворений, но некоторые, среди них Тютчев в девятнадцатом веке и Бродский в двадцатом, создали немало неравнострофических стихотворений.[2] Из четырех возможных изменений типа строфы изменение ее размера является наиболее резким, и оно встречается у Бродского реже всего. С другой стороны, для него довольно обычно изменение рифмовки или типа окончания, например, переход от *AbAb* к *aBaB*. Нередко он изменяет и число строк в строфе. В последнем случае становится нелегко установить различие между нестрофическим и строфическим стихотворением. Если, допустим, в стихотворении четыре 8-строчных строфы и одна 12-строчная, тогда это несомненно, неравнострофическое стихотворение, но как определить стихотворение, в котором одна 8 строчная строфа и одна 12-строчная? Или как насчет стихотворения, состоящего из группировок по шесть, восемь и десять строк? Мой подход к таким случаям определяется регулярностью рифмовки. Если рифмы на протяжении стихотворения располагаются по аналогичной схеме, стихотворение определяется как строфическое. Если наблюдается свободное, нерегулярное чередование рифм, я называю отдельные группировки строк "параграфами" и определяю стихотворение как нестрофическое. Конечно, поэма может быть строфической в одном разделе и нестрофической в другом.

Таким образом проблема классификации строф (см. Таблицу 1) оказывается сложнее, чем это может показаться на первый взгляд. Основное разделение делается между строфическими и нестрофическими стихотворениями. Некоторые исследователи определяют короткие, не разбитые на группы строк стихотворения как "однострофную" лирику.[3] В данной работе такие произведения отнесены к нестрофическим. Среди строфических стихотворений неравнострофические описываются отдельно. Регулярные строфические стихотворения классифицируются, в первую очередь, по числу строк в строфе, затем по рифмовке, в-третьих, по типу клаузулы и, в-четвертых, по размеру. Так называемые "традиционные формы" (например, терцина или сонет) условно различаются от других типов строфы с тем же числом строк. Переводные стихотворения рассматриваются в отдельности от оригинальных.

В восемнадцатом веке, когда силлабо-тоническая традиция еще не установилась в России как следует, русские поэты широко экспериментировали в области строфики — в ходу были сотни строфических форм.[4] Иные строфы были крепко привязаны к определенным жанрам. Например, оды обычно писались десятистрочной строфой. Поэт, принимавшийся за большое произведение, тщательно относился к выбору строфы, иногда он мог решиться и на изобретение новой. Получили распространение такие традиционные формы, как, в первую очередь, сонет, рондо и триолет.[5] Интерес к строфике продолжается и в девятнадцатом столетии, но к середине прошлого века начал ослабевать. Четверостишие (катрен), которое и всегда было наиболее популярной формой (по длине) строфы, стало почти нормой, тогда как традиционные формы, за исключением сонета, почти полностью исчезли. На пороге нынешнего столетия это положение на короткое время изменилось. Многие символисты и некоторые другие поэты, работавшие в этот период, вновь обратились к разнообразию традиционных форм (включая такие требующие виртуозности конструкции как *сестина,* состоящая из шести 6-строчных строф и 3-строчной "посылки", в которой заключительные слова первой строфы повторяются в соответствии с порядком, закрепленным в последующих строфах). Широко применялись поэтами в это время и другие строфические формы, включая подчас "цепные строфы", в которых незарифмованная строка одной строфы находит себе рифму в другой строфе. И все же, хотя в это время утвердились новые метрические формы (дольник и акцентный стих) и новые методы рифмовки, в области строфики поэты не столько прокладывали новые пути, сколько возвращались к тому, что существовало столетием раньше. Более того, ситуация конца девятнадцатого века вскоре повторилась. Обзоры показывают, что около 90% строфических стихотворений в двадцатом веке написаны катренами.[6] Остальные строфы обычно состоят из двух, пяти, шести или восьми строк. Характерен в этом отношении, например, недавний сборник Беллы Ахмадулиной "Тайна", весьма монотонный с точки зрения строфики. В этом сборнике 51 стихотворение (строфические и нестрофические), из них сорок пять написаны катренами.[7] Андрей Вознесенский, признанный новатор в области ритма и рифмы, куда менее экспериментален в выборе строфы.[8] Среди строфических стихотворений его сборника "Соблазн" приблизительно три четверти написаны катренами, хотя некоторые можно назвать и гетерострофическими, так как в них попадается по строфе с одной-двумя лишними строками.[9] Несколько меньше привязан к катренам ленинградский поэт Александр Кушнер; в его последнем сборнике "Таврический сад" 96 стихотворений, из них в 39 (41%) используются иные, нежели катрен, строфы.[10] Правда, некоторые из них — восьмистишия с рифмовкой типа *aBaBcDcD,* т. е. они могут рассматриваться как "двойные катрены". Тем не менее, разнообразие строфических форм в сборнике Кушнера необычно для современной русской поэзии. Не исключено, что здесь отражается влияние современника и земляка Кушнера, Иосифа Бродского, который больше, чем другие поэты его поколения, экспериментировал со строфикой и который является одним из немногих поэтов двадцатого века, открывших новые горизонты в этой области стихосложения.

Нижеследующий обзор строфики Бродского ограничивается теми

его произведениями, которые появились в сборниках. Это далеко не все, сделанное им, однако достаточно репрезентативно, чтобы отразить его поэтическую практику в целом. Рассматриваемые книги — "Стихотворения и поэмы" (далее обозначается как С), "Остановка в пустыне" (О), "Конец прекрасной эпохи"(К), "Часть речи" (Ч), "В Англии" (А), "Римские элегии" (Р) и "Новые стансы к Августе" (Н).[11] Всего в них содержится 319 стихотворений, 15155 строк. С точки зрения анализа строфы представляется целесообразным рассматривать как циклы отдельных произведений части поэм, написанных в разных строфических формах.[12] Так "Шествие" (С, 156—222) мы рассматриваем как цикл отдельных стихотворений, но "Горбунов и Горчаков" (О, 177—218), где главы формально весьма сходны, как единое произведение. Тем же принципом приходится руководствоваться при анализе некоторых более коротких вещей. Три раздела "Стихов на смерть Т. С. Элиота" (О, 139—41) рассматриваются по отдельности, но "Три главы" (С, 99—101) в целом. В результате мы получаем преувеличенное по отношению к реальному числу названий число произведений в Таблице 1 (хотя число строк остается, разумеется, без изменения). Но такой подход допускает более точное описание строфики Бродского, чем если бы мы, скажем, просто охарактеризовали "Стихи на смерть Т. С. Элиота" как неравнострофическое стихотворение.

Таблица 1 классифицирует 319 произведений по длине строфы, рифмовке, клаузуле и размеру. Поэты двадцатого века, в отличие от своих предшественников в прошлом веке, не так строго придерживаются заданной нормы на протяжении всего произведения.[13] Поскольку Таблица 1 концентрируется на строфике, а не на метрике, там игнорируются случаи отклонения от размера в одной-двух строках стихотворения, в особенности в случае стихотворений, написанных дольником, размер в которых зачастую нерегулярен. Перечисление всех исключений сделало бы и без того обширную таблицу еще обширнее. Также Бродский порой вставляет в свои нестрофические произведения, в целом написанные парной рифмовкой (например, *abab*...), одну-две "тройчатки". Эти случаи также не были выделены в Таблице 1. Для обозначения размеров используются стандартные аббревиатуры: *Я4* — четырехстопный ямб, а *Х3/2* — стихотворение, в котором чередуются строки трехстопного и двухстопного хорея. *Ан555552* — стихотворение, все написанное 6-строчной строфой, которая состоит из 5 строк пятистопного анапеста и 1 строки двухстопного анапеста. *ДкВ* обозначает варьируемые (иногда их называют "вольными") дольники. И т. д.

Вероятно, наиболее показательным аспектом Таблицы 1 является разнообразие строфических форм. В рассматриваемых сборниках содержится 94 произведения (не считая сонетов), написаннных в регулярных строфах (в отличие от неравнострофических стихотворений). По рассмотрении количества строк, схемы рифм и характера окончаний выясняется, что число используемых Бродским различных типов строфы — 41, т. е. в среднем новая строфа приходится на 2,5 стихотворения. В 68 гетерострофических стихотворениях представлены 56 различных комбинаций, только некоторые комбинации катренов использованы чаще, чем в одном стихотворении. Сонеты, которые по определению должны состоять из 14 строк, тоже удивительно разнообразны (см. Таблицу 3). При этом даже на беглый взгляд выступают необычные формы строфы: *аВсаВс*, *АААbСССb*, *АААВВВССС*. Ясно, что Бродский не удовлетворялся повторением нескольких излюбленных форм от стихотворения к стихотворению, но широко экспериментировал с различными типами четверостиший (и комбинаций катренов в неравнострофических стихотворениях) и другими строфами, вплоть до десяти- и двенадцатистрочных — весьма необычных в русской поэзии середины двадцатого века.

Стоит также обратить внимание на то, какого рода строф Бродский по большей части избегает. Подавляющее большинство его строф содержит четное число строк. В русской поэзии вообще строки с нечетным числом строк используются значительно реже, чем, например, в английской, где в отдельные исторические периоды имели распространение и семистрочные, и девятистрочные строфы. Тем не менее, у русских символистов встречаются 3-строчные строфы, и почти все русские поэты время от времени прибегали к 5-строчным.[14] У Бродского есть только одно стихотворение, написанное 3-строчной строфой, и только два, при этом неравнострофических, с 5-строчными строфами. 7-строчные строфы у него так же редки, а из двух стихотворений с 9-строчными строфами одно является переводом, в котором сохранена схема рифмовки оригинала. Много трудясь над переводами английских поэтов-метафизиков в шестидесятые годы, Бродский столкнулся со строфами, содержащими нечетное число строк, но, похоже, что это не оставило заметного следа на его оригинальном творчестве. Хотя в других отношениях он оказался новатором строфики, он в то же время продолжал, возможно даже усилил, русскую традицию, отдающую предпочтение четному числу строк в строфе.

Характерно нежелание Бродского использовать краткие строфы. Единственное небольшое лирическое стихотворение, написаннное терцинами (**Н**, 50), появилось около двадцати лет назад. Двустиший у Бродского вообще нет. Видимо, это объясняется именно стремлением использовать строфику по-новому: хотя цепочки двух-/трехстрочных строф и допускают некоторое разнообразие, в целом, конечно, они ограничивают возможности инноваций по сравнению с более длинными строфами.

Как можно было ожидать, Бродский пользовался катренами больше, чем другими типами строфы, но, все же, они не в такой степени преобладают в его поэзии, как у почти всех его современников. Только 21,3% его стихотворений (16,2% строк) написаны катренами. Даже среди только взятых отдельно его строфических стихотворений катрены встречаются в не многим более чем одной трети (см. Таблицу 2). Контраст с Ахмадулиной и Вознесенским налицо. Даже несколько более предприимчивый в этой области Кушнер полагается на катрены в более чем половине своих строфических стихотворений. Сам по себе интерес Бродского к иным, нежели катрены, строфам показывает, что он не следует современной ему поэтической норме.

При этом сами по себе четверостишия, используемые Бродским, представляют интерес. В 45 его стихотворениях, написанных регулярными катренами, как можно было ожидать, предпочтение отдается перекрестным рифмам (см. Таблицу 1). Вскоре после воцарения силлабо-тонической системы в русской поэзии чередование мужских и женских строк стало нормой, при этом наиболее обычным было четверостишие *AbAb*.[15] Мужская клаузула, кажется, придает строфе законченность, почему ее и предпочитают для последних строк. Так в девятнадцатом веке и Батюшков, и Тютчев написали гораздо больше стихотворений строфой *AbAb*, чем *aBaB*.[16] У Бродского как раз наоборот: и в четверостишиях, и в более длинных строфах у него наблюдается тенденция к женской, а не мужской клаузуле в заключительной строке. Также для большинства поэтов куда обычнее использовать в строфе и женские, и мужские окончания, чем только женские или только мужские. У Бродского же из 44 оригинальных стихотворений, написанных катренами, в 23 все окончания либо женские, либо мужские, лишь в 21 оба типа окончаний (45-е стихотворение — перевод, в котором сохранены все мужские окончания оригинала). Иными словами даже в своих регулярных четверостишиях поэт не придерживается общепринятых образцов.

До какой степени Бродский стремился обновить даже обычное четверостишие, видно из анализа 23 стихотворений, написанных неравнострофическими катренами. Он иногда просто варьирует клаузулу (например, сочетая *AbAb*, и *aBaB* строфы), но излюбленный его прием варьировать схему рифмовки, иногда меняя и клаузулу заодно. Еще в семи стихотворениях он употребляет по преимуществу четверостишия, но также и более длинные строфы. В этих случаях катрены все могут иметь одну рифмовку, хотя иногда попадается и отличная схема, как например в "Римлянах"

(С, 90—1), где есть одна 6-строчная строфа, четыре строфы со схемой *aabb* и одна *abab*. Все эти семь стихотворений уникальные по комбинациям строфических форм; а 23 неравнострофических стихотворения, написаннных одними катренами, представляют одиннадцать различных группировок строфических форм (см. Таблица 1). Интерес Бродского к гетерострофике, хотя и не исключительное явление в соврменной поэзии, обозначает его попытки открывать не только новые формы, но и новые комбинации форм. В более общем плане, возникновение различных строф в рамках одного стихотворения может также служить эстетическим целям. Изменение порядка рифм заставляет строфу звучать слегка иначе, чем предшествующая, разбивая таким образом монотонность повторения одних и тех же конструкций. В частности, неожиданный переход к иному порядку рифм может служить эффектной концовкой.[17] Так в "Чаепитии" (К, 70) пять строф *аВВа* предшествуют заключительной *аВаВ*. Подобным же образом в некоторых главах "Горбунова и Горчакова" девять строф *аВаВаВаВ* завершаются десятой *аВаВаВаВВа*.

Вторая по значению группа строфических стихов Бродского та, в которой используются 8-строчные строфы. Эти стихотворения в некотором роде подобны написанным катренами. Так не менее половины из 22 стихотворений, написанных регулярными восьмистишиями имеют либо одни мужские, либо одни женские окончания (обычно первые). Чаще всего здесь встречаются перекрестные рифмы, но опять-таки *аВаВсDсD* преобладает над *АbАbСdCd*. Однако при обсуждении длинных строф особое внимание должно быть уделено более необычным рифмовкам. Строфа *ааbCddbC* в "Подсвечнике" (О, 117—8) примечательна трехстрочными интервалами, разделяющими рифмующиеся пары *b* и *C*. Обнаруживается также склонность Бродского к тройным рифмам: особенно им облюбована основная схема *ааbссb* с вариациями мужских и женских окончаний. Так его сцепленная (два катрена) строфа *АААb СССb* в "1867" (Ч, 63-4) основана на этой схеме. Той же схеме подчинены дактилические рифмы в "1972 годе" (Ч, 24—7), который фактически является неравнострофическим стихотворением, так как его *В*-рифмы иногда женские.

Все неравнострофические стихотворения с 8-строчными строфами отличаются друг от друга: девять стихотворений — девять различных комбинаций строф (см. категории А, В и С под *Неравнострофическими формами* в Таблице 1). В целом же эти неравнострофические произведения выглядят менее новаторскими, чем стихи с регулярными восьмистишиями. В большинстве случаев они явно разбиваются на два четверостишия, причем изменения происходят в одном или в обоих из них. Вероятно, наиболее примечательно из неравнострофических стихотворений этой группы "Разговор с небожителем" (**К**, 61—8), в котором не только представлены шесть различных схем рифмовки, но и встречаются необычные комбинации двухстопного и пятистопного ямба. Все строфы, за исключением последней, начинаются со строки двухстопного ямба; заключительная строфа имеет не восемь, а десять строк, причем первые две, обе пятистопные, производят впечатление прибавленных к строфе, которая в остальном состоит из смеси двухстопных и пятистопных строк по образцу более сходному с предыдущими строфами.

6-строчные строфы у Бродского варьируются (восемь разных схем в 17 стихотворениях), и в них мелькают смежные рифмы (например, *aabbcc*), столь важные для его нестрофической поэзии. Наиболее необычные из этих схем (*aBcaBc* и *abcabc*) — его любимые. В неравнострофических стихах 6-строчные строфы встречаются нечасто, и их комбинации по большей части не особенно неожиданные. Показательно, что из этих 17 неравнострофических стихотворений девять базируются в основном на 8-строчных строфах, а семь на 4-строчных. Шестистишия нигде не выступают как доминирующая форма.

10-и 12-строчные строфы, регулярные и неравнострофические, не содержат особо сложных рифмических схем, однако они интересны хотя бы в силу решимости Бродского прибегать к столь длинным строфам. Даже в восемнадцатом и первой половине девятнадцатого века, когда поэты были куда отважнее, чем теперь, в области строфики, строфы длиннее восьми строк (за исключением 10-строчной одической строфы) были необычны.[18] Поэтому три регулярных и два неравнострофических стихотворения Бродского с 12-строчными строфами заслуживают внимания, хотя они и составляют всего 4% его строфических произведений. Наиболее интересна здесь строфическая структура стихотворения "В эту зиму с ума..." (**О**, 136 и **К**, 73), где двенадцатистишия не составлены из трех катренов (как это имеет место в других четырех стихотворениях этого ряда), но следуют схеме *aaBccBddEffE*. Характерно, что Бродский сопровождает интересную строфическую форму интересной метрической формой; обе строфы состоят из приблизительно (но не вполне) идентичной смеси двухстопного и трехстопного анапеста.

10-строчные строфы состоят почти исключительно из смежных или перекрестных рифм. Но и они немаловажны. Все четыре произведения, основанные на 10-строчных строфах, весьма длинные; в самом коротком 80 строк. А "Горбунов и Горчаков", длиннейшая из поэм Бродского, использует для 1199 из 1399 строк строфу с двумя только вариантами рифмовки: *aBaBaBaBaB* или *aBaBaBaBBa*. Выдержать такую схему на большей части пространства исключительно длинной поэмы — само по себе турдефорс.

Одна из самых необычных из длинных строф у Бродского — 9-строчная с тремя тройными рифмами (*АААВВВССС*), которую он использовал пока только один раз в "Декабре во Флоренции" (Ч, 111—13). При том, что такая рифмовка сама по себе привлекает внимание, Бродский еще дополнительно подчеркивает окончания строк, прибегая к типам анжамбемана — на предлоге или союзе, — более характерным для английской, чем для русской поэзии. Т. е. здесь опять новаторская строфика сопровождается другими необычными структурными элементами.

В отличие от таких поэтов, как Вяч. Иванов или Волошин, чей интерес к строфике распространялся на многие традиционные формы (включая строфику греческой и латинской поэзии, дантевскую терцину), Бродский, кажется, разрабатывал только одну из них — сонет. Среди традиционных форм сонет, безусловно, пользовался наибольшей популярностью у русских поэтов, как это подтверждается недавним изданием двух сборников, целиком составленных из русских сонетов.[19] Интерес Бродского к сонету таким образом не представляется исключительным явлением, однако и здесь он прокладывает новые пути. Типичные сонеты пишутся пятистопным ямбом по одной из двух основных схем рифмовки. Итальянский сонет, или сонет Петрарки, состоит из октавы, которая зарифмована по схеме *abbaabba*, и сестины, которая может рифмоваться *cdecde, ccdeed* или в другом порядке, но так, чтобы избежать смежной рифмы в конце. Шекспировский сонет рифмуется *ababcdcdefefgg*. Прежде всего, Бродский в ряде сонетов отказывается от рифмы. Не все "безрифменные сонеты", перечисленные в Таблицах 1 и 3, прямо названы сонетами у Бродского, но вряд ли автор 14 строчного стихотворения, написанного пятистопным ямбом, имеет в виду что-то другое, кроме сонета. Такое отклонение от установленных правил кажется крайностью, но русские поэты и всегда были склонны пробовать новые схемы рифмовки в сонетах. Если нетрадиционная рифмовка в сонете приемлема, тогда почему бы не допустить и сонета вовсе без рифм. Рифмованные сонеты Бродского тоже примечательны, хотя и по-другому. Среди 25 нельзя найти двух с абсолютно той же рифмовкой (см. Таблицу 3). Несколько сонетов можно определить как шекспировские (К, 104; Ч, 65—6), несколько среди "Двадцати сонетов к Марии Стюарт" — итальянские, но в каждом случае есть хотя бы небольшое различие между любыми двумя сравниваемыми сонетами. Например, в К, 104 и в Ч, 65—6 заключительная рифма в одном случае мужская, а в другом женская. Такое разнообразие не может быть случайным, оно свидетельствует о сознательном стремлении исчерпывающе использовать предоставляемые формой вариативные возможности.

Нестрофическая поэзия Бродского включает в себя короткие

произведения, от четырех до двадцати строк, более или менее независимые части поэм и несколько полностью нестрофических больших стихотворений. Даже в нестрофических стихотворениях наблюдается тенденция следования определенной схеме, чаще всего четверостиший или двустиший.[20] Большинство нестрофических вещей у Бродского принадлежит одной из этих двух категорий — стихотворения с вольной рифмовкой он пишет относительно редко. Среди произведений, основанных на двустишии, большинство представляют собой отрывки из поэмы "Шествие" (С, 156–222). Обычно это смежные мужские рифмы; смежные женские рифмы чаще встречаются в более поздних вещах. Однако в целом перекрестная рифма более характерна для нестрофических стихотворений Бродского, особенно широко она распространена в стихотворениях семидесятых — начала восьмидесятых годов, зачастую одновременно с дольником в качестве размера.

В учитываемых нами изданиях напечатаны только четыре перевода. Все это переводы из Джона Донна, и все весьма точно следуют за метрикой и строфикой оригинала, включая обычные в английской поэзии, но необычные в русской сплошь мужские окончания строк. Бродский допускает несколько мелких отклонений от рифмовки оригинала при переводе "Призрака" (О, 226), но это вольно зарифмованное стихотворение, так что небольшие отклонения не играют значительной роли. Также "Шторм" состоит из 74 парно рифмующихся строк (в переводе 73 строки; Бродский вводит внутреннюю рифму в семнадцатую строку, но она остается незарифмованной; видимо, опечатка в О). Эти четыре перевода частично свидетельствуют, что Бродский, по крайней мере в начале своей карьеры, подходил к переводу с позиций максимально точного, насколько возможно, воспроизведения формы оригинала. Может быть, именно поэтому строфические формы типичные для английской поэзии, которую он переводил, не оставили заметного следа на его собственном творчестве.

Хотя наш обзор посвящен строфике Бродского, обсуждение этого аспекта его поэзии неизбежно должно включать в себя и комментарии по некоторым тесно связанным с проблемой строфики вопросам. Мы уже упоминали необычные анжамбеманы у Бродского. Надо добавить, что Бродский не останавливается и перед строфическим анжамбеманом; например, в "Anno Domini" (О, 89–91) такой анжамбеман скорее правило, чем исключение. Строфа при нормальных обстоятельствах представляет собой семантико-синтактико-ритмическое целое, поэтому строфический анжамбеман воспринимается как более сильное нарушение равномерного потока стиха, чем строчный анжамбеман.[21] В прошлом поэты избегали пользоваться такими анжамбеманами часто; исключение — Цветаева (возможно, она и вдохновила Бродского на эксперименты с анжамбеманом).

Что касается техники рифмы у Бродского, то, по крайней мере, один аспект этой проблемы имеет непосредственное отношение к его строфике. Он часто создает *теневую рифму*, своеобразный прием современной поэзии — приблизительность рифмы не дает читателю решить до конца, рифмуются ли в самом деле данные строки.[22] Так в "сонете" (**К**, 104) первые восемь строк оканчиваются словами *стекло, наружу, стекло* /глагол/, *лужу, нутро, жижу, перо* и *ненавижу*. Я обозначил эти рифмы как *aBaBcDcD*, но могут возразить, что *aBaBaBaB* было бы точнее.[23] Современная поэтическая норма не требует, чтобы согласные, предшествующие финальной гласной в открытой (т. е. оканчивающейся на гласную) мужской рифме совпадали, следовательно можно сказать, что все оканчивающиеся на *о* слова рифмуются. Что касается рифм *В* здесь, то все они имеют то же заударное окончание, *-жу*, в то время как ударная гласная — то *у*, то *и* (диссонансная рифма). Такая рифма у Бродского вовсе не редкость: см., например, "О как мне мил кольцеобразный дым..." (**Н**, 59), полностью построенное на диссонансах (рифмы: *дым/дом, власти/грусти, пальцы/кольца* и т. д.).

Кстати сказать, типы и рифм, и анжамбеманов Бродского в английской поэзии далеко не так необычны, как в русской. Как уже говорилось, в английской поэзии строки часто оканчиваются предлогом или союзом. И диссонансная рифма более общепринята в английской поэзии, чем в русской. Недаром "Секстет" Бродского, который пока что был опубликован только в авторском переводе на английский, читается как вполне оригинальное английское стихотворение.[24] Восемнадцать 6-строчных строф с рифмовкой *aaBccB*, которая уже встречалась у Бродского (с допуском вариантов в положении женских и мужских окончаний). Такую строфу избрал У. Х. Оден для своего стихотворения "Под Лирой, или реакционный трактат для этих времен". Эта параллель, видимо, лишь случайное совпадение; в основном строфика Одена и других любимых Бродским английских поэтов меньше отразилась в его творчестве, чем их рифмы, анжамбеманы и метрика (то, что для русского уха звучит как дольник). В целом же вопрос о связях Бродского с английской поэзией весьма важен и нуждается в дальнейшем исследовании.

Связь между размером и выбором строфы у Бродского в большинстве случаев установить нелегко. Конечно, Бродский отдает предпочтение пятистопному ямбу в своих сонетах, но то же можно сказать о других русских стихотворцах. Пятистопный ямб свойствен и его белым стихам, что также общепринято в русской поэзии. Прослеживается у него тенденция к выбору четырехстопного ямба в катренах с перекрестной рифмой, в то время как в катренах со смежной рифмой чаще встречаются другие размеры. Прочие наблюдаемые закономерности связаны скорее с хронологией, чем со строфикой как таковой. Например, пятистопный ямб более свойствен стихам Бродского шестидесятых годов; тогда же его стихотворения, написанные дольником, тяготели к трехударному дольнику и часто содержали отдельные строки двухстопного анапеста. Стихотворения последующих периодов зачастую написаны строкой более длинного и менее упорядоченного дольника. При этом, 6- и 8-строчные строфы тяготеют к смешанным размерам, чередующимся или варьирующимся, значительно чаще, чем катрены. Особенно часто строфические эксперименты производятся Бродским в вещах примечательных и в иных формальных отношениях. Так в "Anno Domini" строфический анжамбеман, о котором говорилось выше сочетается с очень интересной шестистрочной строфой — *aBcaBc*.

Интерес Бродского к строфике — не просто дополнение к другим структурным соображениям при сочинении стихотворения. Похоже, что он рассматривает выбор строфы как решение первостепенного значения, особенно при работе над произведениями больших жанров, где он часто использует необычную, а то и уникальную строфу: (преимущественно) *AbAbAbAbAb* "Горбунова и Горчакова", *AAABCCCB* "Речи о пролитом молоке" (**К**, 6–17), *AAABBBCCC* "Декабря во Флоренции" или двадцать различных схем рифмовки "Двадцати сонетов к Марии Стюарт". В этом, вероятно, сказывается влияние Ахматовой, к которой он был близок в начале своего поэтического пути и которая была убеждена, что для написания поэмы необходим особенно тщательный выбор формы строфы.[25]

В заключение было бы полезно взглянуть на строфику Бродского с диахронической точки зрения. Таблица 4 содержит приблизительную разбивку его поэзии на периоды: за начальную пору принимается период между 1956 и 1962 гг., следующие десять лет, до отъезда из России, рассматриваются как начало его зрелого творчества, а текущий период начинается с отъезда на Запад в 1972 г. Обнаруживаются впечатляющие различия между этими периодами. В первый период он широко пользовался катреном — в приблизительно 2/3 строфических стихотворений. 8-строчная строфа, за исключением одного отрывка из "Шествия", возникает только в переходном, 1962 году. Пока еще он заинтересован не столько в длинных строфах или необычных схемах рифмовки, сколько в неравнострофике, в основном, варьировании катреном. Это первое указание на то, что поэт осознает потенциальные возможности, заложенные в уникальных строфических структурах. В течение второго периода картина резко изменяется. Теперь 8-строчные строфы появляются фактически чаще, чем катрены; последние теперь составляют только 1/5 форм строфических стихотворений. Стихотворения с 6-строчными строфами появляются регулярно, также возникают и более длинные строфы.

Произведения последнего периода кажутся своего рода отступлением. Катрены попрежнему не слишком представлены, 6-строчные строфы так же часты, как в шестидесятые годы (см., например, вышеупомянутый "Секстет"), но использование длинной строфы резко сократилось. Только наличие "Двадцати сонетов к Марии Стюарт" предотвращает крутой спад в процентном отношении строфической поэзии последнего периода. Однако при внимательном рассмотрении обнаруживается, что это не столько отступление на прежние позиции, сколько движение в новом направлении. В зрелом периоде у Бродского появляются лирические циклы, состоящие из относительно коротких лирических стихотворений — от 12 до 16 строк. В определенном смысле и цикл сонетов можно отнести к этой категории, в которую входят целиком "Римские элегии" и к которой относится давший название сборнику цикл "Часть речи". Стихотворения последних двух циклов отнесены к "нестрофическим", поскольку в этих стихотворениях нет разбивки. Но и они показательны в отношении формального экспериментирования, в первую очередь, благодаря своеобразной строке дольника, отступающей от обычной структуры этого размера. Но не утратил Бродский интереса и к строфике, как это видно из сонетов и таких вещей, как "Темза в Челси", где все шесть 12-строчных строф имеют различную рифмовку. Разнообразие строфических форм Бродского, и в особенности его открытие совершенно новых строф или возможных комбинаций внутри строфы в ряде произведений, доказывает, что он рассматривает строфику как важнейший аспект своего поэтического творчества и, вероятно, откроет еще новые горизонты в развитии этого, часто оставляемого без внимания, элемента структуры русского стиха.

ПРИМЕЧАНИЯ

1. Более подробно номенклатура строфических форм описывается во введении к книге *Русское стихосложение XIX века: Материалы по метрике и строфике*, ред. М. Л. Гаспаров (Москва: "Наука", 1979), стр. 8 и 13. Далее в примечаниях эта книга обозначена как *РС*. *РС* — пример растущего интереса исследователей к проблемам строфики в последние десять лет. Список статей по этому вопросу см. в Ian K. Lilly and Barry P. Scherr, "Russian Verse Theory since 1974: A Commentary and Bibliography," *International Journal of Slavic Linguistics and Poetics*, XXVII (1983), стр. 158—59. На стр. 159 даны указания на исследования в области строфики отдельных поэтов.

2. О неравнострофической поэзии Тютчева см. Л. П. Новинская, "Метрика и строфика Ф. И. Тютчева", *РС*, особенно стр. 377—83 и таблицы на стр. 403—6. Новинская предложила первую серьезную классификацию различных типов неравнострофической поэзии. В настоящей статье используется ее подход.

3. Категория "однострофного" произведения была предложена Б. В. Томашевским в его основополагающей работе "Строфика Пушкина", *Пушкин: Исследования и материалы*, II (1958), стр. 49—181. Этим понятием пользуются и многие авторы *РС*. Я не вижу смысла в различении "однострофных" и нестрофических произведений и не применяю эту категорию. В остальном я применяю предложенный Томашевским подход, оказавший очень большое влияние на все последующие исследования в области строфики.

4. Подробную информацию можно найти в G. S. Smith, "The Stanza Typology of Russian Poetry 1735-1816: A General Survey," *Russian Literature*, XIII (1983), no. 2, pp. 175-203. Эта статья превосходит полнотой материала данные К. Д. Вишневского в его "К вопросу об использовании количественных методов в стиховедении", *Контекст 1976: Литературно-критические статьи* (Москва, 1977), стр. 140—44.

5. Множество примеров традиционных форм можно найти в обширном труде Reinhard Lauer, *Gedichtform zwischen Schema und Verfall: Sonett, Rondeau, Madrigal, Ballade, Stanze und Triolett in der russischen Literatur des 18 Jahrhunderts* (Munich: Wilhelm Fink Verlag, 1975).

6. В. С. Баевский, "Строфика современной лирики в отношении к строфике народной поэзии", *Проблемы стиховедения*, ред. М. Л. Гаспаров, Э. М. Джрбашян и Р. А. Папаян (Ереван: Ереванский ун-т, 1976), стр. 53.

7. Белла Ахмадулина, *Тайна* (Москва: "Советский писатель", 1983).

8. О метрике и ритмике поэзии Вознесенского см. James Bailey, "The Verse of Andrej Voznesenskij as an Example of Present-Day Russian Versification," *Slavic and East European Journal*, 17 (1973), 155-73; о характере его рифмы см. Ю. И. Минералов, "Фонологическое тождество в русском языке и типология русской рифмы", *Ученые записки Тартуского государственного университета*, вып. 396: *Studia metrica et poetica*, I (1976), особенно стр. 71—6; и А. Л. Жовтис, "Русская рифма 1960—1970-х годов (заметки и размышления)", *Русская литература*, 24 (1981), №3, стр. 76—85.

9. Андрей Вознесенский, *Соблазн* (Москва: "Советский писатель", 1979).

10. Александр Кушнер, *Таврический сад: Седьмая книга* (Ленинград: "Советский писатель", 1984).

11. *Стихотворения и поэмы* (Washington, D. C. and New York: Inter-Language Literary Associates, 1965); *Остановка в пустыне* (Нью-Йорк: изд. им. Чехова, 1970); *Конец прекрасной эпохи* (Анн Арбор: Ардис, 1977); *Часть речи* (Анн

Арбор: Ардис, 1977), *В Англии* (Анн Арбор: акцидентное издание, 1977); *Римские элегии* (Нью-Йорк: Руссика, 1982), *Новые стансы к Августе* (Анн Арбор: Ардис, 1983).

12. Как подчеркивает В. А. Сапогов, лирический цикл, ставший популярным жанром в начале века, нелегко отличить от лирической поэмы. "Лирический цикл и лирическая поэма в творчестве А. Блока", *Русская литература XX века (дооктябрьский период): Сборник статей*, I (Калуга: Тульский государственный педагогический институт, 1968), стр. 175 и 187.

13. Bailey, p. 155.

14. Например, у Жуковского 5-строчные строфы имеются в восьми стихотворениях, у Пушкина в семи, а у Бальмонта — в 100 (!), см. С. А. Матяш, "Метрика и строфика В. А. Жуковского", *РС,* стр. 81; М. Ю. Лотман и С. А. Шахвердов, "Метрика и строфика А. С. Пушкина", *РС,* стр. 237; Л. Е. Ляпина, "Метрический и строфический репертуар К. Д. Бальмонта", *Проблемы теории стиха,* ред. В. Е. Холшевников (Ленинград: Наука, 1984), стр. 185.

15. О введении чередования женских и мужских рифм в русскую поэзию см. G. S. Smith, "The Reform of Russian Versification: What More is There to Say?" *Study Group on Eighteenth-Century Russia, Newsletter [Norwich, England],* no. 5 (1977), pp. 41-42.

16. С. А. Матяш, "Метрика и строфика К. Н. Батюшкова", *РС,* стр. 113; Новинская, "Метрика", стр. 401.

17. О том, как вариация, введенная в повторяющуюся строфическую форму, создает ощущение концовки, и, в общем плане, об отношении между строфикой и концовкой см. Barbara Herrnstein Smith, *Poetic Closure: A Study of How Poems End.* (Chicago: University of Chicago Press, 1968), pp. 56-70.

18. Smith, "Stanza Typology," p. 192.

19. Борис Романов, сост., *Русский сонет: Сонеты русских поэтов XVIII — начала XX века* (Москва: "Советская Россия", 1983); В. С. Совалин, сост., *Русский сонет: XVIII — начало XX века* (Москва: "Московский рабочий", 1983).

20. Общие замечания о природе нестрофического стиха см. в М. А. Пейсаховича, "Астрофический стих и его формы", *Вопросы языкознания,* XXV (1976) №1, стр. 93—106.

21. Так во всем "Евгении Онегине" строфический анжамбеман встречается не более одиннадцати раз. Г. О. Винокур, "Слово и стих в 'Евгении Онегине' ", *Пушкин: Сборник статей,* ред. А. М. Еголин (Москва: Гослитиздат, 1941), стр. 176.

22. Термин "теневая рифма" был предложен В. С. Баевским. См. его *Стих русской советской поэзии: Пособие для слушателей спецкурса* (Смоленск: Смоленский педагогический институт, 1972), стр. 92—101.

23. Для Пушкина и, весьма вероятно, для других поэтов его времени схема безусловно была бы *aBaBcDcD*. См. J. Thomas Shaw, "Vertical Enrichment in Puskin's Rhymed Poetry," *American Contributions to the Eighth International Congress of Slavists, I: Linguistic and Poetics,* ed. Henrik Birnbaum (Columbus, Ohio: Slavica, 1978), pp. 637-65.

24. "Sextet," *The New Yorker,* 31 December 1984, pp. 24-25.

25. Sam Driver, "Axmatova's *Poema bez geroja* and Blok's *Vozmezdie,*" *Aleksandr Blok Centennial Conference,* ed. Walter N. Vickery and Bogdan B. Sagatov (Columbus, Ohio: Slavica, 1984), p. 92.

От издательства. По техническим причинам рифменная нотация в прилагаемых таблицах дана не латинским шрифтом, как в тексте статьи, а кириллицей.

Строфика Бродского (приложение)

ТАБЛИЦА I
Каталог строфики Бродского

Равнострофические формы

3-строчные строфы:
  ааа - Дк3: Н50
       Всего: 1 стихотворение, 12 строк

4-строчные строфы:
  ааха - Я4443: Н22 (последняя: Я4444)
  абаб - Я4: О103
         Я4/3: С183-4; С199-200
         Я5: С170; О84
         Дк3: К108-12
         Дк4: Ч78
         ДкВ: Ч80
  АбАб - Я4: С99-101
         Я5: С21-2; 29-30
         Акц4: К83
  аБаБ - Я4: К75-82
         Я5: С49-50; 64-5; 102-3; О27; 164; К74; Ч8-9
         Ан5: С69; О101
         Дк4: К103
  АБАБ - Я5: С68; 169
         Х5: С186-7
         Х6: Ч11-14
         Ан2: О69
         Дк5(В): С70-1
  аББа - ЯВ: Ч73-4
         Дк3: Н145-6
  аабб - Х4: О141
         Х6: О72-3
         Дк3: Н20
         Дк4: Н144
  ААбб - Я4: Ч10
         ДкВ: А15
  ааББ - Ам4: Ч20-2
  ААББ - Ан5: С92-3
         АнВ: С41-2
         Дк4: Ч115-19

Цепные строфы: АААб БББб - Я6: Ч63-4

Перевод: абаб - Я4: О224-5

  Всего: 45 стихотворений, 1560 строк

112

6-строчные строфы:
    аБаБаБ   - Дк4: К30-4 (последняя строка иногда Ан2)
    аБаБвв   - Ан3: Ч5-6
    аБваБв   - Я442442: К71-2
               Я5: О89-91; 125-7; Ч61-3
    АБВАБВ   - Я255255: К69
               ДкВ(3 или 2): Ч64-5
    ааБввБ   - ЯВ(6 или 5): Н104-5
               Ан555552: К58-60
               Дк3: Н8
    АА6ВВ6   - Я5: К70
               Дк4: К103-4; Ч40-3
    аа6бвв   - Дк666663: Ч39
    ААБВВВ   - Дк4: К19-28
               ДкВ: Ч70-1
        Всего: 17 стихотворений, 960 строк

7-строчные строфы:
    хххХххХ - Дк4: К29
        Всего: 1 стихотворение, 21 строка

8-строчные строфы:
    абабвгвг - Я5: Н31; 46-7
               Дк3: Н15-16
               ДкВ: Н96
    аБаБвГвГ - Я3/1: О106-7
               Я3/2: Н39-42
               Я4: О78-9
               Я4/2: Н48-9
               Ам4/3: О87-8
               Ан2: О94-7
    А6А6ВгВг - Дк3: Н108-16
    абабввгг - Дк3: С233
    аББавГГв - Я55555552: К5
    аа6Вгг6В - Я5: О117-18
    аа6бввгг - Ан2: О82 (некоторые строки Дк3)
               АнВ: О43-4
               ДкВ: А10-11
    ААБВВВГГ - ДкВ: А12-14
    аааbввв6 - Я44444443: О115
    ААА6ВВВ6 - Я5: О139-40; 165
    АААБВВВБ - ДкВ: К6-17
        Всего: 22 стихотворения, 1384 строки

9-строчные строфы:
    ААА5ББВВВ- ДкВ: Ч111-13
    Перевод: аа6бввггг - Я5: О21
        Всего: 2 стихотворения, 108 строк

10-строчные строфы:
   аБаБвГвГдд - Я4: К55-7
   аабб ввггдд - ДкВ: Н137-43
   ААББВВГГДД - Дк4: О169-74 (плюс двухстрочная посылка в конце)
      Всего: 3 стихотворения, 382 строки

12-строчные строфы:
   аБаБвГвГдЕдЕ - Я5: О83
   аББавГГвдЕЕд - Х3/2: Ч32-8
   ааБввБггДееД - АнВ(2 и 3): О136
      Всего: 3 стихотворения, 228 строк

Т р а д и ц и о н н ы е ф о р м ы

Сонеты: Акц(2 и 3): С39
   Я5(нерифмованные): С113; О45; 45; 74; 98; 129; К18
   Я5(рифмованные): С40; О140; К104; Ч51-60("20 сонетов..."); 65-6 (См. Таблицу III)
      Всего: 32 стихотворения (сонета), 448 строк

Неравнострофические формы

А. Число строк и схема рифмовки сохраняются, различаются только клаузулы

4-строчные строфы:
   АбАб/аБаБ - Я5: С47-8; О34
   АбАб/А'бАб/АбА'б/А'бА'б - Акц(5 и 6): О70-1

6-строчные строфы:
   ааББВВ/ААББВВ - Дк4: К106-7

8-строчные строфы:
   А'А'А'Б'В'В'В'Б'/А'А'А'БВ'В'В'Б - Дк4: Ч24-7

12-строчные строфы:
   аББаВггВдЕЕд/аББавГГвдЕЕд - смешанные и вольные трехсложные - В: Н176-7
      Всего: 6 стихотворений, 280 строк

Б. Число строк и клаузула сохраняются, различаются только схемы рифмовки

4-строчные строфы:
   абаб/аабб - Я5: С164-5
              Х5: С196-7
              Дк4: С161-2; 180
   аБаБ/аББа - Я5: С56-7; 97-8; К98; 99-100
   АБАБ/ААББ - Я5: С202-3; 207-8; 208-9
              Х6: С219-21
              Дк3: Ч66-70

5-строчные строфы:
   аабб6/ааабб - Я5: С166-7

6-строчные строфы:
аБаБвв/ааБввБ - Я5: О100

АбАббА/АбАбАб - Дк4: Ч44-5

8-строчные строфы:
абабвгвг/абабввгг - Я4/3: С162-4

АБАБАВАБ/АБАБВГВГ/АБАБВВГГ - Я4: О19-20 (несколько строк Я2)

аБаБввГГ/ааББвГвГ - Я5: О85-6

аББавГГв/аБаБвГвГ - Я5: О135

аББавГвГ/аБаБвГГв - Я5: Ч7

Всего: 21 стихотворение, 778 строк

В. Число строк сохраняется, рифмовка и клаузула меняются (включая строфы с безрифменными строками)

4-строчные строфы:
АбАб/аББа - Я4: С51-2

абаб/аабб/аааа - Я5: С175
                Дк3: Н134-46

абаб/аБаБ/АбАб/аББа/АббА - Я5: С117-22

ааха/ааББ - Я4443: О35

ааха/ааББ/аааа - Дк3: О80

ААХА/АААА/АБАБ/АББА - Акц4: О66

5-строчные строфы:
АббАб/аББаБ/ааБаБ/аБаБа - Я5: К113-4

6-строчные строфы:
ААБввБ/АА6ВВб/аБаБвв/ааБввБ - Дк4: Ч99-110

7-строчные строфы:
АААБББ/ сцепленные:АБАБВГВ/ГДДЕЕЕЕ /ааБбВВВ - Я5: О161

АААБББ/ сцепленные:ААББВГВ/ГДДЕЕЕЕ /ааБББВВ - Я5: О162

8-строчные строфы:
абабввгг/ааХаббХб/ааХаббвв - Дк3: О108-9

АБАвГБГв/АБВгАБВг/АААбВВВб - Я5: О142-3

АбАбвГГв/аБаБвГГв/А66АвГГв/А66АвГвГ/аББаВггВ/аББавГГв - -Я25522552 (некоторые вариации в положении 12 и 15 строки; две дополнительные строки в начале последней строфы): К61-8

12-строчные строфы:
аБаБвГвГддЕЕ/аБаБвГГвДДее/аБаБвГвГддее/аББавГвГдЕдЕ/
/аББавГГвДДее/аББавГГвддЕЕ - ДкВ: Ч46-8

Всего: 15 стихотворений, 1168 строк

Г. Число строк различается

Преимущественно 4-строчные:
аабб(11)/аабБввгг(3) - Ам3: О62-5

аабб, абаб(5)/ааббвв(1) - Я5: С90-1
аББа, АББА(3) сцепленные:аББааБ/Ба - ЯВ(5 и 4): Н59
аБаБ(2)/аБаБвГвГ(1) - Ан2: О111
аабб(2)/аа(2) - Дк4: О112
4/2/7/3/4 строки; рифмовка АБАБ... - Дк3: С19-20
3/3/2/4/4/3/2/3 строки; рифмовка АББА, аББа, абаб, аабб
   АббА - Дк3: О114

Преимущественно 7-строчные:
   аБаБхВВ,аБаБаВВ,хАхАхББ(19)/хАхАББ(2) - АнВ: О28-32
   АААВББ, сцепленные:АААВББ/ВВГГГДД(3)/АААбВВВб(1) -
     - Я5: О163

Преимущественно 8-строчные:
   АбАбВгВг(23)/АбАбВгВгВг(1) - Дк3: О137-42
   аБаБвГвГ,ааБаБввВ(12)/ааБвввБ(1)/аБаБвГвГдЕдЕ(1) -
     - Я5: О144-7
   абабвгвг(6)/абабвгвгдддд(1) - Ан4/2: Н9-11
   аБаБвГвГ(8)/аБаБвГввГ(1) - Я5: Н35-8
   АбАбВгВг(4)/АбАбВгВгДеДе(1) - Дк3: С106-7
   аБаБвГвГ(4)/аББа(1) - Я5: Ч29-30
   аБаБвГвГ(2)/аБаБ(1) - Я5: О81
   абабвггг,ааббвггг(2)/абаб(1) - Дк3: О116
   8/9/7/6/2 строки, рифмовка АБАБВВГГ/АБАБВГВГ/АААВББВ
     - Дк3: С66-7

Преимущественно 10-строчные:
   аБаБаБаБаБ, аБаБаБаББа(119),аБаБаБаБа(1), пять 16-стро-
   ных строф, четыре 20-строчные и одна 40-строчная, во
   всех рифмовка аБаБ... - Я5: О177-218

Другие:
   аБаБвГвГ(1)/аБаБвГвГдЕдЕ(1) - Я4: С228
   аБ'аБ'вГ'вГ'(1)/аБ'аБ'вГ'вГ'дЕ'дЕ'(2) - Ан2/3: Н28-9
   аББавГвГдЕдЕ(1)/аБаБ(1) - Я5: О110
   ааббвггг(1)/ааббвгггг(1) - Дк3: О104
   4/8/6/2 строки, рифмовка аабб/ааббвггг(3)/ааббвв/аа -
     - Я5: О33
   8 (4)/9/1(безрифменные) - Я5: Ч71-2
   5 (2)/7(безрифменные) - К102
   Всего: 26 стихотворений, 2516 строк

Строфические и нестрофические стихотворения

   Преимущественно группы абаб... и аабб... (213 строк)/
      4-строчные строфы: аабб(15) - Дк4: О148-55
      Всего: 1 стихотворение, 273 строки
Нестрофические стихотворения

   Преимущественно аабб...
      Я5: С156-222 (26 стихотворений passim)
      Дк3: Н13
      ДкВ: Ч79
      Всего: 28 стихотворений, 970 строк

Преимущественно ААББ...
　Я5: О161
　Ан5: С109
　ДкВ: Ч83;85;87;89;91;94; А3;5-6;7-9; Н106;131
　　Всего: 13 стихотворений, 244 строки
Преимущественно абаб...
　Я4/2: Н14
　Я4/3: С178-80
　Ан3: С214-17
　Дк3: О67-8
　Дк4/3: С35
　ДкВ: Ч90
　　Всего: 6 стихотворений, 195 строк
Преимущественно аБаБ...
　Я4: К102-3
　Я5: С229; О21-6;36;46-62;65;77;113;128; Н12
　Ан5: Ч31
　ДкВ: Ч77;81;84;86;93;95; Н107;132-3
　　Всего: 19 стихотворений, 1129 строк
Преимущественно АбАб...
　Я4: К105
　Ам3: С53;108
　Ан2: С63
　Дк3: С25-6
　Дк4: К104-5
　　Всего: 6 стихотворений, 92 строки
Преимущественно АБАБ...
　Я5: С33-4
　Дк3: С31-3;43-4
　Дк4: PVII, XII
　Дк5: PVIII
　ДкВ: С54-5; О130-1; Ч82;96; PI,II,III,IV,V,VI,IX,X,XI
　　Всего: 19 стихотворений, 328 строк
Преимущественно А'бА'б...
　Я3: С189-92
　　Всего: 1 стихотворение, 80 строк

ааБбввГГ... - ДкВ: А4
　　Всего: 1 стихотворение, 20 строк

аБваБв... - Я5: О119-20;120-1;121-2;123-4
　　Всего: 4 стихотворения, 186 строк

Совмещенно-чередующиеся (например, аБаБ/аББа...)
　Я5: С173-4;203-5;210-11; О134; Ч28
　ДкВ: Ч88;92
　Акц4 и 5: С74-5
　　Всего: 8 стихотворений, 238 строк

Вольно зарифмованные стихотворения:
　Я5: Н45
　ЯВ: О105;156-60; Н43
　АнВ: О132-3
　(Дк3/Ан2/Дк3): С27-8
　　Всего: 6 стихотворений, 293 строки

Переводы:
    аабб... - Я6: О222-3
    вольно зарифмованные - Я5: О226
        Всего: 2 стихотворения, 90 строк

Безрифменные стихотворения:
    Я5: О92-3;93;99;133;166-8; К37-54;87-96; Ч23;
        С37-8;45-6;88-9
    верлибр: С37-8;45-6;88-9
    Всего: 11 стихотворений, 1172 строки

ТАБЛИЦА II
Суммарные показатели

	Количество стихотворений		Количество строк	
Все произведения	319	/ 100%	15,155	/ 100%
Из них регулярно-строфических	126	/ 39.5%	5,103	/ 33.7%
Неравнострофических	68	/ 21.3%	4,742	/ 31.3%
Всего строфических	194	/ 60.8%	9,845	/ 65.0%
4-строчных (равно- и неравнострофических)	68	/ 21.3%	2,448	/ 16.2%
4-строчных строф в процентном отношении ко всем строфическим стихотворениям		35.1%		24.9%
Строфических/нестрофических	1	/ 0.3%	273	/ 1.8%
Всего нестрофических	124	/ 38.9%	5,037	/ 33.2%

ТАБЛИЦА III
Схемы рифмовки сонетов Бродского

С39   абабвгвгдедеде
С40 "Сонет к Глебу Горбовскому"   аББаВгВгДДежеж
О140 "Стихи на смерть Т.С.Элиота - II"   АббААббАввГГдд
К104 "Amicum-philosophum de melancholia,
        mania et plica polonica"   аБаБвГвГдЕдЕжж

"Двадцать сонетов к Марии Стюарт"
Ч51-60

1   аББааББаВггВВВ
2   аББаБааБвГГвГв
3   АбАбАббАввГдГд
4   АббААбАбВггВдд
5   ааБВбВбВбВбВВб
6   АббАбАбАввГдГд
7   аББаБаБавГвГдд
8   АббАбААббААббА
9   аББаБаБаББаВВВ
10   АббАбААбвГГвДД
11   АббАбААббАввГГ

Таблица III (окончание)

```
12 аББааББаввГддГ
13 АбАббАбАвГвГГв
14 АббАбААбвГдвГд
15 АбАбАбАбАбАбвв
16 аББааББавГдвГд
17 аББааББаВггВдд
18 аББаБаБавГдвГд
19 аБаБаБаБвГГвдд
20 АббАбАбАбАбАббАб
```

Ч65-6 "В отеле "Континенталь""   аБаБвГвГдЕдЕжЖ

Безрифменные сонеты: С113, О45,45,74,98,129, К18

ТАБЛИЦА IV
Диахронический обзор строфики Бродского

	1956-62	1963-71	с 1971
Общее число стихотворений	109	113	97
Равнострофические формы			
3-строчные строфы	0	1/0.9% (из 113)	0
4-строчные строфы	20/18.3% (из 109)	13/11.5%	12/12.4% (из 97)
6-строчные строфы	0	9/7.9%	8/8.2%
7-строчные строфы	0	1/0.9%	0
8-строчные строфы	2/1.8%	17/15.0%	3/3.1%
9-строчные строфы	0	1/0.9%	1/0.9%
10-строчные строфы	0	2/1.8%	1/1.0%
12-строчные строфы	0	2/1.8%	1/1.0%
Всего равнострофических:	22/20.2%	46/40.7%	26/26.8%
Сонеты	6/5.5%	5/4.4%	21/21.6%
Всего стихотворений с использованием равнострофических форм:	28/25.7%	51/45.1%	47/48.5%
Неравнострофические формы			
Все виды, в которых сохраняется одинаковое число строк в строфе:			
4-строчные строфы	18/16.5%	3/2.7%	2/2.1%
5-строчные строфы	1/0.9%	1/0.9%	0
6-строчные строфы	0	2/1.8%	2/2.1%
7-строчные строфы	0	2/1.8%	0
8-строчные строфы	2/1.8%	5/4.4%	2/2.1%
12-строчные строфы	0	1/0.9%	1/1.0%
С варьирующимся числом строк в строфе	9/8.2%	15/13.2%	2/2.1%

Таблица IV (окончание)

	1956-62	1963-71	с 1971
Все строфические стихотворения	58/53.2%	80/70.8%	56/57.7%
Все 4-строчные строфы (регулярные и неравнострофические)	38/34.8%	16/14.2%	14/14.4%
4-строчные строфы в процентном отношении ко всем строфическим стихотворениям	65.5%	20.0%	25.0%
Строфические/нестрофические стихотворения	0	1/0.9%	0
Нестрофические рифмованные	48/44.0%	25/22.1%	40/41.2%
Нестрофические безрифменные	3/2.8%	7/6.2%	1/1.0%

Кейс ВЕРХЕЙЛ
Голландия

"ЭНЕЙ И ДИДОНА" ИОСИФА БРОДСКОГО*

В этом коротком эссе будет рассмотрено небольшое стихотворение современного русского поэта Иосифа Бродского. Я выбрал это стихотворение в качестве предмета специального исследования потому, что, с моей точки зрения, оно занимает важное место в эволюции его стиля и потому, что, помимо возможностей, открываемых им для сравнительного анализа, оно является одним из наиболее интересных и характерных проявлений его литературного таланта. Текст, который был опубликован в сборнике "Остановка в пустыне",[1] дается ниже. Возможно, читателю, знакомому с творчеством поэта, прежде всего бросится в глаза отсутствие внешних черт, характерных для "стиля Бродского". Отсутствие рифмы здесь контрастирует с подлинной виртуозностью рифмовки, которую мы находим в других его, как коротких, так и длинных, стихах. Синтаксис, в сравнении с другими произведениями, необычайно прямолинеен: предложения относительно просты, и синтаксический поток нигде не прерывается длинными отступлениями, столь типичными для его манеры.[2] Словарь "Энея и Дидоны" по большей части может быть отнесен к классически неброскому "среднелитературному языку", в нем почти отсутствует барочная контрастность, соединявшая торжественные церковно-славянские выражения, грубый городской слэнг, просторечие и т. п., которая в других стихах Бродского создает вызывающую яркость и выразительность тона.

ЭНЕЙ И ДИДОНА

Великий человек смотрел в окно,
а для нее весь мир кончался краем
его широкой греческой туники,
обильем складок походившей на
5   остановившееся море.
               Он же
смотрел в окно, и взгляд его сейчас
был так далек от этих мест, что губы

---

* Написано в 1972 г.

```
              застыли точно раковина, где
              таится гул, и горизонт в бокале
       10     был неподвижен.
                              А ее любовь
              была лишь рыбой — может и способной
              пуститься в море вслед за кораблем
              и, рассекая волны гибким телом,
              возможно, обогнать его — но он,
       15     он мысленно уже ступил на сушу.
              И море обернулось морем слез.
              Но, как известно, именно в минуту
              отчаянья и начинает дуть
              попутный ветер. И великий муж
       20     покинул Карфаген.
                              Она стояла
              перед костром, который разожгли
              под городской стеной ее солдаты,
              и видела, как в мареве костра,
              дрожащем между пламенем и дымом,
       25     беззвучно рассыпался Карфаген[3]

              задолго до пророчества Катона.
```

Нельзя сказать, однако, что в творчестве Бродского одно лишь рассматриваемое стихотворение характеризуется отсутствием перечисленных выше типических черт. Есть целая группа лирических стихов, которая находится как бы в стилистической оппозиции к внешне более характерным для него произведениям. Исследование его творчества, каким оно предстает в сборнике "Остановка в пустыне", показывает, что его стилистическая индивидуальность не может быть достаточно точно определена в терминах какой-то одной выразительной формы, но скорее должна интерпретироваться как некое силовое поле между технической виртуозностью и риторической усложненностью, с одной стороны, и сдержанной и сосредоточенно простотой — с другой. Большинство стихов, написанных в относительно сдержанном ключе, метрически основаны на нерифмованном пятистопном ямбе, то есть традиционном "белом стихе". Эта техническая форма использована Бродским во многих поэмах, в коротких лирических стихах,[4] а также в длинных произведениях философского или повествовательного характера.[5] Не только с точки зрения метрики, но также, что более важно, вследствие их "тона", синтаксиса и словесного подбора, эти стихи следует рассматривать, по-моему, как берущие свое стилистическое начало в русской литературной традиции, начиная от наследия классических элегистов начала 19 века, особенно Пушкина и Баратынского, и кончая величественными монологами поздней Ахматовой, написанными белым стихом.[6] Примечательно, что одно из лирических стихотворений Бродского, написанное белым стихом, имеет в качестве названия название жанра — "Элегия", в то время как другое стихотворение, которое имеет рифмовку, но не разбито на строфы и во многих отношениях стилистически похоже на его более короткие белые стихи, названо "Почти элегия".

Взаимосвязь с классической русской элегией и элегическими монологами Ахматовой 1940-х и 1950-х, быть может, заметнее всего ощущается в длинных экспериментах раннего Бродского с белым стихом, в заглавной поэме "Остановка в пустыне". Ситуация, представленная в поэме, — рассказчик, размышляющий о течении исторических эпох и глядящий на развалины здания, принадлежит к стереотипам жанра, как он утвердился в сентименталистской школе Батюшкова и Жуковского. Такие строчки как

> И как-то в поздний час
> сидел я на развалинах абсиды

безошибочно выдают предков поэмы. Ахматовский элемент выходит на передний план в ненавязчивом, псевдо-импровизаторском тоне голоса рассказчика, постоянно уточняющего и поправляющего свои наблюдения такими оговорками, как *впрочем, только, точнее*, и в разъедающей иронии горожанина, которая часто окрашивает его речь. Эти влияния, которые в "Остановке в пустыне" еще не вполне поглощены собственной идиоматикой поэта, почти совершенно исчезают с поверхности последующих длинных поэм, написанных белым стихом. Его длительное увлечение этой поэтической формой стало основой для замечательного художественного развития, которое позволило использовать данную форму, с возрастающим своеобразием и умелостью, как адекватный инструмент для тем, делавшихся все шире по богатству и значительности.

Для Бродского как для внимательного литературного мастера характерно, что в случае использования белого стиха отсутствие рифмовки не оказывается знаком, разрешающим общую разбросанность поэтической структуры, но скорее функционирует как положительное качество, которое приводит в действие возможности осмысленной художественной организации других уровней текста. Само отсутствие регулярного звукового повтора как бы перемещает читательское внимание в сторону восприятия других, чисто синтаксических или семантических сторон стиха, и автор, похоже, сосредотачивается на максимальном совершенствовании этих сторон, чтобы "компенсировать" относительную скупость более внешних выразительных средств. Рассматриваемые в этом свете эксперименты Бродского с "нерифмованным сонетом"[7] можно считать частью его попыток достичь цельной поэтической манеры, которая бы в минимальной степени зависела от чисто метрических факторов. Как я отметил в начале эссе, эта тенденция уравновешивается в других произведениях поэта экспериментированием в противоположном направлении — со сложными строфами и тонкими оттенками рифмовки.

"Эней и Дидона" заслуживает, мне кажется, специального внимания именно как пример того, каким образом Бродский создает "внутреннюю" направленность произведения, написанного белым стихом. В этой метрической форме у него не так много стихов, в которых тема была бы выражена на таком высоком уровне художественной напряженности и в то же время, с соблюдением такой совершенной естественности. С точки зрения стандартов литературного вкуса, "Эней и Дидона" безусловно заслуживает места в любой будущей антологии русской поэзии.

Структурная основа произведения складывается простым набором семантических противоположностей, выраженных через синтаксис, через образную систему и через ритмические возможности строки, которые все вместе создают необходимую канву для сжатого пересказа известной драмы. Главное противопоставление, конечно, — между двумя персонажами, имена которых вынесены в заглавие; рассказ идет то об одном, то о другом, и это создает строй стихотворения как целого. Сюда входит постоянная смена точки зрения на ситуацию; в большинстве случаев переход от одной точки зрения к другой ритмически отмечен заметной паузой внутри строки, за которой следует указание на мужской или женский род персонажа, от лица которого пойдет речь (*он же; а ее любовь; но он*). Предложение затем переносится на следующую строчку. Таким образом цезура предназначена служить символом линии, разделяющей два разных психологических мира главных героев. Поскольку эта разделяющая линия расположена внутри стихотворной строки, поэтическое развитие драмы приобретает цепной характер: позиция, с которой герой переживает ситуацию и действует, не столько противоположна позиции другого, сколько искусно переплетена с ней. Местоимения-указатели (*она, ее, он*), образующие ключевой элемент синтаксической структуры текста самой простотой противопоставления (мужской/женский) указывают на архетипический характер трагической ситуации, описываемой в стихотворении. Исторические имена двух героев упомянуты только в заглавии. Уточняющая характеристика, дважды отнесенная к Энею ("великий человек"), имеет, мне кажется, задачу выделить его психологическое положение в драме. В особенности повторение в строке 19 окрашено едкой иронией: именно в момент, когда он окончательно покидает возлюбленную, его "величие" (историческое "оправдание" его поступка) подчеркнуто.

Изначальное противопоставление двух героев связано в стихотворении Бродского с особой организацией пространства. Декорации представлены таким образом, что они становятся символическим выражением психологического напряжения. В большей части стихотворения, в первых двадцати строчках, обстановка состоит из двух контрастирующих элементов: замкнутое пространство комнаты, где происходит последнее свидание мужчины и женщины, противостоит огромному морскому простору, в плавание через который мужчина собирается отправиться. Соединительным элементом оказывается окно, через которое смотрит Эней — это представлено дважды (в строках 1 и 6). Это пространственное противопоставление, основанное на внешних аспектах ситуации, использовано для того, чтобы подчеркнуть контраст между внутренними состояниями, мыслями и желаниями героев. В то время как взгляд Энея прикован к картине за окном, что связано с его планами отъезда, восприятие Дидоны очерчено непосредственной реальностью ее отношений с ним, которые сила ее страсти превращает в некий абсолют:

> а для нее весь мир кончался краем
> его широкой греческой туники...

Таким образом пространственное противопоставление отражает и временно́е противостояние: в то время как Эней нетерпеливо устремляется к будущему, жизнь Дидоны оборвана отъездом возлюбленного — в свете последующих событий мы видим, что фраза "для нее весь мир кончался" приобретает двойной, как временной, так и пространственный смысл.

Образ моря как символа с широким диапазоном оттенков, возникает в стихотворении Бродского с упорным постоянством, что превращает его в одного из главных действующих лиц этого шедевра. В "Энее и Дидоне" оно использовано с замечательным техническим мастерством для того, чтобы осуществить несколько вспомогательных семантических функций. Во-первых, как мы отмечали, в поверхностном слое повествования море представляет собой место, с которым связаны планы Энея на будущее. Через метафорические ассоциации оно оказывается связано с мыслями Дидоны о "греческой тунике", которою он носит накануне расставания. Первый интонационно отделенный отрывок стихотворения оканчивается зловещим словом "море". В центральной и семантически наиболее богатой части произведения море становится символом ухода Энея и всего, что этот уход значит для женщины; ее любовь уподоблена рыбе, которая готова последовать за его кораблем. Порывистая пылкость ее страсти, горячее желание быть с ним внезапно разбивается в ту минуту, когда "он мысленно ступил уже на сушу", и в этот кульминационный момент образ моря внезапно приобретает неожиданный смысл:

И море обернулось морем слез.[8]

Способ, которым тривиальное выражение "море слез" очищено, в данном случае, от всякого следа банальности, но, посредством подготовки читателя в предыдущих строчках, оказывается способным передать весь трагизм ситуации для женщины, демонстрирует, по моему убеждению, высшее мастерство поэта в семантической организации стиха.

Среди противоположностей, играющих важную роль в выстраивании Бродским новой поэтической версии истории Дидоны, я бы обратил особое внимание на постоянный контраст между тем, что можно было бы назвать принципом "движения", и принципом "неподвижности". Как в противопоставлении замкнутого и открытого пространств, эта противоположность основана на "внешнем" аспекте рассказа (штиль, который вначале лишает Энея возможности покинуть Карфаген, и последующее изменение погоды, помогающее исполнению его планов). Эней в начале стихотворения напряженно стоит перед Дидоной, взгляд его устремлен на открытый пейзаж за окном. Когда его одеяние напоминает ей о море, это "остановившееся море", чьи волны парадоксальным образом застыли в движении. В следующем отрывке, оканчивающемся ключевым словом "неподвижен", его губы описаны "застывшими" в форме раковины (еще одно сравнение из морской сферы), и бокал в его руке неподвижно отражает горизонт. Контраст с этой картиной возникает в тот момент, когда во второй половине десятой строки описание сосредоточивается на внутреннем мире женщины: ее любовь исполнена движения, быстроты и порывистости — синтаксический темп этого отрывка, будучи лишь на один момент слегка замедлен повторением слова "возможно" перед тем, как движение достигает своей гипотетической цели, сам по себе передает это с конкретной и ощутимой убедительностью:

А ее любовь
была лишь рыбой — может и способной
пуститься в море вслед за кораблем
и, рассекая волны гибким телом,
возможно, обогнать его...

Во второй части стихотворения, начинающейся со слов "Но, как известно", ситуация делает полный поворот. Когда начинает дуть "попутный ветер", которого ждал Эней, он отплывает из Карфагена и оставляет свою возлюбленную "стоящей" перед костром, на котором ей предстоит окончить жизнь. Неколебимость его решения уехать влечет за собой поспешную реализацию этого намерения, и любовь Дидоны, ранее порывистая и живая, вмерзает в неподвижность ее отчаяния.

Среди коротких стихов Бродского "Эней и Дидона" по замыслу имеет наиболее отчетливо повествовательный характер. Этот шедевр в целом представляет широкий спектр тем: от лирических (ситуации, связанные с интимной жизнью "я") и рефлективных (утверждение и исследование общих истин и ценностей, часто стилистически связанное с его "барочными" и "орнаментальными" выразительными средствами) до повествовательных и драматических. Все эти темы, похоже, имеют место с самого начала его творческого пути. Но если есть эволюция в этом отношении, она, пожалуй, ведет его в сторону повествовательно-драматического полюса. Это, я считаю, можно увидеть не только по таким крупным и важным из его произведений, как "Горбунов и Горчаков" и *Post aetatem nostram,*" но и по возрастающему значению повествовательного элемента в его более коротких вещах. Последнее может быть убедительно проиллюстрировано сравнением трех его нерифмованных стихов: "Остановка в пустыне" (написано в 1966), "К Ликомеду, на Скирос" (1967) и "Эней и Дидона" (1969).[9] Первое по преимуществу рефлективно; мысли, которые рассказчик высказывает в своем монологе, имеют отправным пунктом конкретное событие (разрушение Греческой церкви в Ленинграде), но остаются вполне абстрактными, обращаясь к моральным аспектам времени в истории и к роли христианства в развитии русской культуры. Рассказчик сам по себе не индивидуализирован; единственная информация, которую мы получаем о нем лично, содержится в факте, что он знал "одно татарское семейство", жившее по соседству с церковью. В остальном он функционирует здесь лишь в качестве произносящего монолог-размышление. В стихотворении 1967 года, "К Ликомеду, на Скирос" ситуация совершенно иная. Мы тоже имеем здесь дело с обобщающими рассуждениями, на этот раз на тему парадоксального этического закона, по которому за героическими делами следует унижение "героя", а не награда,[10] но они представлены здесь в полуповествовательной и драматической форме. Миф о Тезее, который, после убийства Минотавра, теряет свою возлюбленную Ариадну, попадающую в объятия бога Вакха, служит повествовательной "маской" для реальной ситуации лирического "я". Драматичность монолога имеет сложный характер:

в первых строчках рассказчик представляет нам себя как человека, чья судьба схожа с судьбой Тезея —

> Я покидаю город, как Тезей —
> свой Лабиринт...

Но далее в стихотворении сравнение как таковое нигде не подчеркивается, и рассказчик описывает собственное положение столь последовательно в терминах классического мифа, что читателю легко забыть о его самостоятельном существовании. Появившись ненадолго в первом предложении, рассказчик почти полностью исчезает за своей "маской". Эта игра слияния и раздвоения персонажей, делающая рассказчика почти анонимной фигурой, используется как прием, намекающий на другой уровень интерпретации, а именно: что рассказ идет об авторе стихотворения и об обстоятельствах его личной жизни.[11]

Абстрактное размышление, лирическое или драматизованное, почти исчезает с поверхности "Энея и Дидоны". Если абстрактная тема и присутствует здесь, то лишь в скрытом виде. Главное отличие от двух предыдущих стихов состоит в том факте, что здесь нет фигуры рассказчика, чтобы представить посреди монолога какие-то мысли или рассуждения. Как мы уже видели, повествовательная структура "Энея и Дидоны" строится, и даже с известным упорством, на использовании местоимений "он" и "она". Первое лицо не появляется нигде, и, вместо рассказчика, ведущего монолог, имеется скрытый повествователь. Только в одном месте (строки 17—19) мы обнаруживаем то, что выглядит обобщающим наблюдением:

> Но, как известно, именно в минуту
> отчаянья и начинает дуть
> попутный ветер.

Как видно, однако, из вызывающей банальности этого замечания, оно имеет чисто иронический характер. Ирония возникает непосредственно из игры с психологической перспективой. После трагической горечи предыдущих строк нам понятно, что речь идет об "отчаянье" Дидоны, но "попутный ветер", посланный, чтобы принести облегчение, является "попутным" только для Энея. Ветренная псевдо-утешительность заявления, таким образом, служит лишь тому, чтобы еще раз подчеркнуть полную безнадежность ее положения.

Так же, как стихотворение о Тезее, "Эней и Дидона" разыгрывается в декорациях классической античности. В рамках данного эссе невозможно представить широкий анализ различных значений "классических" мотивов, которые являются такой заметной чертой в творчестве Бродского; ограничимся несколькими общими наблюдениями. В некоторых случаях классический реквизит имеет чисто "декоративную" функцию, помогая создать особый нео-классический стиль. Но когда он действительно относится к важным аспектам поэтической структуры, классический фон служит непосредственно для передачи темы; он служит либо для того, чтобы придать теме известную универсальность, либо для того, чтобы соотнести ее с определенной исторической перспективой. "Универсальность" представляется главным результатом мифологического обрамления темы в стихах "К Ликомеду, на Скирос" и "Эней и Дидона". "Перспектива", возникающая от одновременного представления далеких в историческом отношении эпох, хорошо видна, например, в стихотворении *"Anno Domini"*, где сегодняшняя ситуация рассказчика и его окружения спрятана за иронической "маской" повествования, обставленного атрибутами поздней античности,[12] и в еще большей степени в цикле *"Post aetatem nostram,"* где описание повседневной жизни города пред-христианских времен выступает как символ нашего пост-христианского будущего.[13]

Классические мотивы в творчестве Бродского органически соотнесены с одной из главных повторяющихся тем его поэзии — катастрофическим разложением нашей культуры, ее традиционной морали и духовных корней. На лирическом уровне этому созвучна столь же постоянная тема трагической нестабильности и распада личных отношений, чреватых разрывами, предательствами, уходами. В повествовательной структуре "Энея и Дидоны" эти две темы тесно связаны: в историческом плане тема Энея, "предающего" Дидону, соединена с его миссией основателя Римской империи, и таким образом он оказывается причиной не только ее личной гибели, но и гибели ее государства. Смерть Дидоны является предвестием падения ее города. В конце стихотворения этот мотив дан в виде некой тематической (также как и временно́й) рифмы:

> и видела, как в мареве костра,
> дрожащем между пламенем и дымом,
> беззвучно рассыпался Карфаген
>
> задолго до пророчества Катона.

Нет нужды выяснять, который из двух элементов этого сравнения является доминирующим: крушение личной жизни Дидоны или будущее падение Карфагенского царства. Что делает "Энея и Дидону", по моему мнению, одновременно одним из самых типичных и самых замечательных произведений Бродского — это классическая простота и естественность, с которой в нем соединены "объективированное" видение глубокой личной драмы с чувством исторической катастрофы.

ПРИМЕЧАНИЯ

1. Иосиф Бродский, *Остановка в пустыне, стихотворения и поэмы* (Нью-Йорк: Издательство имени Чехова, 1970).

2. Бродский, например, часто начинает стихотворение, особенно длинное, с подчиненного предложения или вспомогательного оборота, за которыми, казалось бы немедленно должны последовать подлежащее и скзуемое, но за которыми, на самом деле, следует лишь вторичный в синтаксическом отношении материал, сбивающий с толку. Эффект чем-то напоминает знаменитую фразу, которой начинается Гоголевская "Шинель". ("В департаменте... но лучше не называть в каком департаменте".)

3. В американском издании книги, упомянутом выше, в этой строке ошибочно поставлено слово "распадался" вместо "рассыпался".

4. Ср., напр., "Элегия" (*Остановка в пустыне*, стр. 93), "Сонет" (стр. 98), "На прачечном мосту" (стр. 133).

5. Ср., напр., "Остановка в пустыне" (стр. 166), "К Ликомеду, на Скирос" (стр. 92), "Эней и Дидона" (стр. 99), а также длинный цикл *Post aetatem nostram*, опубликованный в *Russian Literature Triquarterly*, No. 2, 1972, 443-51.

6. Подробное обсуждение "Северных элегий" Ахматовой и их связи с элегической традицией 19 века есть в главе "The Elegies" в моей работе *The Theme of Time in the Poetry of Anna Akhmatova*, (The Hague, 1971).

7. Ср. *Остановка в пустыне*, стр. 45, 74, 98.

8. "Эней и Дидона", строка 16.

9. Образцами других "коротких произведений" с заметным повествовательным началом являются, например, *"Anno Domini" (Остановка в пустыне*, стр. 89) и цикл "Из Школьной антологии' " (стр. 119—27).

10. В разговоре со мной поэт указал на контраст между образами этого стихотворения и христианским мифом о Святом Георгии, которому в награду за героизм дают в жены принцессу.

11. Эта риторическая ситуация похожа на ту, которую мы находим, например, в стихотворении Ахматовой "Не пугайся, — я еще похожей" из цикла *Шиповник цветет* (№ 11). В этом лирическом отрывке классическая история Дидоны использована как "маска" для отношений между "ты" и "я", являющимся протагонистом всего цикла, окрашенного сильными автобиографическими ассоциациями. Возможно, Ахматовское увлечение мифом о Дидоне и Энее в ее поздние годы повлияло на выбор Бродским темы стихотворения, которое в остальном свободно от всякой подражательности.

12. Риторическая подача этого стихотворения через голос рассказчика, личность которого "спрятана за маской", напоминает "К Ликомеду, на Скирос".

13. В техническом отношении "Энея и Дидону" можно рассматривать как упражнение для этого более позднего цикла, который так же дается от третьего лица и так же свободен от "лирических" и "рефлективных" интонаций. Как и в более раннем стихотворении абстрактная тема остается здесь совершенно

скрытой под повествовательно-описательным обликом стиха.

От редации. В сборнике Новые стансы к Августе (Ardis, 1983) название стихотворения изменено на "Дидона и Эней".

Карл ПРОФФЕР
США

ОСТАНОВКА В СУМАСШЕДШЕМ ДОМЕ: ПОЭМА БРОДСКОГО *ГОРБУНОВ И ГОРЧАКОВ**

После того, как Бродский благополучно вернулся в северную столицу из северной ссылки, он жил в Ленинграде относительно спокойно, и его поэзия становилась все более и более зрелой. Издательства в Советском Союзе не печатали его оригинальные стихи, и, хотя он не любит заниматься переводами, они остаются главным источником его существования. Не считая прежних переводов с польского и стихов Т. С. Элиота, которые он переводил для себя, у него есть договоры с московскими редакциями на переводы из Брендана Биэна и поэзии английских метафизиков. В последнее Рождество он был погружен в перевод "Розенкранца и Гильдестерна". Советский журнал *Костер* даже опубликовал его переводы из Мухаммеда Али и "Желтой субмарины" Битлов. Несмотря на изоляцию, он в гораздо большей степени космополит, чем другие русские поэты, которым разрешено путешествовать за границу. Ему одинаково близок и Моцарт, и Высоцкий, и Битлы с их "Революцией". В прозе его вкусы лежат в широком диапазоне от Андрея Платонова до Владимира Набокова.[1] Он великолепно знает современную американскую и английскую поэзию и очень ценит ее.[2]

Бродский — гений-самоучка, и он прошел нелегкий путь от первого, судя по всему, слабого стихотворения о смелом товарище по геологической экспедиции до опубликованного в Нью-Йорке сборника "Остановка в пустыне"[3] — лучшей поэтической книжки, выпущенной молодым русским поэтом со времен двадцатых годов. Особенно удаются Бродскому длинные стихи-поэмы, такие как "Большая элегия Джону Донну" и "Исаак и Авраам". Но даже эти великолепные вещи не достигают по уровню совершенства "Горбунова и Горчакова" — произведения, которое лишний раз подтверждает мнение многих любителей поэзии в Советском Союзе, считающих Бродского лучшим из живущих русских поэтов. Это трудная и стимулирующая мысль философская поэма, со сложной образностью, с необычайной словесной изобретательностью.[4]

Оригинальность "Горбунова и Горчакова" начинается с формы.

---

* Написано в 1971 г.

Поэма состоит из 14 главок, каждая из которых содержит 100 строк пятистопного ямба. Бродский — мастер строфики, и двенадцать из четырнадцати главок написаны "Горбуновогорчаковской строфой": 10 строк с пятикратной рифмой *аВаВаВаВаВ* (чередуя мужские и женские). Главки 5-я и 10-я, озаглавленные "Песня в третьем лице" и "Разговор на крыльце", отличаются от остальных по своей структуре. "Разговор" содержит 5 строф по 20 строк каждая, с переменной рифмовкой. "Песня" и "Разговор" разбивают поэму в симметричных точках: четыре главки помещены между этими двумя, четыре — до, четыре — после. Другой элемент симметрии состоит в том, что "Песне" предшествуют две главки, озаглавленные "Горбунов и Горчаков" плюс одна названная "Горбунов в ночи" и одна — "Горчаков и врачи". "Разговору" предшествует та же последовательность главок, только теперь мы имеем "Горчаков в ночи" и "Горбунов и врачи". Это не просто формальные параллели; тематические параллели также связывают эти два "больших отступления" (темы "слов", "молчания", диалога и "сказал" или "он-сказал"). Обе главки заканчиваются параллельным использованием имен главных героев. Темы из "Горбунова в ночи" повторяются в "Горчакове в ночи".

Бродский — не тот поэт, который стал бы избегать трудностей. К строгим требованиям строфики он добавляет другую задачу: вся поэма представляет из себя диалог. Более того, диалог дается непосредственно, без единого глагола, указывающего на говорящего. Приходится следить за тем, кто говорит — Горбунов, Горчаков, врачи или другие больные, — без обычных графических указателей. И это не просто эксцентричность, но, как я постараюсь показать, вытекает из центральных идей поэмы.

Главные темы поэмы — страдание, разлука, одиночество, несправедливость в мире людей и безумный мир как дурной сон. Горбунов и Горчаков (и сама поэма, и герои) спрашивают, как эти понятия могут быть определены, измерены, каково место человека в великой цепи событий, как все это переживается и преодолевается людьми различного склада.

Горбунов и Горчаков — оба пациенты сумасшедшего дома вблизи Ленинграда. Между концом января и мартом, большей частью по ночам, они ведут беседы о своих снах и о сумасшедшем доме. Их разговоры прерываются стычками с врачами.

Самопогруженность и философичность Горбунова достигают опасной степени. Он — идеалист, обвиняемый в том, что "выражает беспартийный взгляд на вещи", что "ряд его высказываний внове для нас", что преувеличивает важность внутреннего мира, ставя его над внешним. В минуту озлобления Горчаков говорит: "Могилы исправляют горбунов".⁵ Врачи относятся к пациентам враждебно, особенно к Горбунову; их подход к жизни материалистичен. Они находят у Горбунова "редкостную насыщенность крови азотом, разложившим аппарат самоконтроля". Отсюда и его болезненные сновидения о лисичках и морях. По мнению врачей, он безобразен, лицо его ассиметрично, изуродовано распухшими венами, для женщин он непривлекателен; они даже считают, что его половые органы имеют отклонения от нормы и говорят ему, что такие "отбросы" не имеют права на потомство. У Горбунова была жена; он нарочно постарался сделать ей ребенка, чтобы она не ушла от него, но она все равно оставила его (забрав с собою дочь). Теперь, преследуемый галлюцинациями и голосом, обращающимся к нему из тишины (и из его собственных уст), он проводит время, исследуя природу любви и страдания. Его сны о лисичках и море считаются нездоровыми. А главное, он религиозен (это одно из обвинений против него). В поэме часто упоминаются Крест, Христос, Голгофа и Страшный суд.

Горчаков пассивнее, практичнее, прозаичнее. Он материалист — образы, используемые им, тяготеют к миру физическому. Например, когда Горбунову кажется, что мозг его раскалывается на две половины, двоится, Горчаков (в симметричной точке повествования) видит комнату, раздваивающуюся в зеркале окна. Горчаков видит вещи такими, как они есть, в их материальной оболочке, не пытаясь касаться философских аспектов восприятия и бытия. Он верит, что "бытие определяет сознание", но Горбунов говорит, что как раз наоборот ("Прочел бы это справа ты налево"). Для Горчакова сны — просто остатки дня, с которыми интереснее засыпать. Он доносит врачам о том, что у Горбунова еретические взгляды, и в качестве вознаграждения его собираются выпустить на Пасху.

В конце, однако, коварные идеи и сны Горбунова, кажется, заражают Горчакова. В последней главке голоса поэмы говорят нам, что Горбунов заснул, тем самым отказав Горчакову в существовании и предпочтя реальность своих снов (или вечности) — то есть того, что он видит, закрыв глаза. Поэма кончается сценой, в которой Горчаков сидит рядом с Горбуновым, воображая, что Горбунову снится море, и обещая охранять его сон (как душа Джона Донна хранит его сон в конце поэмы Бродского "Большая элегия Джону Донну"). Впрочем, будет правомочно интерпретировать конец поэмы и как смерть Горбунова, а не как сон.⁶ Нигде не сказано, что он умер, но он "засыпает" посреди шумной драки, когда все остальные действуют весьма активно. Правда, Горбунов произносит несколько слов после того, как кулак Горчакова ударил его. Но на смерть героя намекают и разговоры о вечности и смерти, и вариации на темы монолога Гамлета "Быть или не быть", встречаются в поэме. В некотором смысле "заснуть, видеть сны" означает умереть.

Хотя повторные прочтения открывают искусное размещение тем и взаимосвязь образной ткани, с первого чтения (да и со второго) "Горбунов и Горчаков" производит впечатление запутанной поэмы. Не во всех случаях удается отличать голос Горбунова от голоса Горчакова. Темы даются фрагментарно. Идеи обсуждаются, отвергаются, затем возникают снова — и так по несколько раз. Каждая тема имеет множество вариаций. Тон то печальный, то веселый, то трагический, то ироничный. Символический смысл снов ясен не всегда. Так как метафоры следуют одна за другой, образная ткань делается крайне насыщенной: моря, острова, реки, грибы, яблоки, астрология, раздвоения, распятие.

Все еще более усложнено главкой "Песня в третьем лице", где приходится привыкать к тому, чтобы прочитывать *сказал* и *он ему сказал* как существительные — причем существительные, которые могут склоняться.

"И он ему сказал". "И он ему
сказал". "И он сказал". "И он ответил".
"И он сказал". "И он". "И он во тьму
воззрился и сказал". "Слова на ветер".
"И он ему сказал". "Но, так сказать,
сказать "сказал" сказать совсем не то, что
он сам сказал". "И он "к чему влезать
в подробности" сказал; все ясно. Точка".
"Один сказал другой сказал струит".
"Сказал греха струит сказал к веригам".
"И молча на столе сказал стоит".
"И, в общем, отдает татарским игом".
"И он ему сказал". "А он связал
и свой сказал, и тот, чей отзвук замер".
"И он сказал". "Но он тогда сказал".
"И он ему сказал; и время занял".[7]

Другие элементы литературной игры тоже встречаются в изобилии — каламбуры, аллюзии,[8] пародии,[9] палиндромы.[10] Такую поэму было нелегко написать, и читать ее тоже нелегко.[11]

Своеобразие Бродского в Советском Союзе состоит в том, что он размышляет. Но он оставался бы оригинальным где угодно, потому что он размышляет по-своему.[12] Однако было бы неправильно рассматривать "Горбунова и Горчакова" как иллюстрацию к какой-то философской системе или четкой идее. Это испытующая поэма. Афоризмы и определения представлены в ней не как абсолюты, но как темы для обсуждения. Обобщения и афоризмы рассыпаны в тексте в великом множестве. И их истинность опирается не столько на логику, сколько на инстинкт. Так, когда Горчаков говорит "Находчивость — источник суеты", Горбунов отвечает: "Я не уверен в этом афоризме. / Душа не ощущает тесноты" (II, 10). Таким образом, оказывается невозможно "истолковать" поэму, сказать, что Бродский "ставит такой-то вопрос и так-то на него отвечает". Мы можем взять пример с Горчакова. Когда он спрашивает Горбунова, "что есть любовь", и тот отвечает, что уже говорил об этом выше, Горчаков замечает: "Но в каждом звуке / другие рубежи и этажи" (XII, 5). "Горбунов и Горчаков" представляет из себя поэтическое исследование этих различных оттенков возможного осмысления.

Религиозные образы являются постоянной чертой поэзии Бродского. Врачи считают эти тенденции паталогией, когда обнаруживают их в Горбунове. Мы узнаем, что страдания Горбунова будут длиться так же долго, как история Исхода. Он говорит, что, чем больше он страдает в этом мире, тем легче ему будет на Страшном суде и после (III, 1). Что еще важнее, его страдания часто сравниваются со страданиями Христа. В сущности, именно при обсуждении темы страдания религиозные образы используются чаще всего. Проводя параллель между Горбуновым и Христом, Горчаков говорит: "Он тоже вроде был приговорен" (XI, 6). Горбунов даже повторяет слова Христа "Почто меня покинул" (IX, 9). За донос на Горбунова Горчаков будет освобожден к Пасхе. Во время разговора с врачами о Горбунове, Горчакову внезапно является видение Христа в пустыне (IV, 5); пустыня названа "враждебной средой" — те самые слова, которые Горбунов дважды использует для обозначения сумасшедшего дома. При перечитывании можно обнаружить игру слов с политическим подтекстом, когда Горчаков говорит Горбунову, что Кресты (тюрьма в Ленинграде) "ждут таких истуканов", как он (I, 6). Читателю ясно, что Горбунов в своем уме и что его бессрочное заключение в сумасшедшем доме обусловлено его философскими взглядами — политически неприемлемыми.

Больше всего Горбунов страдает от одиночества, которое он испытывает из-за утраты столь горячо любимых жены и ребенка. Даются различные определения любви. Любовь — "разлука с одиночеством". Это также "возможность наклониться к изголовью / и к жизни прикоснуться в тишине / дыханием, руками или бровью" (II, 5). Горчаков высказывает предположение, что любовь есть форма воскресения, на что Горбунов возражает: "Вы либо небожитель; либо вы / мешаете потенцию с любовью" (X, 3). Будущее любви — молчание. В конце Горбунов говорит: "Любовь есть предисловие к разлуке" (XII, 5).[13] Грибы, о которых грезит Горбунов, в первую очередь — фаллический символ, но также расшифровываются как любовь к женщине. Когда у него прекращаются сны о лисичках, он говорит "увы", на что врач замечает, что это характерная реакция мужчины на смерть или уход женщины (IX, 4). Горбунов говорит, что Христос, по крайней мере, не был осужден на разлуку, как он; а если предстоит расстаться навеки, мрак становится таким черным, что его почти видно — аллюзия Милтоновского ада.

Многие сны Горбунова имеют сексуальный характер. И в общем словарь поэмы часто натуралистичен — упоминаются пенисы, моча, испускание газов и т. д. (Это, конечно, находится в сильном противоречии с правилами советской литературы.) Лисички Горбунова — сексуальны. Он также размышляет насчет "клубнички", и в связи с этим мелькает комментарий "то самое, в штанах?" (I, 8). Потом он воображает, что "клюют его синички" (там же). Сама жизнь — сон (XIII, 5). Спать и видеть сны — значит убежать от мрака реальной жизни, которую он знает (XIII, 9). И действительно, в своих снах Горбунов видит вещи более отчетливо, чем Горчаков, — как например, в конце поэмы. В последнем сне Горбунова (или в его смерти), Горчакову кажется, что он видит его бредущим "сквозь волны коридором", поднимаются чудесные пузырьки, но последовать за ним Горчаков не может. И в этом снова мы видим сходство Горбунова с Христом — ранее в поэме тоже встречаются два завуалированных упоминания об идущем по водам.

Горбунов и Горчаков — два главные голоса поэмы. Но рассматривать ли их как два отдельных персонажа или нет, зависит от того, как мы интерпретируем поэму: а) как подлинный диалог между двумя пациентами; б) как шизоидный монолог одного человека. Когда Бродского спросили, как управляться с трудностью и различать, кто говорит в данный момент, и высказали предположение, что это, может быть, и неважно, потому что говорит всегда один, он сказал — нет, их двое и их нужно различать. Но тут же он передумал и сказал — да, пожалуй, говорит один. Сама поэма не дает однозначного ответа. С одной стороны, мы имеем факт, о котором говорят другие пациенты и врачи: их двое и в конце один спит, а другой сторожит его сон. С другой стороны, существование Горчакова постоянно представляется зависящим от Горбунова. Говорится, что Горчаков просто "молчание" Горбунова (XI, 10), просто его "эхо" (VIII, 10); он говорит, что существует только в разговорах с Горбуновым: "Ибо чувствую, что я / тогда лишь есмь, когда есть собеседник! / В словах я приобщаюсь бытия!" (VIII, 6). Где-то ранее Горчаков изумляется, обнаружив, что говорит словами Горбунова (IV, 10). Шизоидную интерпретацию подкрепляет еще одно замечание Горбунова, в котором он характеризует себя как человека, говорящего двумя голосами: "Ночь. Губы на два голоса поют" (III, 7).

Он говорит, что его раздвоенность необходима, чтобы одолеть одиночество (III, 8), и он взывает к Богу, прося его услышать два голоса, исходящие из одних и тех же уст:

> "Ты, Боже, если властен сразу двум,
> двум голосам внимать, притом бегущим
> из уст одних, и видеть в них не шум,
> а вид борьбы минувшего с грядущим,
> восхить к Себе мой кашляющий ум,
> микробы расселив его по кущам,
> и сумму дней и судорожных дум
> Ты раздели им жестом всемогущим.
> А мне оставь, как разность этих сумм,
> победу над молчаньем и удушьем" (III, 9).

Итак, можем ли мы отличить одного от другого? Один из возможных ответов дается в конце десятой главки:

> "Как различить ночных говорунов,
> хоть смысла в этом нету никакого?"
> "Когда повыше — это Горбунов,
> а где пониже — голос Горчакова".

Возможно, их двое, а возможно — только один, но нет смысла пытаться придти к определенному выводу. Почему? Ответ мы находим в "Песне в третьем лице", этом дивном даре Бродского русскому языку. Здесь нам дано понять, что "Горбунов и Горчаков" представляет собой платоновский идеал диалога. Это диалог в самой своей сути, в до-бытийной чистоте, не засоренный всевозможными "он сказал", раскованный рассказчиком, не раздробленный паузами, куда вставляют "он сказал" или "и потом он сказал". *Сказал* пахнет татарским игом. ("И молча на столе сказал стоит". / "И, в общем, отдает татарским игом".) На то, чтобы произнести *сказал*, уходит время, а это создает молчание (в промежутках реальной речи). Косвенная речь (с использованием *сказалов*) на самом деле прямая (без них), когда говорится, что "И косвенная речь, / в действительности, самая прямая" (V, 5). *Сказал* соединяет вещи. Говорится, что Горбунов и Горчаков пребывают в *Он Ему Сказал*. Они никогда не замолчат. ("Когда они умолкнут?" "Никогда".) И вглядываясь в это,

> мы как бы приобщаемся высот,
> достигнутых еще до разговора (V, 5).

Так, непрерываемые словесными отбросами поясняющих вставок, из этой дыры в космосе (как часто называют в поэме сумасшедший дом) два голоса говорят о вечном человеческом одиночестве и страдании.

ПРИМЕЧАНИЯ

1. Бродский говорит, что за последние годы он открыл только двух прозаиков, которые произвели на него сильное впечатление, — Набокова и Платонова. Он знает "Защиту Лужина", "Приглашение на казнь", "Дар", "Лолиту" и "Аду". "Лолиту" он читал настолько внимательно, что сумел обнаружить в ней пародию на Т. С. Элиота даже в ее русском одеянии. Говорят, что Бродский написал новую длинную поэму, в которой очень чувствуются обманные ходы, характерные для Набокова. Платонова он открыл позже и считает его, как и многие другие русские, если и не самым лучшим, то одним из лучших советских прозаиков. Бродский называет его гением, но говорит, что лично ему он все же чужой, хотя это и не мешает ему восхищаться неповторимостью платоновского языка. Отдельные фразы Платонова он может перечитывать снова и снова, и считает, что перевести его невозможно.

Любимый американский прозаик Бродского — Фолкнер; но как и многие другие русские писатели и переводчики, он необычайно высоко ставит перевод романа Роберта Пенн Уоррена "Вся королевская рать" (1968), сделанный Голышевым. Он считает это революцией в развитии современного русского литературного языка.

Бродскому также нравится Беккет (*Malone Dies*) и его прадед — Достоевский "Записок из подполья", которого Бродский открыл во время геологической экспедиции в Средней Азии больше десятилетия назад. После этого он прочитал все десять томов собрания сочинений Достоевского и до сих пор считает его одним из величайших прозаиков.

2. Бродский любит таких разных поэтов, как Йитс, Дилан Томас, Э. А. Робинсон, Ричард Уилбер (не говоря уже о жадно читаемом по-английски Кавафисе). Фроста он ставит на первое место среди американских поэтов и считает переводы Фроста, сделанные Андреем Сергеевым, главным событием шестидесятых годов, говоря, что это не просто переводы, а целый новый поэтический мир, открытый русскому читателю.

3. Иосиф Бродский, "Остановка в пустыне" (Нью-Йорк: Издательство имени Чехова, 1970).

4. На вопрос, что создает великого писателя, Бродский ответил, что, прежде всего, ощущение масштаба вещей и осознание своего место в цепи вещей и событий.

5. Пример игры со словами и именами, характерный для Бродского.

6. Я обсуждал это с Джорджем Клайном, который знает поэзию Бродского лучше любого человека за пределами Советского Союза. По его мнению, финал поэмы будет гораздо менее значительным, если его не интерпретировать как смерть Горбунова.

7. Например, строки "Пучина бытия, откуда все мы, / как витязи явились так давно" (XIII, 4) — аллюзия к "тридцати витязям прекрасным" из Пушкинской "Сказки о царе Салтане".

8. "...Теперь он вождь народов и племен". / "Панмонголизм! как много в этом звуке" (XI, 6) пародирует знаменитую поэму Блока "Скифы", а вернее эпиграф к ней, взятый из стихотворения Владимира Соловьева.

9. См. строчку "Прочел бы это справа ты налево" (XI, 5).

10. Это короткое эссе не отдает должного остроумию и словесной изобретательности поэмы, в которой наиболее блистательным примером и того, и

другого является "Песнь в третьем лице". Рифмовка предъявляет невероятно трудные требования, но Бродский обычно успешно избегает монотонности.

Я полагаю, что причина, по которой выбрана звучная пятикратная рифмовка, в следующем: в поэме два голоса, а просодической аналогией двух голосов является парная рифма, или эхо, в каждой строфе. Фонетически "Горбунов" и "Горчаков" созвучны, как эхо. Последнее слово первой строки первой строфы — "Горбунов", в конце первой строки следующей строфы — "Горчаков", и это определяет собой то, что поэма открывается десятикратным повторением рифмы на "-ов". Среди рифмующихся слов находим слово "основ", содержащее в себе ключевое слово "снов" — важное как ключевой афоризм поэмы: нормальный сон и сны — "основа всех основ". Подобная же игра имеет место со словами, содержащими в себе слово "крест".

Есть много остроумных переходов, построенных на повторяющихся образах. Например, первая главка заканчивается сценой, в которой Горбунов изображен метафорическим рыбаком на Неве. Затем, в начале следующей главки обсуждаются астрологические символы текущего месяца (февраля), связанные с "водяной" образностью предыдущей сцены: "Вторая половина февраля / отмечена уходом Водолея, / и Рыбы водворяются, суля..." Прыжок от земли к небесам и первый разговор о звездах завершается таким образом тем, что аналогичные образы найдены в совершенно различных сферах.

11. Баратынский, по мнению Бродского, лучший русский поэт.

12. Он говорит, что если это неправда, он станет "памятником лжи" — аллюзия к заключительной строке стихотворения самого Бродского "Памятник".

Джеральд С. СМИТ
Англия

ВЕРСИФИКАЦИЯ В СТИХОТВОРЕНИИ
И. БРОДСКОГО "КЕЛЛОМЯКИ"*

> *Настал черед пифагорейских чисел*
> *Продемонстрировать служенье музам.*
> Марина Темкина "Иосифу Бродскому"
> (*Грани* 135, 1985, с. 97)

Стихотворение Бродского "Келломяки" было опубликовано дважды. Впервые — в журнале *Континент*, 36 (1983), стр. 13—19, с датой написания "1982". Затем оно было включено в сборник Бродского *Новые стансы к Августе* (Анн-Арбор: Ардис, 1983), стр. 137—141. В настоящей работе как окончательный рассматривается текст второй публикации, несколько видоизмененный по сравнению с первой.

Основной сюжет стихотворения определить нетрудно, особенно после включения его в сборник 1983 года: Бродский рассматривает "Келломяки" как одно из целого ряда стихотворений, которые он с начала шестидесятых годов посвящал женщине, именуемой им "М. Б.". Из других текстов *Августы* следует, что роман с этой женщиной имел место в Ленинграде до ссылки в 1964 году, что она родила сына, что расставание с ней в связи с отъездом из России было болезненным. Затем пришло чувство, что сама личность автора была лишь производной от контакта с ней ("Я был только тем, чего ты касалась ладонью,/ над чем в глухую, воронью/ ночь склоняла чело". *НСА*, 145). Стихотворение, написанное много позже описываемого времени, ретроспективно: оно посвящено жизни любовников в поселке на берегу Балтийского моря, причем автор использует прежнее, финское название места вместо современного "Комарово". Частично стихотворение сосредоточено на простом воспроизведении физических и психологических обстоятельств зимнего пребывания в чужих местах, в особенности на ощущении изолированности. Но главная тема — философия и психология памяти по отношению к прошедшей действительности. При этом любопытна позиция автора в стихотворении; хотя оно подчеркнуто и интимно автобиографично, хотя обращение "ты" употребляется в нем то и дело, местоимение

---

* This study was carried out with the aid of a Private Scholar Stipend from the Social Sciences and Humanities Research Council of Canada.

первого лица единственного числа в тексте почти отсутствует; точнее, оно ни разу не появляется в именительном падеже, только раз в винительном (строка 121) и раз в дательном (строка 134) к концу стихотворения. Эта косвенность усиливает ироническую интонацию, которая, в свою очередь, оттеняет трогательную нежность воспоминаний.

Некоторые из основных характеристик версификации этого стихотворения доступны интуиции опытного читателя Бродского, ибо они весьма типичны, часто встречаются в творчестве Бродского с середины семидесятых годов. Это основательное сочинение, в 140 строк, что отражает постоянную тенденцию Бродского к большим формам с самого начала его поэтической карьеры. Другая характерная черта — высокая степень упорядоченности на строфическом уровне: текст состоит из четырнадцати типографски выделенных и пронумерованных строф, сплошь зарифмованных смежными мужскими рифмами.

Другие аспекты структуры стихотворения труднее определить без количественного анализа. Как я уже отмечал, обсуждая поздний стих Бродского в целом (Смит 1982, 1985), в "Келломяках" наблюдается значительная соразмерность на уровне строки — в отношении количества ударений и длины интервалов между ними; в то же время метрическая структура кажется более свободной, чем в обычном дольнике (и строки длиннее), хотя и не такой свободной, как в обычных типах акцентного стиха. Синтаксис стихотворения также характерен для стиля зрелого Бродского: он стремится писать длинными сложными предложениями, более сложноподчиненными, чем сложносочиненными, богато насыщенными конкретными существительными, при этом фразовая граница не совпадает с метрической. Пожалуй, наиболее впечатляющий пример такого поэтического языка дают строки 45—50:

>   ...смех
> громко скрипел, оставляя следы, как снег,
> опушавший изморосью, точно хвою, края
> местоимений и превращавший "я"
> в кристалл, отливавший твердою бирюзой,
> но таявший после твоей слезой.

Основной целью настоящей работы является количественно выраженное описание наиболее захватывающих аспектов версификации "Келломяк"; за основу мы берем при этом метрическое слово, но включаем в анализ также и синтаксический уровень.

Отдельные строки в первую очередь анализируются с точки зрения количества составляющих их слогов и периодичности среди них слогов под ударением. Правильное определение ударности не силлабо-тонических стихов в целях метрического анализа связано с известным рядом проблем. Наша процедура основана на принципах, предложенных Гаспаровым (1974, стр. 407—8) для изучения акцентного стиха Маяковского: "метрически двойственным является тот же круг служебных и полуслужебных слов, что и в классическом стихе [...]; эти слова в стихе тонируются или атонируются так, чтобы при тонировании не возникало стыка ударной, а при атонировании не образовывались слишком длинные безударные интервалы". Разумеется, остается целый ряд спорных случаев. Большинство из них связано с отношением к заключительному икту. Бродский уже давно отказался от классического требования помещения "обязательно ударного" слога на последний икт строки, и в "Келломяках" мы находим четыре стиха, где в этой позиции стоит "обязательно безударный" слог:

66 ...нежели шевиот
    предохранял там от будущего и *от*
    прошлого...

84 ...то — всплеск струи
    Но прошедшее время вовсе не пума *и*
    не борзая...

89 ...река
    покрывается льдом (рыба, подумав *про*
    свое консервное серебро...

128 ...их длина,
    неспособность сдвинуться с места. И наше
                                         право *на*
    "здесь"...

Руководясь главным образом (хотя, надо признать, и не вполне последовательно) манерой чтения Бродского, который придает таким словам полное ударение с очевидной целью подчеркнуть их функцию строкоограничительных членов рифмических пар, мы здесь рассматриваем эти "обязательно безударные" слова как ударные. Попутно заметим, что эти случаи иллюстрируют еще одно качество версификации "Келломяк", а именно крайнюю степень дeграмматизации, связанную с техникой рифмовки Бродского.

В наших дальнейших примерах ударности принята следующая нотация: ударность выражается рядом чисел, обозначающих количество безударных слогов между ударными:

31	Несмотря на все это, были они крепки			2241
33	с громыхавшими в них посудой двумя-тремя			22121
35	на него там смотрели всею семьею в окно			22121
51	Было ли вправду все это? и если да, на кой			022211
52	будоражить теперь этих бывших вещей покой.			22221
55	возникавших из небытия пять минут спустя			2521

Следуя этой процедуре, мы получаем набор из восьмидесяти различных ритмических типов строки для стихотворения в 140 строк. Ритмический формант словораздела здесь еще не принят во внимание; если бы и он был включен в анализ, набор ритмических типов был бы, конечно, значительно больше восьмидесяти. Мы табулируем эти типы строк в связи с (а) общим числом ударений в строке и, внутри этих категорий, (б) в связи со схемой интервалов между ударениями, определяемых в последовательности от последнего интервала к начальному в строке. (В Таблице, конечно, нотация интервалов дана в той последовательности, в какой они появляются в строке, т. е. слева направо.) Нотация та же, что и в вышеприведенных примерах.

Таблица 1: Ритмические типы строк в "Келломяках"

	Ударения	Слоги	Интервалы	Номера строк
1.	6	15	212211	128
2.	6	14	022211	51
3.	6	13	021121	69
4.	6	13	012121	41
5.	6	14	022121	11
6.	6	16	222121	61
7.	5	17	222221	44
8.	5	14	22311	2
9.	5	16	22421	53, 91
10.	5	15	22321	25, 98
11.	5	13	21221	36, 106
12.	5	12	11221	122
13.	5	11	01221	6, 76, 136
14.	5	15	32221	121
15.	5	14	22221	52, 54, 55, 95, 102
16.	5	13	12221	94

Таблица 1 (продолжение)

	Ударения	Слоги	Интервалы	Номера строк
17.	5	12	02221	42, 46, 57, 68, 101, 109, 129
18.	5	13	04121	111
19.	5	15	33121	83
20.	5	14	32121	59
21.	5	13	22121	33, 35, 63, 84, 123, 125, 131
22.	5	12	12121	17, 56
23.	5	11	02121	86, 87, 132
24.	5	11	11121	77
25.	5	10	01121	30, 138
26.	5	11	20121	104
27.	5	12	22021	89
28.	5	12	02131	71
29.	5	16	22241	40
30.	5	14	02241	92
31.	5	13	01241	8
32.	5	14	01251	15
33.	5	11	02112	79
34.	5	12	21112	107
35.	5	16	02234	70
36.	5	14	01224	12, 78
37.	4	13	3411	18
38.	4	14	2521	58
39.	4	12	1421	126
40.	4	11	0421	19, 21, 38
41.	4	11	1321	14
42.	4	12	3221	4, 57, 105, 139
43.	4	11	2221	64, 93, 100, 103, 108, 112, 117
44.	4	10	1221	16, 43, 50
45.	4	9	0221	60, 110, 120
46.	4	11	3121	24, 116, 124
47.	4	10	2121	10, 80, 81
48.	4	9	1121	140
49.	4	12	2231	20, 114, 118
50.	4	11	2131	97
51.	4	14	3241	72
52.	4	13	2241	5, 31, 115
53.	4	11	0241	7, 74, 113
54.	4	13	0441	27

Таблица 1 (продолжение)

	Ударения	Слоги	Интервалы	Номера строк
55.	4	10	0141	130
56.	4	14	2251	13
57.	4	13	1251	34
58.	4	12	0251	26, 45, 137
59.	4	14	2152	47
60.	4	11	2212	99
61.	4	14	0424	28
62.	4	15	3224	23
63.	4	14	2224	1, 9, 127
64.	4	13	0234	37
65.	4	13	2214	3, 22, 62, 73, 85
66.	4	12	1214	49
67.	4	11	0214	65
68.	4	10	0114	133
69.	4	13	0135	32
70.	4	10	0105	29
71.	4	16	2136	82
72.	3	11	341	48
73.	3	10	241	96
74.	3	9	141	134
75.	3	12	324	66, 135
76.	3	11	224	75
77.	3	11	314	119
78.	3	9	114	90
79.	3	12	225	39
80.	3	11	215	88

(Следует заметить, что, поскольку все строфы в стихотворении — десятистишия, позиция каждой строки в строфе ясна из последней цифры ее номера, при этом "0" указывает на завершающую строку строфы.)

Цель первой половины настоящей работы — исследовать, имеются ли какие-либо константы, доминанты или тенденции в репертуаре вышеперечисленных строк. До сих пор мы определяли типы строк по числу входящих в каждую ударений и слогов и различием конфигураций, формируемых этими двумя характеристиками. Продолжим исследование этих характеристик по отдельности и в сочетании.

Во-первых, установим, какое количество строк попадает в различные комбинации общей суммы ударений и общей суммы слогов.

Таблица 2: Сочетания слогов и ударений

Слогов в строке	Ударений в строке 3	4	5	6	Всего строк	%140	Всего слогов
9	2	4	0	0	6	4.3	54
10	1	9	2	0	12	8.5	120
11	4	21	9	0	34	24.3	374
12	3	11	13	0	27	19.3	324
13	0	13	12	2	27	19.3	351
14	0	8	11	2	21	15.0	294
15	0	1	4	1	6	4.3	90
16	0	1	4	1	6	4.3	96
17	0	0	0	1	1	0.7	17
Всего	10	68	55	7	140	100.0	1720
%140	7.1	48.6	39.3	5.0			
(Ударных слогов	30	272	275	42	619)		

Предварительно из этих данных можно заключить, что в стихотворении не наблюдается ни строго тонического, ни строго силлабического размера, хотя дистрибуция типов строки внутри строфы должна быть рассмотрена более внимательно, прежде чем мы можем сделать заключительный вывод. Общая пропорция ударных/безударных слогов в стихотворении (и, стало быть, средняя метрическая длина слова): (619:1720) 1:2.77, т. е. среднее между ожидаемой частотой ударений для двухсложных размеров и частотой для трехсложных; фактически это близко к частоте ударности не-метрической речи. Однако абсолютного соотношения между числом ударных слогов и общим числом слогов в строке нет; есть только тенденция к большему числу ударений в длинных строках по сравнению с короткими. Переходную позицию занимают строки, содержащие 11—14 слогов и 4—5 ударений; 98 строк (70%) попадают в эту группу. Чаще других встречаются строки из 11 слогов с 4 ударениями, но в целом они составляют лишь 15% общего числа строк. Для ориентации напомним, что эта строка на один слог длиннее строки пятистопного ямба с мужским окончанием.

Анализ расположения ударений в строке можно начать с анакрузы. Из Таблицы 1 сразу видно, что в стихотворении анакруза метрически не упорядочена. Отношение анакрузы к ударности строки в целом следующее:

Таблица 3: Длина анакрузы и общее число ударений в строке

Ударений в строке	Слогов в анакрузе				Всего
	0	1	2	3	
6	4	0	3	0	7
5	24	5	23	3	55
4	20	8	30	10	68
3	0	2	4	4	10
Всего	48	15	60	17	140
% 140	34.3	10.7	42.9	12.1	100.0

Похоже, что длина анакрузы здесь не используется для того, чтобы сгладить различие между строками с четырьмя и с пятью ударениями и обусловить восприятие стиха как основного на более или менее гомогенном четырехударном размере. Все же, мы видим некоторую компенсацию по краям диапазона ударности: нулевая анакруза не встречается ни в одной из трехударных строк, в то время как четыре из шестиударных строк имеют нулевую анакрузу, а более чем двухсложная анакруза в таких строках не встречается.

Если мы теперь обратимся к интервалам в основе строки (т. е. исключая из строки анакрузу и клаузулу), мы получим следующую дистрибуцию:

Таблица 4: Интервалы в основе строки

Положение слога в строке	Слогов в интервале						
	0	1	2	3	4	5	6
Финальный	0	109	5	0	21	4	1
2-й с конца	1	18	89	9	16	7	0
3-й с конца	1	39	71	3	9	1	0
4-й с конца	1	14	45	1	1	0	0
5-й с конца	0	2	5	0	0	0	0
Всего	3	182	215	13	47	12	1
% от 473	0.6	38.5	45.6	2.7	9.9	2.5	0.2

Самой важной чертой структуры строки, которую мы здесь обнаруживаем, является то, что в не менее чем 397 из 473 интервалов в основах строк, т. е. в 84%, один или два слога; это дает нам возможность твердо классифицировать размер стихотворения как дольник. Только нулевой интервал в принципе несовместим с дольником; в интервалах от трех до шести слогов включительно можно предполагать намеренный пропуск ударений.

Есть и другие существенные характеристики версификации стихотворения "Келломяки", выявляемые в таблице интервалов. Во-первых, налицо сильная тенденция к моносиллабическому интервалу непосредственно перед окончанием строки. Таково положение в 109 строках, т. е. в 78% строк, что превосходит 75%, признаваемых большинством метристов необходимым порогом для определения метрического статуса. Во-вторых, налицо также тенденция к двум слогам во втором с конца интервале: в 89 строках (63%). Вместе взятые эти явления обозначают тенденцию к ритму -2-1- в конце строки, которая наблюдается и в ритмической эволюции стандартного русского дольника. Отметим в этой связи и то, что еще в 21 строке (15%) мы встречаем четырехсложные заключительные интервалы, что, конечно, совместимо с моделью -2-1- (при пропуске в этой модели среднего ударения получаем 4-сложный интервал). Распределение интервалов ближе к началу основы менее регулярно; тем не менее, моносиллабический интервал не является преобладающим нигде, кроме финальной позиции в строке, и пропорция, в которой двухсложный интервал преобладает над ним, возрастает от третьего к четвертому интервалу с конца (39:71 для третьего, 14:45 для четвертого интервала).

Мы узнаем больше об этом аспекте версификации стихотворения, если рассмотрим природу "метрических слов", из которых оно состоит ("метрическими словами" называются здесь группы слов, от одного и больше, несущие одно метрическое ударение). Наш текст состоит из 619 метрических слов. Их распределение показано в Таблице 5, а для сравнения приводятся данные Гаспарова (1974, стр. 175) по прозе 20 века, четырехстопному ямбу (Я4), трехстопному анапесту (Ан3) и 3-иктному дольнику с 2-сложной анакрузой (Дк3).

Таблица 5: Метрические слова в стихотворении "Келломяки", трех стихотворных размерах и в прозе

Число слогов	Ударение на	Проза	Я4	Ан3	Дк3	Келломяки
1	1	7.5	7.7	3.3	6.0	9.2
2	1	14.5	11.5	9.0	9.9	14.3
2	2	19.6	26.8	15.2	18.4	25.4
3	1	7.3	4.0	1.3	0.6	4.7
3	2	14.4	30.1	14.6	15.0	10.5
3	3	10.0	6.1	17.7	16.5	8.1

Таблица 5 (продолжение)

Число слогов	Ударение на	Проза	Я4	Ан3	Дк3	Келломяки
4	1	0.8	0.2	0.0	0.0	1.4
4	2	7.4	2.5	3.3	0.5	3.4
4	3	6.6	4.6	26.5	23.3	11.8
4	4	1.8	2.4	0.0	0.8	4.0
5	2	1.3	0.2	0.0	0.0	1.3
5	3	4.3	0.0	0.0	7.2	2.1
5	4	12.0	3.0	0.0	1.0	2.3
6	4	1.2	0.8	0.0	0.0	0.6
Другие		1.3	0.0	0.0	1.3	0.9

Здесь мы видим, что в "Келломяках" используется весьма своеобразный "ритмический словарь", не совпадающий ни с одним из приводимых для сравнения примеров в целом, но имеющий отдельные общие черты с каждым из них. Как и можно было ожидать на основании уже имевшихся в нашем распоряжении данных, ритмический словарь "Келломяк" более всего напоминает ритмический словарь Дк3, но с двумя существенными отличиями: во-первых, в "Келломяках" куда больше "ямбических" слов (2-2, двухсложных с ударением на втором слоге), которые здесь используются столь же непринужденно, как в самом Я4; во-вторых, в "Келломяках" содержится куда меньше слов 4-3, которыми богат Дк3 (а еще более Ан3). Стало быть, этот ритмический словарь тяготеет скорее к двухсложнику, чем к трехсложнику. Но еще интереснее сравнение ритмического словаря стихотворения с прозой. Похоже, что Бродский создал ритмический словарь, который деформирует "нормальную", т. е. метрически не организованную, речь куда меньше, чем это случается при употреблении более распространенных в русской поэзии размеров. Единственное действительно резкое отличие ритмики "Келломяк" от ритмики прозы — в использовании слов типа 5-4 ("великолепный"). Такие слова составляют двенадцать процентов ритмического словаря прозы, но лишь чуть больше двух процентов в стихотворении Бродского.

В свете того, что было сказано выше о ритмической структуре строки в "Келломяках", в особенности относительно тенденции к моносиллабическому последнему и двухсложному предпоследнему интервалу, неизбежно вытекает то, что распределение метрических слов в начале, в основе и в окончании строки должно быть неравномерным. Следующая таблица показывает это распределение в абсолютном числовом выражении.

Таблица 6: Распределение типов метрического слова в строке

Число слогов	Ударение на	Анакр.	Положение в строке Основа	Окончание	Всего
1	1	9	10	38	57
2	1	27	62	0	89
2	2	6	67	84	157
3	1	11	18	0	29
3	2	4	61	0	65
3	3	14	22	14	50
4	1	1	8	0	9
4	2	4	17	0	21
4	3	36	37	0	73
4	4	4	17	4	25
5	1	1	1	0	2
5	2	1	7	0	8
5	3	10	3	0	13
5	4	8	6	0	14
5	5	0	1	0	1
6	3	0	1	0	1
6	4	4	0	0	4
7	4	1	0	0	1
Всего		140	339	140	619

Ритмические последствия выбора сплошь мужских окончаний в стихотворении в высшей степени очевидны. Только четыре типа метрических слов могут попасть в финальную позицию: в 60% всех строк мы находим "ямбический" тип (2-2), в более чем четверти строк в этой позиции стоит односложное слово, и только 19 из 57 односложных слов стихотворения находятся в иных, нежели конец строки, позициях. Относительно небольшое в пропорциональном отношении число слов типа 4-3, на которое указывалось раньше, видимо, является результатом невозможности их появления в финальной позиции в строке — с допущением женских окончаний этот тип слова был бы более приемлем. Явная близость к "естественной" дистрибуции словотипов, которую мы отмечали, вероятно, прежде всего связана с отменой метрических ограничений в начале строки. Как мы видели, хотя большинство строк сопоставимо с двухсложной анакрузой (т. е. ударение падает на первый и на третий слог, или пропуск ударения на втором, или ударение на третьем слоге), но имеется и достаточно строк с односложной анакрузой, чтобы устранить ритмические ограничения, свойственные силлабо-тоническим размерам или дольникам с неизменной анакрузой.

Выше было сказано, что распределение различных типов строки в строфе может помочь пониманию метрической структуры стихотворения: если, скажем, строки, различные по числу слогов, чередуются в инвариантном порядке, тогда создается метрическая структура на уровне строфы. В Таблице 7 представлены цифры общего числа слогов в каждой из десяти строк строфы (для всего стихотворения).

Таблица 7: Распределение строк в строфе по длине

Строка в строфе	Слогов в строке								Всего	В среднем
	9	10	11	12	13	14	15	16	17		
1	0	10	11	24	52	42	15	32	0	186	13.28
2	0	0	22	24	39	84	0	16	0	185	13.21
3	0	20	33	0	65	14	30	16	0	178	12.71
4	9	0	66	24	39	14	0	0	17	169	12.07
5	0	20	55	60	26	0	0	0	0	161	11.50
6	0	0	33	24	65	42	15	0	0	179	12.78
7	0	0	55	60	26	28	0	0	0	169	12.07
8	0	10	44	24	26	42	30	0	0	176	12.57
9	0	10	44	72	13	28	0	0	0	167	11.92
10	45	50	11	12	0	0	0	32	0	150	10.70
Всего	54	120	374	324	351	294	90	96	17	1720	12.28

Из таблицы выясняется, что распределение строк по длине внутри строфы метрически не организовано. Тем не менее, наблюдается немаловажная ритмическая тенденция: кратчайшие строки сконцентрированы в конце строфы. Таким образом, и здесь мы находим подтверждение "закона облегчения стиха к концу строки и к концу строфы" (Гаспаров 1974, 470). Середина строфы, конец пятой строки, отмечена сходным образом. Первая строка строфы чуть-чуть длиннее, чем все остальные; далее строка постепенно сокращается до пятой включительно, за чем следуют две волны редукции — шестая и седьмая строки, а за ними восьмая-десятая.

Поскольку мы уже установили приблизительное соотношение между числом слогов и числом ударений в строке, можно ожидать, что профиль ударности в строфе будет отражать общую модель распределения строк по длине (слоговой). Эти данные представлены в Таблице 8.

Т а б л и ц а 8: Распределение ударений по строкам в строфе

Строка в строфе	Число ударений в строке				Всего	В среднем
	3	4	5	6		
1	0	4	6	4	70	5.00
2	0	6	8	0	64	4.57
3	0	9	5	0	61	4.35
4	1	8	4	1	61	4.35
5	2	6	6	0	60	4.28
6	2	4	8	0	62	4.42
7	0	9	5	0	61	4.35
8	2	6	5	1	61	4.35
9	2	6	5	1	61	4.35
10	1	10	3	0	58	4.14
Всего	10	68	55	7	619	4.42

Мы видим, что ударность уменьшается внутри строфы двумя волнами по пять строк; в каждой волне уменьшение задерживается в середине — на две строки в первой половине и на три во второй, во всех этих строках (т. е. строки 3, 4, 7—9) среднее число ударений 4.35. Опять-таки, и в отношении ударности, самая "облегченная" строка — последняя в строфе, а вторая по "облегченности" — пятая, заключающая первую половину строфы. Но в отличие от распределения строк по числу слогов, первая строка выделяется по ударности куда заметнее.

Распределение ударений в строфе иллюстрирует поистине двусмысленную природу "размера" стихотворения "Келломяки". Среднее число ударений на строку стихотворения — приблизительно 4.5. Исходя из этого, соблазнительно было бы определить размер как "4.5-иктный дольник"; однако вышеописанные различные сочетания ударности и слоговости в строфе не появляются в каком бы то ни было инвариантном порядке. Стало быть, не остается ничего другого, как классифицировать размер как "вольный дольник", по аналогии с общеизвестным "вольным ямбом", размером, в котором подавляющее большинство строк попадают в одну из двух категорий по количеству слогов: обычно либо четырехстопные строки сочетаются с пятистопными, либо пятистопные с шестистопными.

Теоретически возможно было бы обозначить структуру стихотворения как полиметрическую, если бы строки с определенными сочетаниями ударности и слоговости были организованы — контигуально или по повторяющейся схеме. Но как сразу видно из Таблицы 1, никакой такой последовательности не наблюдается. Есть лишь несколько нерегулярных скоплений строк с одинаковым количеством слогов или ударений. Таков, например, крупнейший в стихотворении блок из семи 13-сложных строк 31—7; имеется также блок из четырех 11-сложных строк 74—7; и три блока по три строки: 14-сложные — 11—13, 12-сложные — 66—68, 11-сложные — 86—88. Ни один из этих блоков не обладает синтаксической автономией. Что касается ударений, то крупнейшая группа из семи последовательных 4-ударных строк — это 112—118, другая последовательность семи равноударных строк встречается на переходе от строфы к строфе — 18—24. Имеется блок из пяти 5-ударных строк 52—56 и блок из четырех 4-ударных строк 26—9; четыре блока трехстрочных: 4-ударные строки 3—5, 72—4 и на переходе от строфы к строфе 80—2 и 5-ударные 77—9. Опять-таки ни одно из этих равноударных скоплений не является синтаксически автономным. Если же мы возьмем оба показателя — числа слогов и числа ударений вместе, то окажется, что более чем в двух последовательных строках идентичности по двум показателям не наблюдается. Всего же таких двустиший в стихотворении восемь: 13-сложные/ 4-ударные строки 31—2, 14-сложные/ 5-ударные — 54—5, 13-сложные/ 5-ударные — 35—6, 11-сложные/ 5-ударные — 86—7 и 11-сложные/ 4-ударные — 64—5, 99—100, 112—13 и 116—17. Из всех этих случаев только в двух встречаем в дополнение к идентичному набору слогов и ударений идентичную схему интервалов:

54 имитируя — часто удачно — тот свет во сне?
55 Воскресают, кто верует: в ангелов, в корни (лес)

(22221; 11-сложные/ 5-ударные; тип строки 15) и

86 жертву на землю, вас задушит в своих
87 нежных объятьях: ибо — не те бока

(02121; 11-сложные/ 5-ударные; тип строки 23).

Здесь можно видеть, что эти пары строк не только не образуют синтаксического единства, но даже не рифмуются. Эти два примера ярко иллюстрируют функциональное значение ритмического типа строки в структуре стихотворения: дифференцировать строки стихотворения и подавлять метрическую инерцию.

Теперь нам нужно рассмотреть распределение различных типов строки на уровне строфы. Приведем общие цифры ударений и слогов для каждой строфы.

Таблица 9: Подсчет ударений и слогов по строфам

Строфа	1 Ударений	2 Слогов	Пропорция 1—2
1	43	125	2.90
2	45	125	2.77
3	42	124	2.95
4	43	130	3.02
5	45	122	2.71
6	48	133	2.77
7	47	129	2.74
8	44	118	2.68
9	43	121	2.81
10	44	126	2.86
11	46	117	2.54
12	40	114	2.85
13	47	127	2.70
14	42	109	2.59
Всего	619	1720	2.77
В среднем	44.2	122.8	2.77

Мы видим, что на этом уровне и с использованием этих ресурсов текст метрически не организуется. Однако это не означает, что нельзя различить некоторых определенных тенденций. В целом насыщенность строфы варьируется в относительно узком диапазоне (40—48 ударений, 109—133 слога). С точки зрения общего числа слогов в строфе последняя строфа стихотворения, как и на других структурных уровнях, "самая легкая". Но, в отличие от насыщенности строк внутри отдельных строф, на строфическом уровне стихотворения в целом не наблюдается никаких волнообразных ритмических серий. Например, предпоследняя строфа — одна из наиболее насыщенных ударениями в стихотворении. Впрочем, вторая половина стихотворения (строфы 8—14) в целом легче, содержит меньше ударений, чем первая. Но из изменения пропорционального отношения числа ударений к числу слогов от строфы к строфе мы можем заключить, что на этом уровне "закон облегчения" не срабатывает. По этому признаку порядок строф будет таким: 11, 14, 8, 13, 5, 7, 2/6, 9, 12, 10, 1, 3, 4, т. е. "плотность" к концу стихотворения скорее нарастает.

Мы уже отметили ранее разительное несовпадение синтаксического и метрического членения текста у Бродского. Количественный обзор этого аспекта можно начать с рассмотрения распределения знаков препинания по отношению к строко- и строфоразделам. В Таблице 10 читатель найдет в чисто цифровом выражении различные знаки препинания, встречающиеся в концах строк. Отмечаются также строки без какой бы то ни было пунктуации. (Очевидная опечатка в *НСА*, точка в конце строки 97 перед "что" со строчной буквы, нами исправлена: мы учли здесь точку с запятой.)

Таблица 10: Заключающая строки пунктуация в "Келломяках"

Строка в строфе	.	?	;	:	—	,	Всего	Вообще без пунктуации
1	0	0	1	0	0	7	8	2
2	0	0	1	0	2	5	8	1
3	3	0	1	0	0	5	9	3
4	2	1	0	0	0	5	8	4
5	4	0	1	0	0	3	8	1
6	2	0	0	1	0	2	5	5
7	1	0	1	0	0	5	7	1
8	1	0	2	0	0	4	7	5
9	0	0	1	0	1	6	8	3
10	11	1	0	0	0	1	13	1
Всего	24	2	8	1	3	43	81	26

Мы не располагаем сравнительными показателями, необходимыми для того, чтобы по достоинству оценить эти данные, но возьмем на себя смелость предположить, что всего 81 строка из 140 (58%) с как-либо отмеченным окончанием — это низкий показатель для стихотворения со строками такой средней длины, как в "Келломяках". Это означает, что строка здесь не используется как основная метрико-синтаксическая единица, как это имеет место в силлабо-тонической поэзии. Но если не строка, то строфа сохраняет мощное синтаксическое единство: только две строфы не оканчиваются в конце последней строки (строфа XIII кончается без знака препинания и строфа IX заканчивается запятой; строфы XIV и X соответственно имеют синтаксически открытые начала). Можно заключить, что в отношении синтаксического ритма, как и в отношении размера, важнейший уровень организации — строфический. Мы могли ожидать, исходя из нормальных представлений о симметрии и, в частности, из данных, приведенных до сих пор, что чаще всего финальная пунктуация будет встречаться после финальной строки, в пятой строке каждой строфы, в середине. Так оно и оказалось, хотя и в не слишком примечательной форме — только в четырех строфах окончание пятой строфы совпадает с окончанием целого предложения. В целом Бродский избегает оканчивать предложения в первых двух строках строфы и в 7–9 строках, но существует почти абсолютное обратно-пропорциональное отношение между точками и запятыми, так что в целом степень законченности сохраняется внутри строфы все время примерно на одном уровне, вплоть до почти постоянной полной синтаксической остановки в конце строфы. Из этого можно вывести, что внутри строфы не устанавливается никакого равномерного синтаксического ритма, напротив, проявляется стремление к разнообразию и непредсказуемости среди синтаксических единиц, образовывающих в более крупном плане синтаксическое единство строфы.

Вполне возможно, что Бродский мог установить крупномасштабный синтаксический ритм на уровне текста в целом, не уловимый в рамках вышеприведенных подсчетов, т. е. путем наблюдения над пунктуацией в окончаниях строк в строфе. Соответственно мы решили рассмотреть слоговую длину грамматических предложений в "Келломяках". Из Таблицы 10 мы знаем, что всего 26 предложений оканчиваются на окончании строки (24 точки и два вопросительных знака). Еще 12 предложений оканчиваются внутри строк. Всего в тексте 38 предложений. Поскольку текст состоит из 1720 слогов (Таблица 2), средняя слоговая длина предложения — 45.26 слога. Отклонения от этой средней цифры весьма значительны: от кратчайшего предложения в 3 слога до длиннейшего — в 118 слогов. Таблица 11 показывает слоговую длину последовательных грамматических предложений с подразделением по строфам.

Таблица 11: Длина предложений в слогах

№ строфы	I	II		III		IV			V				
№ предложения	1	2	3	4	5	6	7	8	9	10	11	12	13
Число слогов	41	19	65	49	28	48	65	19	40	46	84	52	70
Кончается на строке	3	5	10	14	16	20	25	27	30	34	40	44	50

№ строфы	VI		VII		VIII			IX		X		
№ предложения	14	15	16	17	18	19	20	21	22	23	24	25	26
Число слогов	8	50	75	3	85	41	39	22	15	42	41	88	118
Кончается на строке	51	54	60	61	67	70	73	75	77	80	83	91	100

№ строфы	XI		XII		XIII			XIV				
№ предложения	27	28	29	30	31	32	33	34	35	36	37	38
Число слогов	60	57	47	67	76	7	16	35	48	17	16	21
Кончается на строке	105	110	114	120	126	127	128	131	135	137	138	140

Из Таблицы 11 сразу видно, что никакого общего "метрического" замысла в распределении предложений по длине нет. Имеется некоторое облегчение к концу: предложения 36—8 относительно кратки. Однако длиннейшее предложение (№ 26) помещено приблизительно в заключение второй трети текста. Можно усмотреть и тщательную стратегию автора в помещении кратчайшего предложения (№ 17) в начале строфы ровно в середине всего стихотворения. Это предложение состоит из одного слова ("Ничего.") и выражает тематическую идею стихотворения: *ничего* не остается в памяти поселка Келломяки после отъезда любовников.* Первые три строфы стихотворения состоят из трех предложений каждая, и в каждой короткое предложение помещено между двумя более длинными предложениями, но эта возникающая было метрическая организация синтаксиса затем оставлена. Строфы четвертая и пятая содержат по два предложения — длинное следует за коротким. Строфы шестая и седьмая начинаются с очень коротких предложений, за которыми следуют по два более длинных.

Мы рассмотрели структуру стихотворения "Келломяки", используя ряд формантов и на различных уровнях, в результате чего удалось выявить некоторые константы, доминанты и тенденции. Текст метрически организован преимущественно на уровне строфики: десятистишие со смежными сплошь мужскими рифмами — одна из констант версификации этого стихотворения. Она же служит мощной доминантой синтаксической организации стихотворения: только четыре из четырнадцати строф не являются в то же время синтаксическими единствами. На уровне строки стихотворение написано вольным дольником с непредсказуемыми сдвигами в слоговой длине и насыщенности ударениями при сохранении общего чувства соразмерности. Последовательность строк метрически не организована, однако в ритмике на этом уровне проявляются некоторые существенные тенденции: такова тенденция к установке ритма -2-1- в конце строки, что приводит к более ограниченному выбору словотипов для окончания строки, чем в начале. Относительно частое использование несовпадения конца строки с концом предложения позволяет автору избежать предсказуемой ассоциации ритма -2-1- с синтаксическим окончанием. Налицо также тенденция отмечать конец строфы "облегченными" строками и менее выявленная тенденция сходным образом отмечать пятую строку в строфе. В тех же, 10 и 5, строках наблюдается тенденция "облегчать" слоговую длину и насыщенность ударениями. Но никакого последовательного сверх-

---

* Длиннейшее предложение (118 слогов) помещено в X строфе, т. е. на него приходится "золотое сечение" пространства стихотворения.

Примечание редактора

строфического ритма, выражаемого суммой слогов или ударений в строфе или в предложении, нет.

Таким образом, версификация стихотворения Бродского "Келломяки" содержит в себе некоторые элементы, широко распространенные в структуре русского стиха. В то же время, использование строфы как основного структурирующего принципа в сочетании с выбором в качестве размера вольного дольника позволило поэту, сохраняя основное впечатление соразмерности между всеми составляющими произведения, подавить развитие обычной метрико-синтаксической инерции.

Литература

Гаспаров, М. Л. 1974. *Современный русский стих. Метрика и ритмика.* Москва: Наука.

Smith, G. S.
1982. "The Versification of Joseph Brodsky." Paper read at Modern Languages Association Annual Meeting, Los Angeles, December 1982 (unpublished).
1985. "The Metrical Repertoire of Shorter Poems by Russian Emigres, 1971-1980." *Canadian Slavonic Papers,* 28, no. 4, 385-99.

Джейн НОКС
США

ИЕРАРХИЯ *ДРУГИХ* В ПОЭЗИИ БРОДСКОГО

Критиков и просто знакомых Иосифа Бродского, в прошлом ленинградца, а нынче обитателя Гринич Вилидж, всегда поражал тот факт, что "изгнанничество" было постоянной чертой его духовного облика. Задолго до выдворения из отечества *отчуждение* стало естественной поэтической реакцией Бродского на окружающий мир. Многие современные литературоведы выдвигают положение о том, что внутренний монолог и мысли художника каузально связаны с политическими обстоятельствами его жизни и что его художественные установки сами по себе есть идеологический диалог с этими обстоятельствами. Это кажется особенно верным для тоталитарных стран, с их тяжеловесной политикой. Джордж Стайнер в статье "С восточной точки зрения" пишет: "Вся русская литература (за очевидным исключением литургических текстов) по существу политическая... Русский шедевр существует вопреки режиму. Он приводит к подрывным действиям, к иронических иносказаниям, к прямому вызову или двусмысленному компромиссу с подавляющим аппаратом власти..."[1]

Использование того или иного политического ярлыка для классификации писателя, реагирующего на неприемлемое окружение, допустимо во многих случаях, но в случае поэта Бродского даже сам термин "политическое" не вполне подходит: он не только не определяет истинную природу поэтической реакции, но и не вполне проясняет ту альтернативную реальность, которую художник создает для самого себя. Его поэзия есть выражение той внутренней речи, которая отражает диалогическое взаимодействие с внешним культурно-социальным миром во всей его полноте, а не в одном лишь политическом аспекте. Сам Бродский не раз отвечал на вопрос, является ли его поэзия чисто политической. В статье, которую он написал для "Нью-Йорк Таймс Мэгэзин" вскоре по приезде в США, он заявлял: "Я не верю в политические движения, я верю в личные движения, в движения души — когда человек смотрит на самого себя и устыжается так, что производит какое-то изменение — внутри себя, не вовне".[2]

Исследуя крайне индивидуалистическую и субъективную поэзию

Бродского, убеждаешься в том, что он ведет диалог не просто с неким конкретным *другим* (или политической системой), а с куда более обширной историко-культурной действительностью. Бродский таким образом определяет свой психологический протест против окружающего: "Поэт наживает себе неприятности в силу своего лингвистического и, стало быть, психологического превосходства, а не по политическим причинам. Песнь есть форма лингвистического неповиновения, и ее звуки ставят под сомнение не только политическую систему, но весь существующий порядок вещей".[3]

В поэзии Бродского можно наблюдать несколько фаз отчуждения, отражающих постепенный разрыв с обществом в борьбе за самоопределение как поэта. В первый период его поэтической деятельности, в начале шестидесятых годов, т. е. до того, как "сознание полностью овладело искусством остранения",[4] он написал несколько стихотворений, бросающих прямой вызов советскому образу жизни. В одном из них, "Глаголы", изображается бесцветное общество людей, стремящихся построить новый град, но выстраивающих лишь "одиночеству памятник". Гудящий, монотонный ритм городской жизни выражен здесь многими средствами, например, назойливым повторением в начале стихотворения звукосочетаний *гол* и *гла*. Образ безликих "глаголов", занятых замесом цемента, вызывает в памяти образы муравейника и курятника в "Записках из подполья" Достоевского. Изображение общества как трусливого стада, напоминающего "полых людей" Элиота, постепенно становится обычным в стихах Бродского. Правда, в более поздних вещах оно подчас скрыто под какой-либо маской, например, древней империи в "Post Aetatem Nostram".

Разительный контраст сомнамбулическим массам в упомянутом стихотворении представляют другие "глаголы", ютящиеся на периферии жизни общества,

> ...которые живут в подвалах,
> говорят — в подвалах,
> рождаются — в подвалах
> под несколькими этажами
> всеобщего оптимизма.[5]

(Что снова возвращает нас к образу "подпольного человека"!) В конце стихотворения эти "глаголы"-отщепенцы "восходят на Голгофу".

В "Стихах под эпиграфом" смелый Юпитер (поэт) противопоставлен тупым "быкам". Он должен нести свой крест в одиночку: "Будь одинок, как перст!.." Снова и снова Бродский отождествляет мученичество поэта в обществе со страстями Христовыми. Ощущение психологического превосходства Бродский распространяет не только на богоподобных отщепенцев своих стихотворений, но и на судьбу всех писателей вообще, в особенности русских писателей. Это подтверждается и его публицистическими заявлениями: "Ощущение превосходства приобретается довольно легко. Ведь работать приходится против столь очевидно вульгарных идей и представлений. И государство, которое там возвеличивается, становится естественным врагом".[6]

Этот "враг" мелькает повсеместно в поэзии Бродского доэмигрантского периода, замаскированный то имперским наместником в *"Anno Domini"* (1968), то римским цезарем в "Письмах к римскому другу" (1972), то вурдалаком в "Почти элегия" (1968).

Итак, поэзия Бродского с самого начала была насыщена образами политической действительности. Даже его попытки отвернуться от этой действительности, уйти в мир книг были своего рода реакцией на нее.

В эссе "Меньше, чем единица" поэт пишет: "Искусство есть альтернативная форма существования, [где] цивилизация есть нечто большее, чем ежедневный хлеб и еженощное объятие".[7] Сходное высказывание мы находим в воспоминании о Надежде Мандельштам: "Действительность сама по себе не стоит ни черта. Лишь восприятием выдвигается она в значащую степень. И существует иерархия восприятий (а, следовательно, и значений), где те, что прошли сквозь самые чувствительные и утонченные призмы, занимают главенствующее положение. Утонченность и чувствительность придаются этим призмам источником их поставки — культурой, цивилизацией, чье главное орудие — язык".[8]

В процессе развития поэтической чувствительности Бродский затевает диалог с голосами, отделенными от него временем и пространством: с поэтами — Джоном Донном, Т. С. Элиотом, У. Х. Оденом, Чеславом Милошем, Осипом Мандельштамом, Баратынским, Пушкиным, с великими философами: Кантом, Кьеркегором, Шестовым.

В предисловии к книге "Новые русские поэты о поэзии" он выдвигает идею о том, что поэтическое мышление есть интуитивно "синтетическое мышление", когда "поэт крадет направо и налево и при этом не испытывает ни малейшего чувства вины".[9] С этой точки зрения культура есть органическая составная часть личности — человек есть то, что он читает, что он знает. Как носитель культуры человек неотделим от этого багажа, не может быть от него отделен даже изгнанием. "Это невозможно, — утверждает Бродский, — это возможно лишь в сознании гонителей".[10] Таким образом реальным планом в поэзии Бродского является культура, т. е. структура куда более сложная, чем просто политический диалог. Различные уровни подтекста, осуществляемые в стихах Бродского, усиливают диалогичность. В "Einem alten Architekten in Rom", например, поэт едет в коляске по мокрым улицам Кенигсберга, беседуя с *тенью*, каковой по всей видимости является философ Кант. В этом смысле поэтическое слово Бродского вполне соответствует идеям Бахтина о диалогическом отношении между писателем и его миром, когда внутри поэтического слова "диалогически сталкиваются два голоса".[11] Как было сказано выше, голос Достоевского легко прослушивается в высказывании: "Глаголы, которые живут в подвалах,/ говорят — в подвалах, рождаются в подвалах/ под несколькими этажами/ всеобщего оптимизма".

Сходным образом мы ощущаем двухголосие подпольного человека в начале стихотворения "Разговор с небожителем" (1970), в котором лирический герой одновременно заявляет о своем богоданном даре и, в то же время, смотрит на себя сверху вниз, как на простого смертного: он, подобно суетливой мыши, грызет этот дар, родной язык:

> Здесь на земле,
> где я впадал то в истовость, то в ересь,
> где жил, в чужих воспоминаньях греясь,
> как мышь в золе,
> где хуже мыши
> глодал петит родного словаря,
> тебе чужого; где, благодаря
> тебе, я на тебя взираю свыше.[12]

Характерные образы и фразы, используемые Бродским в этом отрывке, семантически совпадают с отношением к языку антигероя "Записок из подполья", который жалуется на неадекватность своей речи и свою болезненную человечность и представляется сам себе "обиженной, прибитой и осмеянной мышью", которая то ли по болезни, то ли из-за сверхчувствительности провела сорок лет в "мерзком, вонючем подполье", где "поневоле кругом нее набирается какая-то роковая бурда, какая-то вонючая грязь, состоящая из ее сомнений, волнений".[13] Хотя Бродский и сравнивает себя с такой жалкой мышью, ясно, что в отличие от повествователя у Достоевского, лирический герой стихотворения сознает свое ничтожество только в отношении к небожителю, но не к обществу. В присутствии столь совершенного адресата поэт только и может, что вгрызаться в слова, — полностью постичь и объяснить это существо он не в состоянии. Напротив, персонаж Достоевского прямо полемизирует с господами "современниками, читателями и сподвижниками Чернышевского".

Начальные строфы "Разговора с небожителем" обогащены диалогом и с другими поэтми прошлого. Подобно лермонтовскому "Ангелу", герой Бродского сброшен с небес на землю, где он влачит жалкое существование: все еще слыша в своем сознании звуки, дарованные Богом, он не способен выразить их иначе, как мышиным поскребыванием. В четвертой и пятой строфе возникает диалог с пушкинским "Пророком", в котором Бог призывает поэта, повергает его ниц в пустыне, с тем чтобы вновь поднять и отправить "глаголом жечь сердца людей". Лирический герой Бродского скорее готов вернуть свой дар, чем "жечь сердца людей":

> Не стану жечь
> тебя глаголом, исповедью, просьбой,
> проклятыми вопросами — той оспой,
> которой речь
> почти с пелен
> заражена — кто знает — не тобой ли;
> надежным, то есть, образом от боли
> ты удален.[14]

Семантическая позиция поэта здесь, прежде всего, определяется тем, что его высказывания обращены не к людям, но к Богу, Высшему Собеседнику. Более того, словарь стихотворения свидетельствует, что, хотя язык поэта и "заражен" Богом с пелен, образы, порожденные его сознанием, все равно ничтожны по сравнению со священным образом Бога. Поэтому торжественный язык архаизмов, церковнославянизмов, придающий пушкинскому стихотворению его возвышенное звучание, перемешан в "Разговоре с небожителем" вульгарными образами суровой действительности. Сравнение человеческой речи с оспой, заражающей сознание поэта, отражает крайне скептическое и двусмысленное мнение по поводу возможности хотя бы ограниченного диалога с Богом. Противопоставленный оптимистическому и уверенному тону Пушкина, текст Бродского выявляет, какую колоссальную пропасть ощущает поэт между собой и Богом, высочайшим из всей возможной иерархии *других*.

Возможные подтексты "Разговора с небожителем" не ограничиваются литературой. Весьма неортодоксальное использование христианских мотивов в стихотворении связано с увлечением Бродского двумя религиозными мыслителями-экзистенциалистами, Сереном Кьеркегором (1813–1855) и Львом Шестовым (1866–1938). И Кьеркегор, и Шестов считали, что величайшие диалоги возникают в моменты полнейшего несчастья и отчаяния, когда жизнь освобождается от всех несущественных элементов. Например, в солидном, комфортабельном Копенгагене Кьеркегор считал необходимым, как он говорил, "повсюду создавать трудности, чтобы вырваться из защитной оболочки благорасположенной толпы".[15] Так в эссе "Эта личность. Две заметки касательно моей литературной работы" читаем:

> Ибо "толпа" есть неправда... Св. Павел учит, что цель достигается лишь в одиночку... И это опять-таки значит, что каждый должен остерегаться иметь дело с "другими", но беседовать главным образом лишь с Богом и самим собой...[16]

Сходным образом Шестов утверждает, что путь к истине не прямой, а в объезд, "через безобразие".[17] В раннем очерке "Все дозволено" Шестов ставит перед нами вопрос, на который стихотворение Бродского отвечает утвердительно:

> На рынке, в толпе, не спит ли человек глубочайшим сном? Не в уединении ли совершается самая живая духовная деятельность?[18]

И в "Разговоре с небожителем", и в десятой главе "Горбунова и Горчакова" ("Разговор на крыльце") лирические герои ищут адресата в высших сферах, за пределами угрюмого ландшафта, в котором они пребывают. Отвечая своему приземленному товарищу и доносчику Горчакову, Горбунов жалуется на отсутствие более серафического собеседника:

> (Горч.) "Как птица вылетает из гнезда,
>   гонимая заботами о харче".
> (Горб.) "Восходит над равниною звезда
>   и ищет собеседника поярче".[19]

Принадлежа к иудео-христианской традиции, и Бродский, и Шестов демонстрируют связь с Богом Ветхого Завета, равнодушным к страданию судией. В книге "Афины и Иерусалим", одной из своих поздних работ, выражающих его религиозные взгляды во всей сложности, Шестов цитирует Жильсона, который утверждает, что нельзя приписывать Богу такие человеческие черты, как жалость, обиду, смягчение:

> Безусловно иудео-христианский Бог не похож на богов греческой мифологии. Он не испытывает гнева или сожаления; Его внутреннее бытие не более огорчено нашими оскорблениями, чем обрадовано нашими хвалами.[20]

"Разговор с небожителем" по-новому определяет привычные основы христианства, отказываясь от традиционного обращения к Богу в форме молитвы. Как бы соглашаясь с Шестовым, Бродский подчеркивает просторность молчания, отделяющего человека от Бога. Оно столь просторно, что ни насмешки человека, ни его мольбы о пощаде не получают ответа, в диалоге с Богом ответа ждать не приходится:

> Не стану ждать
> твоих ответов, Ангел, поелику
> столь плохо представляемому лику,
> как твой, под стать,
> должно быть, лишь
> молчанье — столь просторное, что эха
> в нем не сподобятся ни всплески смеха,
> ни вопль: "Услышь!"[21]

Содержание этой строфы становится яснее в свете слов Шестова о том, что "Бог не оправдывается, не доказывает, не аргументирует, т. е. проводит Свои Истины совсем не теми путями, какими их проводит метафизика".[22] "Афины и Иерусалим" целиком построены на полемическом противопоставлении знания вере. Следуя Кьеркегору, Шестов противопоставляет личное откровение знанию: человек не может получить исчерпывающие ответы на загадки бытия, следовательно, он должен принять свою судьбу на веру, в духе Авраама и Иова. Такова фундаментальная семантика образа голубя, который не возвращается в ковчег и "почты в один конец" в "Разговоре с небожителем". Оба образа иллюстрируют "взаимо"-отношения поэта с Главным Собеседником. В диалоге со Всевышним ему ничего не остается, кроме как обращаться к Нему без надежды на ответ.

В главной теме "Разговора с небожителем" звучат экзистенциальные голоса Шестова и Кьеркегора. Как бы ни протестовал человек против боли и страдания, он в конце концов оставлен один на один с молчанием и неизбежностью того факта, что "боль — не нарушенье правил", как сказано в стихотворении. Страдание и отчаяние в естественном порядке вещей, вопреки оптимистическим обещаниям счастья и материального благополучия, раздаваемым политиками.

Используя прошлое как своего рода призму, через которую он пропускает свой голос, Бродский устанавливает огромную дистанцию между собой и своими сегодняшними собеседниками. В этом отношении он, конечно, не исключителен. Еще Мандельштам писал:

> Страх перед конкретным собеседником, слушателем из "эпохи", тем самым "другом в поколении", настойчиво преследо-

вал поэтов во все времена. Чем гениальнее был поэт, тем в более острой форме болел он этим страхом.[23]

Мандельштам также полагал, что прямое "обращение к конкретному собеседнику обескрыливает стих, лишает его воздуха, полета".[24] Неудивительно, что Бродский в стихотворении *"Nature Morte"* предпочитает обращаться к вещам, а не к человеческим лицам:

> Внешность их не по мне.
> Лицами их привит
> к жизни какой-то не-
> покидаемый вид.
>
> Что-то в их лицах есть,
> что противно уму.
> Что выражает лесть
> неизвестно кому.[25]

Куда более приемлемо обращаться со своим посланием к адресату, чьи черты стерты пространством или временем. Так письмо отправляется в бутылке, брошенной за борт, с тем чтобы его прочел далекий потомок ("Письмо в бутылке", 1965), или, напротив, "написано" в далеком прошлом ("Письма римскому другу", 1972).

Стихотворения Бродского середины и конца шестидесятых годов представляют новую степень отчуждения. Читатель находит здесь отстранение поэта не только от "еженощного объятия", но и от собственного творческого "я". Поэтическая муза Бродского (русский язык), иногда изображаемая им в неясных неземных женственных чертах, становится еще неуловимее. Критически оценивая собственный творческий процесс, Бродский описывает некий "застой", состояние опустошения, "период засухи, который ничего не имеет общего ни с политическим давлением, ни с цензурой".[26] Соответственно говорит он и о "параличе", "духовной выхолощенности": это приходит, и "голос Музы затихает".[27] Словно сознание поэта в эти периоды настолько затопляется голосами и высказываниями других, что собственный голос теряется и наступает молчание. Чувством такого мертвенного молчания и обширной пустоты проникнуты вступительные строфы *"Nature Morte"* (1971), где лирический герой молчаливо обозревает жизнь, редуцированную до ее элементарной ("пыльной") сущности, жизнь, с которой сняты все культурные напластования. Это ощущение взвешенности в беззвучной пустоте, без привязанности к какому-либо месту, личности, вещи, пронизывает многие позднейшие стихотворения. Особенно сильно оно в стихах заграничного периода, когда поэт потерял "память, отчизну, сына" и должен писать "ниоткуда" ("Лагуна", 1973; "Ниоткуда с любовью", 1975).

Каким бы предельным ни было чувство изоляции и каким отчужденным ни чувствовал бы себя писатель, он не может существовать без читателя. Бахтинская аксиома "*Быть* — значит *общаться*. [...] Быть — значит быть для другого и через него — для себя"[28] приложима к этому поэту так же, как и к любому другому. Несмотря на явное пренебрежение к своим непосредственным читателям, Бродский время от времени признает, что должен быть кто-то, к кому обращены его слова. Необходимость в слушателе становится еще острее для поэта, который пишет на языке, понятном в его окружении лишь немногим. В эссе "О Дереке Уолкотте" он пишет: "Отсутствие отклика извело разных поэтов и разными способами, но результат был всегда один — это злосчастное равнодействие — или тавтология — причины и следствия: молчание".[29] Непрочная, хотя и необходимая, связь между писателем и читателем, вероятно, лучше всего отражена Бродским во взаимоотношениях любви-ненависти между Горбуновым и его конфидантом-приятелем-доносчиком Горчаковым из поэмы "Горбунов и Горчаков" (1965—1968). С кем же беседует поэт, если говорить с другими людьми, с Богом и с голосами прошлого становится все невозможнее? Кто способен стать его собеседником? Чье присутствие столь ощутимо, что поэт может продолжать диалог даже из глубин собственного молчания?

Рассмотрение последнего сборника стихов Бродского, в котором собраны вещи за двадцать лет, раскрывает такого адресата уже в самом названии — "Новые стансы к Августе. Стихи к М. Б., 1962—1982". Как и для английского поэта-метафизика Джона Донна, источником вдохновения во многих случаях для Бродского была любовь к некой женщине, связь с которой состояла не столько в конкретном физическом союзе, сколько в интеллектуальном, духовном единстве, преодолевающем время и пространство. Для этих стихотворений характерна перспектива некоего "стереоскопического" умозрения, в котором внутренний дискурс всегда оформляется и контролируется присутствием молчаливого и невидимого партнера. Вера Бродского в эти метафизические свойства любви чувствуется не только в стихах, посвященных М. Б., но и в его прозаических рассуждениях о любви. Так в очерке "Надежда Мандельштам" мы читаем:

> ...сама по себе любовь есть самое элитарное из чувств. Она обретает стереоскопичность и перспективу только в контексте культуры, ибо она гнездится в сознании, а не в постели. Вне этого контекста она сводится к простому трению.[30]

Для стихов, посвященных М. Б., характерна сложная геометрическая образность и множество иносказаний, чем и выражается двойственная и нематериальная природа любви. В поэме "Горбунов и Горчаков", например, образ подковы для главного героя, Горбунова, связан с чувством любви к жене, с которой он давно разлучен. Эта распространенная на несколько строф метафора напоминает знаменитый иносказательный образ компаса в "Прощальной речи, запрещающей оплакивание" Джона Донна (однажды переведенной Бродским). Там две стрелки компаса очерчивают воображаемую кривую, соединяющую разлученных. В поэме Бродского разлученные любовники предстают как два поля подковообразного магнита, между которыми создается "второе поле силовое". Отделенный от жены стенами сумасшедшего дома, Горбунов чувствует ее невидимое присутствие. В одиночестве беседуя с ночными звездами, он, тем не менее, участвует в дуэте:

> ...когда одни уста наперебой
> поют двоих в отсутствии алькова?
> Я сам слежу за собственной губой.
> Их пополам притягивает слово.
> Я круг в сеченьи. Стало быть, любой
> Из нас двоих — магнитная подкова.

Образ подковы намекает на то, что тело, в данном случае — губы, т. е. то, что для поэта важнее всего остального, есть лишь хрупкий слепок чего-то более великого, невидимого целого. Этот образ вызывает также в памяти "Нашедший подкову" Мандельштама, где предшественник Бродского так же соединяет образы подковы и губ, где эти же фрагментарные, расчлененные образы передают нечто, что продолжает существовать за строгими пределами их физических форм — ритмичный стук копыт и человеческий голос.

В том же ключе геометрический образ треугольника, образованного пересечением устремленных вверх взглядов двух любовников, образ, который развивается на протяжении всего стихотворения "Пенье без музыки" (1970). И здесь элитарная сущность любви поэта находится в прямой пропорциональной зависимости от расстояния, разделяющего возлюбленных. Из-за выпуклости земли, чем дальше расстояние, тем выше вершина треугольника:

> Так двух прожекторов лучи,
> исследуя враждебный хаос,
> находят цель свою в ночи,
> за облаком пересекаясь.[31]

"Шесть лет спустя" (1969), наиболее интимное из стихотворений Бродского и, возможно, самое трогательное из написанных по-русски стихов о любви, показывает, что, помимо безликой толпы, все же есть *другие,* для которых и к которым пишет поэт. Это круг интимных друзей, чьими усилиями и поддерживается вечная связь двух любовников:

> Так долго вместе прожили без книг,
> без мебели, без утвари, на старом
> диванчике, что — прежде, чем возник —
> был треугольник перпендикуляром,
> восставленным знакомыми стоймя
> над слившимися точками двумя.[32]

Заключительная метафора двойных дверей, закрытых для внешнего мира, но открытых по ночам для любовников, дверей, через которые можно "выйти в будущее", проясняет природу крепчайшей связи между этими двумя *другими.*

ПРИМЕЧАНИЯ

1. George Steiner, "Under Eastern Eyes," *The New Yorker,* Oct. 11, 1976, p. 159.
2. Joseph Brodsky, "Says Poet Brodsky, Ex of the Soviet Union: "A Writer is a Lonely Traveler, and No One is His Helper," trans. Carl Proffer, *New York Times Magasine,* Section 6, Part 1, October 1, 1971, p. 79.
3. Joseph Brodsky, Introduction to *50 Poems of O. Mandelstam,* trans. B. Meares (New York: Persea Books, 1977), p. 79.
4. Joseph Brodsky, "Less Than One," *New York Review of Books,* September 27, 1979, p. 32.
5. Иосиф Бродский, *Стихотворения и поэмы,* New York: ILLA, 1965, p. 72.
6. Quoted by Richard Eder, in "Joseph Brodsky in U. S. Poet and Language in Exile," *The New York Times,* March 25, 1980, p. 2.
7. Brodsky, "Less Than One," p. 47.
8. Joseph Brodsky, "Nadezhda Mandelstam," *The New York Review,* March 5, 1981, p. 4.
9. Joseph Brodsky, Preface to *Modern Russian Poets on Poetry,* ed. Carl Proffer (Ann Arbor, Ardis, 1976), p. 7.
10. Transcript of a recorded lecture given by Joseph Brodsky at Bowdoin College, Brunswick, Maine, April 14, 1977.
11. М. М. Бахтин, *Проблемы поэтики Достоевского,* Москва, "Художественная литература", 1972, стр. 315.
12. Иосиф Бродский, *Конец прекрасной эпохи* (Ann Arbor: Ardis, 1977), стр. 61.
13. Ф. М. Достоевский, *Записки из подполья,* London: Bradda Books, 1960, стр. 8.
14. Бродский. *Конец прекрасной эпохи,* стр. 61–62.
15. Søren Kierkegaard, "The Point of View," quoted in *Existentialism from Dostoevsky to Sartre,* ed. Walter Kaufman (New York: World Publishers, 1956), p. 85.
16. Søren Kierkegaard, " 'That Individual': Two Notes Concerning My Work as an Author," quoted in *Existentialism from Dostoevsky to Sartre,* p. 92.

17. Лев Шестов, *Апофеоз беспочвенности*, Paris: Ymca-Press, 1971, стр. 150.
18. Ibid.
19. Иосиф Бродский. *Остановка в пустыне*. Нью-Йорк: изд. им. Чехова, 1970, стр. 206.
20. Лев Шестов, *Афины и Иерусалим*, Paris:YMCA-Press, 1951, стр. 180.
21. Бродский, *Конец прекрасной эпохи*, стр. 62.
22. Шестов, *Афины и Иерусалим*, стр. 157.
23. Осип Мандельштам, *Собрание сочинений в 3 томах*, т. 2, Нью-Йорк: МЛС, 1971, стр. 237.
24. Ibid.
25. Бродский, *Конец прекрасной эпохи*, стр. 109.
26. Brodsky, "Says Poet Brodsky...," p. 87.
27. Ibid., pp. 82–84.
28. М. М. Бахтин. *Эстетика словесного творчества*, Москва: "Искусство", 1979, стр. 312.
29. Joseph Brodsky, "On Derek Walcott," *The New York Review*, November 10, 1983, p. 41.
30. Brodsky, "Nadezhda Mandelstam," p. 4.
31. Иосиф Бродский, *Конец прекрасной эпохи*, стр. 79.
32. Иосиф Бродский, *Новые стансы к Августе* (Ann Arbor: Ardis, 1983), стр. 95.

Джеральд ЯНЕЧЕК
США

БРОДСКИЙ ЧИТАЕТ "Стихи на смерть Т. С. Элиота"

Всякий, кто слышал, как Иосиф Бродский читает собственные стихи, был поражен его манерой декламации, почти распевной и столь непохожей на преобладающие стили устного исполнения стихов: ораторский в духе Маяковского, более традиционный сдержанно-интимный лирический стиль Ахматовой или театральный стиль, который скрадывает стиховые элементы в стихе в пользу "естественной", "выразительной", прозаической манеры чтения.

Манера чтения Бродского раскована и рассчитана на публику, как ораторская, но значительно более музыкальная, едва ли не мелодическая в значении более точном, чем придавал этому термину Эйхенбаум.[1] Триптих "Стихи на смерть Т. С. Элиота" является одновременно типичным примером декламационного стиля Бродского и классическим случаем соотношения просодических и мелодических элементов, что и делает его превосходным материалом для нашего анализа.

СТИХИ НА СМЕРТЬ Т. С. ЭЛИОТА

I

Он умер в январе, в начале года.
Под фонарем стоял мороз у входа.
Не успевала показать природа
ему своих красот кордебалет.
От снега стекла становились уже.
Под фонарем стоял глашатай стужи.
На перекрестках замерзали лужи.
И дверь он запер на цепочку лет.

Наследство дней не упрекнет в банкротстве
семейство Муз. При всем своем сиротстве,
поэзия основана на сходстве
бегущих вдаль однообразных дней.
Плеснув в зрачке и растворившись в лимфе,
она сродни лишь эолийской нимфе,
как друг Нарцисс. Но в календарной рифме
она другим наверняка видней.

Без злых гримас, без помышленья злого,
из всех щедрот Большого Каталога
смерть выбирает не красоты слога,
а неизменно самого певца.
Ей не нужны поля и перелески,
моря во всем великолепном блеске.
Она щедра, на небольшом отрезке
себе позволив накоплять сердца.

На пустырях уже пылали елки,
и выметались за порог осколки,
и водворялись ангелы на полке.
Католик, он дожил до Рождества.
Но, словно море в шумный час прилива,
за волнолом плеснувши, справедливо
назад вбирает волны — торопливо
от своего ушел он торжества.

Уже не Бог, а только время, Время
зовет его. И молодое племя
огромных волн его движенья бремя
на самый край цветущей бахромы
легко возносит и, простившись, бьется
о край земли. В избытке сил смеется.
И январем его залив вдается
в ту сушу дней, где остаемся мы.

II

Читающие в лицах, маги, где вы?
Сюда! И поддержите ореол:
Две скорбные фигуры смотрят в пол.
Они поют. Как схожи их напевы!
Две девы — и нельзя сказать, что девы:
не страсть, а боль определяет пол.
Одна похожа на Адама впол-
оборота. Но прическа — Евы...

Склоняя лица сонные свои,
Америка, где он родился, и,
и Англия, где умер он, унылы,
стоят по сторонам его могилы.
И туч плывут по небу корабли.

Но каждая могила — край земли.

III

Аполлон, сними венок.
Положи его у ног
Элиота, как предел
для бессмертья в мире тел.

Шум шагов и лиры звук
будет помнить лес вокруг.
Будет памяти служить
только то, что будет жить.

Будет помнить лес и дол.
Будет помнить сам Эол.
Будет помнить каждый злак,
как хотел Гораций Флакк.

Томас Стернс, не бойся коз!
Безопасен сенокос.
Память — если не гранит —
одуванчик сохранит.

Так любовь уходит прочь.
Навсегда. В чужую ночь.
Прерывая крик, слова.
Став незримой, хоть жива.

Ты ушел к другим. Но мы
называем царством тьмы
этот край, который скрыт.
Это ревность так велит!

Будет помнить лес и луг.
Будет помнить всё вокруг.
Словно тело — мир не пуст! —
помнит ласку рук и уст.

12. I. 1965

Структура декламации этого стихотворения Бродским удивительно точна в своих мелодических очертаниях. Каждая строфа Части 1 и 2 артикулируется по идентичной модели, лишь с незначительными вариациями. В музыкальной нотации основная мелодическая схема (точно говоря, в нашей записи дана мелодия, извлеченная из второй строфы) выглядит так:

Во всех строфах, за исключением первой, затакт, использующий тон, которым заканчивается предыдущая строфа, приводит к сильной доле (2) ходом на кварту или квинту вверх. Этот звук становится основным тоном распева (тенор), который по ходу чтения строфы повышается на три полутона (3, 4, 5), т. е. на малую терцию (5) выше первоначального основного тона. На каком-либо значительном слове предпоследней или последней строки в строфе тон мгновенно падает на квинту вниз (6) и затем возвращается к основному тону (7), удерживаемому вплоть до завершающей каденции (8), 9, 10). Фигура (6–7) служит предкаденционным сигналом и намечает тонику: тоны (6) и (10) идентичны (ДО малой октавы). В музыкальном отношении эта каденция весьма гармонична в своем движении от квинтового тона (7) через терцовый тон минора (8) и секунду (9) к тонике. В приведенном примере каденция звучит в до миноре. Подчеркнутое присутствие в каденции секунды делает ее менее финальной, чем движение от квинты к тонике, и, все же, некое финальное звучание обеспечивается, хотя, в то же время, сохраняется и возможность продолжения. Эта модель соблюдается с такой регулярностью, что, даже не видя стихотворения напечатанным в строфической форме, просто слушая Бродского, можно безошибочно предсказывать окончания строф. Дело здесь не в паузах, а в мелодическом рисунке. Каждая строфа Части 1 и 2 повышается от начального тенора (2) через три полутона к (5) и, за исключением легкой вариации в седьмой строфе, заканчивается каденцией такой же конфигурации, как в приведенном примере. Строфы Части 3 однако не имеют предкаденционной фигуры (6—7). Важными тонами в строфах являются следующие (нумерация вышеприведенного примера):

Строфа	(2)	(5)	(8)	(9)	(10)	Тональность
I 1	РЕ	ФА	ДО	СИ	ЛЯ[4]	ля минор
2	МИ	СОЛЬ	МИ-бемоль	РЕ	ДО	до минор
3	ФА-диез	ЛЯ	ФА	МИ	РЕ	ре минор
4	СОЛЬ	СИ-бемоль	СОЛЬ-бемоль	ФА	МИ-бемоль	ми-бемоль минор
5	СОЛЬ-диез	СИ	СОЛЬ	ФА-диез	МИ	ми-минор
II 6	СОЛЬ	СИ-бемоль	СОЛЬ-бемоль	ФА	МИ-бемоль	ми-бемоль минор
7	СОЛЬ	СИ-бемоль	ФА-диез	РЕ-МИ	РЕ	ре минор

Можно наблюдать повышение тона (2) на целые тона или полутона на протяжении первых пяти строф, что сопровождается повышениями остальных тонов до конца строфы. Именно эта своего рода модуляция создает великолепную кривую усиливающегося напряжения к высшей точке СИ в тоне (5) в пятой строфе. Две строфы Части 2 показывают ослабление напряжения и легкое понижение позиции тона к заключительной каденции в седьмой строфе, которая в структуре стихотворения возвращает нас (mirabile dictu!) к тону РЕ, с которого стихотворение начинается, завершая таким образом стройный модуляционный круг. Эта последняя каденция может быть записана так:

Но каж- да-я мо-ги- ла край зем-ли.

(Уж не абсолютный ли слух у Бродского?)

Часть 3 имеет другую, хотя и соотнесенную с предшествующей, структуру. Отдельные катрены не имеют финальных каденций, но как бы группируются в мелодическую арку с каденцией лишь в последнем катрене. Внутри этой арки имеются структурные подразделения. Постепенное повышение звука на полутона́, как в (2—5) в первой схеме происходит на пространстве двух катренов, а затем понижается на полутон перед тем, как начать новое двухкатренное повышение, за которым следует другое понижение, пока, наконец, до-диез (или ре-бемоль), высший тон всего стихотворения не достигнут в тринадцатой строфе. Заключительная каденция четырнадцатой строфы:

Пом- нит лас- ку рук и уст

т. е. каденция в фа миноре. Стихотворение в целом оказывается в ре миноре с финальной повышающейся каденцией на терцовом тоне (ФА). Музыкальные детали этой конструкции весьма замечательны, хотя, возможно, слишком техничны, чтобы здесь в них углубляться.

Важно иметь в виду, что стихотворение не поется, а интонируется или распевается, так что описанные здесь тоны не так точны и постоянны, как было бы в настоящей песне. Есть срывы и соскальзывания с основных тонов. Предшествующее описание основано лишь на легко распознаваемых мелодических признаках.

Хотя не исключено, что эта форма распева, состоящая из повышающихся полутонов, связана с православной литургией, в которой таким образом произносимые евангельские тексты повышаются более, чем на октаву (Бродский делает почти то же самое, но каденцированными группами от РЕ к верхнему ДО-диез, впрочем, никогда не достигая верхнего РЕ), однако скорее это приходит естественно в процессе распева, интенсивность которого непрерывно нарастает.

Особенно любопытна конфигурация каденций. В работах Бунинга и Ван-Скунефельда, Брызгуновой, Гардинера[5] указывалось на значительную регулярность интонационной каденции от квинты к тонике и также на ее весьма вероятную связь с развитием западной музыкальной мелодики и гармонии. Проводилась аналогия между фразовой интонацией и грегорианским хоралом, напев которых выдержан в автентических ладах с квинтой над финальным звуком каденции.[6] Дальнейшая дискуссия по этому вопросу остается за рамками, намеченными для настоящей работы, равно как и за пределами экспертизы ее автора, можно только заметить, что, хотя практика Бродского соответствует в общем стандартной схеме русской каденции от квинты к тонике, она не лишена и своеобразия: интервал квинты возникает между тонами (7) и (10) скорее, чем в финальной каденции (8, 9, 10). Обычно ход от квинты к тонике происходит между предшествующим слогом и финальным иктом.

Иными словами, формула каденции у Бродского ближе к скользящей каденции хорала, чем к разговорной интонации.

Также его мелодика соотнесена не с синтаксисом, а со стиховой структурой строк и строф. Так финальные каденции имеют место только тогда, когда конец предложения является также и концом строфы (Части 1 и 2). Таким образом многие предложения лишены нормальных каденций (завершающих интонаций). Интонации Бродского теснее связаны с просодической структурой, чем со структурой разговорной речи. В лингвистическом отношении это разъединение отражает его эмфазу на специальную природу поэтической речи. Мы имеем дело с чем-то очевидно отличным от нормальной разговорной речи, возможно, лучше всего определимым как полуречь-полупение, Sprechstimme в терминологии Арнольда Шенберга.

Метрическая структура стихотворения в целом моделирована по стихотворению У. Х. Одена "Памяти У. Б. Йейтса" (1939). Она весьма консервативна (пятистопный ямб в Части 1 и 2 и четырехстопный хорей в Части 3), как консервативны и формы строфы. Тем не менее, внутри этой довольно жесткой структуры Бродский добивается высокой степени ритмического разнообразия и выразительности в лучших традициях русской просодии. В Частях 1 и 2 есть только две строки без пиррихиев (строки 10 и 38), причем во второй, весьма кстати, речь идет об "избытке сил", таким образом отраженном в ритме. Остальные строки характеризуются различными положениями пиррихиев, причем лишь в нескольких ритмическая конфигурация повторяется. Хотя пиррихии на первой стопе (15 строк из 54 в Частях 1 и 2) или на первой и третьей (12 строк) преобладают, стоит отметить, что фигура с пиррихием на второй стопе имеет специальную функцию. Она появляется в строке 1 и затем ее нет вплоть до строк 41, 43, 45 и затем 54 Части 2, т. е. она служит ритмическим аналогом тонике РЕ в циклической мелодической структуре.

С другой стороны, Часть 3 не отличается ритмическим разнообразием. 16 из 28 строк имеют пиррихий на первой стопе и 8 на первой и третьей. Панегирический характер Части 3 таким образом ритмически усилен ударным повторением фигуры (′) –′ – (′) –′.

Есть два примечательных нарушения ритмической регулярности. В строке 19 первое слово, "смерть", получает сверхсхемное ударение (которое можно также интерпретировать как подстановку хореической стопы, предвещающую размер Части 3), выражающее внезапное и неожиданное прибытие смерти, как бы врасплох. Технически один из самых интересных пропусков ударения — в начале строки 48, потому что перенос слова "вполоборота" происходит посередине слова. Бродский читает это с отчетливой паузой, выделяя конец строки и рифму "Впол-". Таким образом он выдвигает стиховую структуру как более ценную, чем синтаксис и словораздел. Он не стремится вообще смягчить конфликт между синтаксисом и размером, приглушением метрического членения, скорее наоборот. К приведенному примеру прибавим, что все анжамбеманы в стихотворении (строки 3–4, 9–10, 30–31, 31–32, 33–34, 34–35, 37–38, 39–40, 47–48, 61–62, 75–76) он произносит с отчетливыми строкоразделительными паузами. Пятая строфа, с ее скоплением анжамбеманов, может быть интерпретирована как ритмически выраженная декларация возвышения поэзии (размер, упорядоченность) над хаосом смертного существования (синтаксис). Этим способом Бродский также подчеркивает независимое превосходство поэтического творчества над другими формами словесного творчества (проза, драма).

В частности целям возвышения поэтической выразительности служит и подчеркнутая рифмовка. Схема рифмовки (Часть 1:

аааБвввБ; Часть 2: гДДггДДг, ЕЕжжЕЕ; Часть 3: смежные мужские) еще усиливает окончания строк с их тяжелым повторением рифм. Видимо, это и есть "календарная рифма", о которой говорится в стихотворении (строка 15), при помощи которой структура стиха отражает символически и буквально самую суть времени, и континуальную, и дискретную, разделенную на строки, дни, недели, годы.

При всем сходстве в графике и в деталях между стихотворениями Бродского и Одена, их общая атмосфера контрастирует. Время смерти обоих воспеваемых поэтов, январь, естественно вызывает у обоих авторов образы зимы, льда, тьмы, и для Одена с этим связаны пессимистические предчувствия собирающихся над Европой туч:

> In the nightmare of the dark
> All the dogs of Europe bark,
> And the living nations wait,
> Each sequestered in its hate;

(В кошмаре мрака / лают все псы Европы, / И ждут живущие народы, / Замкнувшись каждый в своей ненависти...)

Но для Бродского январь — более сложный период. Это, конечно, время холодов, льда и в символическом цикле времен года это мертвая точка зимы, эмоциональный конец года, время, когда тепло рождественских праздников позади и остатки их выметаются с мусором. Но это также с первой строки "начало года", время красоты (строка 4), т. е. предвестник весны, обновленного и продолжающегося цикла жизни, и, таким образом, время надежды. Своим мировоззрением Бродский здесь ближе к Элиоту "Четырех квартетов", чем к Одену. Хотя прямых цитат из "Квартетов" здесь нет, в стихотворении Бродского находим немало строк, которые звучат как эхо Элиота:

> ... the end is the beginning,
> And the end and the beginning were always there
> Before the beginning and after the end.
> And all is always now.
>
> ("Burnt Norton," II. 146-149)

(...конец — начало, / И конец, и начало были всегда / До начала и после конца. / И все всегда сейчас)

> In my beginning is my end.
> ("East Coker," II. 1, 14)

(В моем начале мой конец)

> In my end is my beginning.
> (Ibid., I. 209)

(В моем конце мое начало)

> Time the destroyer is time the preserver
> ("The Dry Salvages," I. 115)

(Время-разрушитель есть время-сохранитель)

> What we call the beginning is often the end
> And to make an end is to make a beginning.
> ("Little Gidding," II. 214-215)

(То, что мы называем началом, часто конец / И довести до конца означает начать.)

> Every phrase and every sentence is an end and a beginning,
> Every poem an epitaph.
> (Ibid., II. 224-225)

(Каждая фраза, каждое предложение есть конец и начало, / Каждое стихотворение — эпитафия.)

В дополнение к теме Времени, с Элиотом связаны также темы художественного словесного выражения и смерти, общая философичность и образы моря.

Хотя ни Бродский, ни Элиот не могут быть названы оптимистами в их трактовке этих тем, оба видят в циклической природе Времени некую надежду. Элиот в этом отношении менее положителен, т. к. для него "If all time is eternally present / All time is unredeemable" ("Burnt Norton," II. 4-5) ("Если все время есть вечно настоящее, / Все время не подлежит спасению"). Но Бродский, избравший здесь более узкий сюжет, смерть выдающегося поэта, может быть тверд в своей вере в вечность поэтического творчества.

В звучной заключительной части тема наследия поэта естественно напоминает Бродскому знаменитую оду Горация "Exegi monumentum," сюжет которой, конечно, бессмертие поэта в его творениях. Общеизвестны переводы этой оды Державиным и Пушкиным.

Каждый из них привнес в оду нечто из своих жизненных обстоятельств, сделав таким образом творение Горация фактом русской литературной жизни.

Обычная реакция на смерть поэта — сказать, что мы все стали беднее с его уходом и богаче навсегда, благодаря его поэзии. Для Горация память о нем будет жить, пока "Жрецы и Весталки восходят на наш Капитолий в молчании", для Державина, пока существует племя славян, для Пушкина пока есть на земле поэты и свободолюбивые люди. Оден, с другой стороны, весьма скептичен относительно людской памяти и все, что он может выдавить из себя по этому поводу, это что "Несколько тысяч людей будут думать об этом дне, / Как думаешь о дне, когда случилось что-то слегка необычное". Но о самой по себе поэзии он говорит, что она

> ... makes nothing happen; it survives
> In the valley of its making where executives
> Would never want to tamper, flows on south
> From ranches of isolation and the busy griefs,
> Raw towns that we believe and die in; it survives.
> A way of happening, a mouth.

(...заставляет ничто осуществиться; выживает / В долине, ею же созданной, куда дельцы / Никогда и не заглянут, она течет на юг / Прочь от хуторов одиночества и деловых скорбей, / Грубых городов, в которых мы верим и умираем; она выживает. / Средство осуществления, рот.)

Возможно, взяв за отправную точку образ реки у Одена, Бродский идет куда дальше в предсказании вечной славы Элиоту: если люди забудут, сама трава, луг будут помнить.

Так, среди созвездия поэтов, английских, латинских и русских, Бродский приносит свою дань восхищения как парадигму дани восхищения всем поэтам, когда он поет свой хвалебный гимн не одному Т. С. Элиоту, но каждому, чья поэзия отражает своим существом глубинные структуры и процессы времени и природы и, таким образом, всегда присутствует в крови у всех нас.

ПРИМЕЧАНИЯ

1. Б. Эйхенбаум, *Мелодика русского лирического стиха* (СПб: Опояз, 1922).
2. Анализ основан на чтении Бродского в Луисвильском Университете, 19 ноября 1975 года. По контрасту, его чтение в тот же вечер "Сретенья" не отражает такой же тесной связи между мелодическими и просодическими элементами.
3. Иосиф Бродский, *Остановка в пустыне* (Нью-Йорк: изд. Чехова, 1970), стр. 139–41.
4. В данном случае интервал между (5) и (10) не квинта, а секста.
5. J. E. Jurgens and C. H. van Schooneveld, *The Sentence Intonation of Contemporary Standard Russian as a Linguistic Structure* (The Hague: Mouton, 1961); Е. А. Брызгунова, *Звуки и интонация русской речи* (Москва, 1972); Duncan B. Gardiner. *Czech Sentence Intonation* (an unpublished Ph. D. dissertation, Indiana University, 1975). Я приношу благодарность д-ру Гардинеру за ценные советы и помощь в настоящем анализе.
6. Gardiner, p. 22.

От редакции:
По предложению профессора Янечека приводим выдержки из рецензии Г. А. Левинтона на его статью. Говоря о том, что Янечек считает интонационную структуру декламации Бродского воплощением "особой природы поэтического языка", Левинтон пишет:

> Добавим / . . . / в высшей степени интересный пример, который почти наверняка не мог быть осознан автором и относится, вероятно, к числу тех загадочных случаев, когда поэзия "описывает сама себя", минуя поэта. Речь идет о разительном сходстве строк "Поэзия основана на сходстве / бегущих вдаль однообразных дней" с классическим определением Р. О. Якобсона (1960, 370), основанным на каламбурном прочтении финальных строк "Фауста" (возможно, не без влияния чисто поэтической терминологии – "символ, сравненье" – в переводе этих строк Пастернаком).

Далее рецензент говорит, что наблюдение над стихами Элиота и Одена как источниками стихотворения Бродского представляется ему особенном важным, потому,

> что в русской поэзии можно выделить особый цикл "(На) смерть поэта" (начинающийся, видимо, как многие из таких циклов, с Лермонтова, но, возможно, и ранее – со стихов на смерть Озерова), который характеризуется среди других черт совмещением цитат из поэта, которому посвящено данное стихотворение, и из какого-то еще стихотворения этого цикла, т. е. другого текста на смерть другого поэта (об этом цикле мы надеемся сказать подробнее в специальной работе). Для поэтов поколения Бродского естественна связь этого мотива с темой традиции и ученичества, поэтому в высшей степени значим тот факт, что едва ли не все строки, выписанные Янечеком в качестве параллели к Бродскому из "Four Quartets" и названные им в этой связи элиотовские темы, приведены В. Н. Топоровым как источники "Поэмы без героя" Ахматовой. Т. е. обращение к памяти даже ино-

язычного поэта вовлекает тему традиции, прежде всего – акмеизма (ср. ниже о мандельштамовской теме). Строку "Как хотел Гораций Флакк" Янечек рассматривает как отсылку к "Exegi monumentum" Горация. Соглашаясь с этим, добавим, что в таком случае стих, синтаксически связанный с процитированным, "Будет помнить сам Эол", относится, конечно, к "aeolium carmen" из того же текста (III. XXX, 12-14), тем более, что в первой части стихотворения Бродского появляется "эолийская нимфа" рифмующая с "рифмой" и уподобленная Нарциссу – что, конечно, восходит к пушкинской нимфе Эхо в "Рифме" (ср. и "Рифма, звучная подруга", отразившаяся в "На каменных отрогах Пиэрии" и "Возьми на радость..." Мандельштама; к *Нарциссу* у Бродского, ср. пушкинское "Эхо"). В контексте цикла, стих "Будет помнить каждый злак" сопоставим с "жизнь дающий колос" в стихах Ахматовой на смерть Пастернака. / . . . /

В свете сказанного выше об автометаописательности темы *дней* приобретает известную вероятность трактовка Янечеком эпитета *календарная* (рифма) – "в которой структуре стиха / . . . / отражает сущность времени, и непрерывного, и разбитого на строки, дни, недели, годы" (с. 180) – заметим, что это совмещение свойств стиха и времени, присущее, видимо, не только исследователю, но и тексту, сопоставимо с терминологией пражской поэтики и с более ранними стиховедческими школами, пользовавшимися понятием "время стиха" (напр. "сильное время"). Нужно, однако, учесть и простой подтекст этого эпитета. В стихотворении А. Тарковского о Мандельштаме "Поэт" есть двустишие: "Оперенный р и ф м о й парной, / Кончен подвиг к а - л е н д а р н ы й", где он, эксплицируя паронимическую игру *(оперенный – парной)*, цитирует строку Мандельштама: "Двойною рифмой оперенный стих" (из стихотворения "Я не увижу знаменитой 'Федры'," посвященного теме п р о ш е д ш е г о искусства и п а м я т и о нем, ср. Левинтон, 1977). Стихотворение Тарковского, состоящее из монтажа мандельштамовских цитат подчеркивает и ту же тему мертвого поэта (нетождественную, впрочем, теме "смерти поэта") и – в сопоставлении с Бродским – цитирует р и ф м у из мандельштамовских "Стихов о р у с с к о й п о э з и и" (птичье – величье). Интересно, что впоследствии имя Тарковского в связи с его выступлением на похоронах Ахматовой появилось в цикле Д. Бобышева "Траурные октавы", посвященном памяти Ахматовой.

О самой процитированной в тексте строке Ахматовой см. статью К. Ф. Тарановского (1980), к обсуждаемой теме ср. эпиграф из Пастернака у Ахматовой: "Как птица, мне ответит, *эхо*". Отметим параллелизм темы *Эола* и т. п. в третьей части стихотворения Бродского и *Эха* в первой части: в обоих случаях античное начало традиции – resp. Гораций и Овидий – резюмируется пушкинским использованием этой традиции и, видимо, также обрастает акмеистическими ассоциациями.

Лев ЛОСЕВ
США

ЧЕХОВСКИЙ ЛИРИЗМ У БРОДСКОГО*

Всякий, кто знаком со стихами Иосифа Бродского, с его высказываниями о литературе, вправе выразить сомнение по поводу самой постановки вопроса — Бродский и Чехов. Дело в том, что из признанных классиков русской литературы в поэзии и эссеистических размышлениях Бродского очень часто фигурирует Достоевский, встречаются, как правило полемические, упоминания Толстого, весьма обильны интертекстуальные связи поэзии Бродского с поэзией Пушкина, как это удачно показал недавно А. Жолковский.[1] Но Чехов? Присутствие Чехова в образном мире Иосифа Бродского незаметно. Более того, Бродский известен как верный ученик Ахматовой, не столько даже в своей поэтике, сколько в эстетике, а Ахматова Чехова не жаловала, противопоставляя его Достоевскому.

Я постараюсь показать, что независимо от собственных представлений поэта об иерархии на русском Парнасе, возможно даже вопреки его вкусам, поэтическое сознание Бродского, именно когда оно сталкивается с основными бытийными проблемами — с "проклятыми вопросами", — обнаруживает глубокую детерминированность художественными открытиями А. П. Чехова.

Рамки этой работы не позволяют мне представить перекличку современного поэта с классиком русской прозы во всей ее полноте. Я вынужден буду ограничиться двумя-тремя иллюстрациями. Я полагаю, что конкретный анализ текста и в этом случае будет красноречивее общих заявлений. Однако такая форма таит и некоторую опасность. Было бы досадно, если бы дело было понято так, что вот есть, мол, кое-какие скрытые цитаты, парафразы, заимствования, "следы влияния" Чехова у Бродского, ибо в нашем случае интертекстуальная связь обнаруживается на уровне глубинного содержания. Это важно не только для понимания Бродского, но и для понимания Чехова, потому что, если мы говорим о живом

---

* Первый вариант этой работы был прочитан на симпозиуме по Чехову в летней русской школе Норвичского университета, США, в июне 1985 г.

присутствии Чехова среди нас сегодня, то мы имеем в виду не только познавательную ценность его произведений как свидетельств прошлого, не только эмоциональное воздействие его произведений, не только его технику прозы и драматургии, но, наверное, прежде всего самое структуру его художнического сознания, сделавшую его первым художником "прекрасного нового мира", постиндустриального общества, в котором мы живем.

В 1962 году молодой Иосиф Бродский написал короткое лирическое стихотворение, которому суждено было стать одним из его наиболее известных. Хотя по замыслу автора это стихотворение открывало собой цикл "Песни счастливой зимы", но весь цикл на долгие годы остался неопубликованным, а стихотворение зажило самостоятельной жизнью. Им открывается сборник любовной лирики "Новые стансы к Августе" (1983). Ранее оно вошло в сборник "Остановка в пустыне" (1970). Более того, оно является одним из редких стихотворений Бродского, официально опубликованных на родине. Вскоре после возвращения поэта из ссылки намечался в его литературной судьбе просвет. Стараниями либеральных литераторов и редакторов его стихи и переводы протаскивались в печать. Впрочем, больше переводы, чем оригинальные стихи, и больше стихи для детей, чем лирика. И, все же, вот это стихотворение появилось в альманахе "Молодой Ленинград" за 1966 год:

  Я обнял эти плечи и взглянул
  на то, что оказалось за спиною,
  и увидал, что выдвинутый стул
  сливался с освещенною стеною.
  Был в лампочке повышенный накал,
  невыгодный для мебели истертой,
  и потому диван в углу сверкал
  коричневою кожей, словно желтой.
  Стол пустовал, поблескивал паркет,
  темнела печка, в раме запыленной
  застыл пейзаж, и лишь один буфет
  казался мне тогда одушевленным.
  Но мотылек по комнате кружил,
  и он мой взгляд с недвижимости сдвинул.
  И если призрак здесь когда-то жил,
  то он покинул этот дом. Покинул.

Первое прочтение этих шестнадцати строк, написанных ровным пятистопным ямбом с ординарным чередованием мужских и женских рифм, несколько смущает. Слишком уж это непохоже на то, как обычно описывают в стихах любовные свидания, первое объятие любовников. Смущает здесь то, что лирический персонаж, едва отметив присутствие подруги (да и то вскользь — не вся женщина, а лишь деталь женщины, "плечи"), сразу же отвлекается от своего предмета. Что это за любовник такой, который, обнимая подругу, развлекается изучением интерьера! Где страсть? Впрочем, последнего вопроса мы не задаем, ибо то-то нас и смущает, что бесстрастное, казалось бы, поведение героя явно контрастирует с отчетливо нами ощущаемой драматичностью, патетикой того, как дан интерьер.

Как мы видим, Бродский, в ту пору преданный ученик Ахматовой, строго придерживаясь акмеистического канона, избегает здесь всего, что отдавало бы поэтикой прошлого, поэтикой учебника литературы. Здесь практически нет ни одного "поэтического", т. е. риторического, приема: метафор, художественных эпитетов, гипербол, литот и т. п. Нет даже сравнений. Если и мелькает нечто, напоминающее сравнение, то оно тщательно депоэтизировано, переведено в плоскость бытовой психологии: не "одушевленный/живой буфет", не "буфет *как* живое существо", а "буфет / *казался мне* тогда одушевленным".

Отметим и еще один урок поэтики, блестяще выполненный здесь молодым Бродским. Не так давно Бродский в одном интервью вспоминал:

Один урок он [Евгений Рейн, талантливый поэт, старший друг Бродского. — Л. Л.] мне преподал просто в разговоре. Он сказал: "Иосиф... в стихотворении должно быть больше существительных, чем прилагательных и глаголов. Хорошее стихотворение — это такое стихотворение, что, если ты приложишь к нему промокашку, которая убирает прилагательные и глаголы, а потом поднимешь ее, бумага все-таки будет еще черна, там останутся существительные: стол, стул, лошадь, собака, обои, кушетка..." Это, может быть, единственный или главный урок по части стихосложения, который я в своей жизни услышал.[2]

Как мы видим, это, тоже по сути дело акмеистическое, качество налицо в стихотворении "Я обнял эти плечи и взглянул...": из 62 (за исключением служебных) слов, составляющих текст, 26 — существительные или личные местоимения: *я* (автор), *плечи, спиною, стул, стеною, лампочке, накал, мебели, диван, углу, кожей, стол, паркет, печка, раме, пейзаж* (картина, т. е. предмет), *буфет, мне, мотылек, комнате, он* (мотылек), *взгляд, недвижимости* (мебели, комнаты), *призрак, он* (призрак), *дом*. В стихотворении нет абстрактов, все существительные и местоимения здесь — денотаты реальных физических объектов (или сюрреальных — "призрак") или явлений; 16 слов относятся к предметам вещного мира — *дом, комната, недвижимость, мебель, печка, угол, стена, стул, диван + кожа, стол, рама, пейзаж, буфет, паркет, лампочка.* Как тут не вспомнить декларации акмеизма: "Любите существование вещи больше самой вещи и свое бытие больше самих себя..." (Мандельштам).³ Но, с другой стороны, чем же это отличается от описи имущества? В чем драма и пафос? Что делает стихотворение стихотворением? В чем лирический сюжет, который волнует нас здесь как новая, непривычная интерпретация какой-то давно нам знакомой вечной темы?

Перечитывая стихотворение медленно, мы находим ответ. Антиглагольная промокашка Рейна, все же, не прогулялась по стихотворению: его патетика — в глаголах, драматическая партия доверена их грамматическим формам. Описываются вещи, неживой мир, "недвижимость", объекты. Объекты не только в практическом, но и в логико-грамматическом смысле, т. е. не субъекты действия, не делатели, а объекты действия, к которым нормально прилагается страдательный залог отглагольных форм (причастий): *стул — выдвинутый, стена — освещенная, накал — повышенный, мебель — истертая, рама — запыленная.* (Оставим в стороне более сложную проблему *буфета* пока).

В русском языке, как мы знаем, имеется одна весьма своеобычная возможность, отсутствующая в романских и германских языках (английском, например): наличие качества в русском может быть выражено активной формой глагола — *белеть, чернеть, краснеть, зеленеть, горчить, возвышаться, пустовать.* ("Вино горчит", "Вдали возвышались горы", "Стол пустует? — Нет, на нем что-то чернеет"). Эти иногда каверзные для переводчиков глаголы сами по себе ничем не выделяются в русской речи как таковой. Другое дело — поэтическая речь, в которой грамматическая форма зачастую семантизируется, приобретает самостоятельное значение. Чаще всего это происходит в двух случаях: если слова в этой форме интонационно выделены в стихотворении и если она подчеркнуто часто повторяется. В стихотворении, о котором идет речь, имеет место и то, и другое.

Для такого небольшого пространства текста какая впечатляющая конвергенция глаголов качества, сказуемых, чьими подлежащими являются вещи, предметы обихода: *стул* не только *выдвинут* (страдательная форма), но и *сливался* (активная форма), *диван — сверкал, стол — пустовал, паркет — поблескивал, печка — темнела, пейзаж — застыл* и, в конце концов, даже *буфет — казался.* Все без исключения эти глаголы даны с отчетливым интонационным выделением: в концах или началах строк, первый из них еще и дополнительно выделен анжамбеманом, а те два, что находятся внутри строки (*пустовал* и *поблескивал*), сведены вместе и подчеркнуты явно выраженной цезурой. Все это не может не привести к намеченному автором результату: вещи в стихотворении как бы действуют, снабженные — каждая своим глаголом.

Но при всем при том это стихотворение Иосифа Бродского, а не сказка Ханса-Кристиана Андерсена. Активность вещей здесь чисто грамматическая, т. е. мнимая. Вещи только *как бы* действуют. Вещи, бессмертные по сравнению со смертным человеком, живут, но мнимой жизнью, жизнью призраков. И это пугает человека. Объятие испуганного человека потому и слабо, и невнимательно, что он пугается собственной близости призрачному миру, миру мнимой жизни, превращению в вещь, в гамлетовскую "замазку для сарая". Вечная, т. е. мнимая жизнь вещей — это только фон, который контрастно выделяет главную тему стихотворения — ход времени.

С того, 1962-го, года, когда написано "Я обнял эти плечи и взглянул...", и по сю пору ход времени является лейтмотивом поэзии Бродского. Конечно, такое заявление несколько тавтологично, ибо ход времени есть лейтмотив всего на свете: любого стихотворения — от первой строки к последней, как и любой жизни — от рождения к смерти. Сама метафора "ход Времени" выражает субъективное восприятие предмета людьми среднего возраста. Стареющий поэт называет свое итоговое собрание стихотворений *"Бег* времени".

Всякий пишущий, о чем бы он ни писал, вольно или невольно пишет и о времени. Игры со временем можно наблюдать в любом сочинении. Очень часто сложная образность, сложная синтаксическая и метрическая структура стиха у поэтов двадцатого века нацелена не только на то, чтобы растянуть время художественного действия, но даже иной раз словно бы и направить его вспять, удвоить его (особенно яркие примеры можно найти у Цветаевой, а в наши дни у М. Еремина).[4]

Время как непосредственно обозначенная тема начинает проступать в литературе отчетливее к началу двадцатого века, когда многие писатели и поэты начинают передвигать центр тяжести в своих произведениях с этических и социальных вопросов бытия на чисто бытийные (экзистенциальные).

Никакой другой русский писатель не проделал этот сдвиг так решительно и последовательно, как Чехов. Все его рассказы и пьесы зрелой поры имеют в своей основе один и тот же, естественнейший из сюжетов, — ход времени. "Про что" — "Ионыч", "Скрипка Ротшильда", "Дядя Ваня", "Вишневый сад"? "Про" смену времен дня, времен года, "про" то, что люди толстеют, седеют, что встречи повторяются, деревья растут, сады глохнут, дома переходят из рук в руки. Все мелкое, комичное, житейское, межчеловеческое, что происходит в этих произведениях Чехова, по контрасту с неумолимым лейтмотивом приобретает ужасный смысл, предстает как жалкие человеческие потуги удержать время. Именно здесь ключ к влиянию Чехова на мировую литературу, и никто до сих пор не описал философское содержание чеховской драматургии и прозы лучше, чем это сделал 77 лет назад Лев Шестов в своем знаменитом эссе "Творчество из ничего". "С совершившимся фактом мириться нельзя, не мириться тоже нельзя, а середины нет". "Действовать" при таких условиях невозможно, а стало быть остается "упасть на пол, кричать и биться головой об пол",[5] — цитирует Шестов, и нам, сегодняшним его читателям, слышится уже не Чехов, а, пожалуй, Беккет, если и не прямо пьеса Бродского "Мрамор", появившаяся недавно.

И Шестов, и Беккет, в отличие от Чехова, относятся к числу любимых авторов нашего поэта, но связь с Чеховым отнюдь не из вторых рук. Смутившая нас поэтическая картина, рассеянность любовника при желанном, возможно, тайном, свидании, казалась нам смутно знакомой с самого начала. Конечно же, это ни что иное, как парафраза финального эпизода из "Дамы с собачкой":

> Он подошел к ней и взял ее за плечи, чтобы приласкать, пошутить, и в это время увидел себя в зеркале.
> Голова его уже начинала седеть. И ему показалось странным, что он так постарел за последние годы, так подурнел. Плечи, на которых лежали его руки, были теплы и вздрагивали. Он почувствовал сострадание к этой жизни, еще такой теплой и красивой, но, вероятно, уже близкой к тому, чтобы начинать блекнуть и вянуть, как его жизнь.[6]

Ср. „Я обнял эти плечи и взглянул..."
Да и не в зеркало ли смотрит на комнату полную разважничавшихся вещей лирический персонаж стихотворения? "...взглянул / на то, что оказалось за спиною..." — так говорят о том, что оказалось за собственной спиною, не за чужой.

Ялта — город, где с особой случайностью сплетаются и расплетаются человеческие судьбы, место действия "Дамы с собачкой", также не раз была сценой стихотворений Бродского. В первую очередь, вспоминается, конечно, его стихотворная новелла "Посвящается Ялте" (1969). Напомню, что там детективный сюжет. Имеет место труднообъяснимое убийство приезжего в курортном городе. Четыре главы представляют собой монологи четырех людей, знавших убитого, трое из которых имели основания для убийства. Из четвертого монолога, мальчика-подростка, выясняется, что убил как раз он, случайно, в ответ на случайную обидную фразу, случайно имея в кармане оружие. Детективная фабула там дает повод для необычного в русской лирике поэтического размышления о логике, вернее, о каузативности, о том, что всякому следствию предшествует причина. Чисто лирический аргумент Бродского против такой прагматической каузативности служит иллюстрацией непопулярного среди позитивистов положения Канта о том, что причинность есть априорная категория познания мира человеком, т. е. всего лишь инструмент ума. Если для одного следствия (убийства) могло быть три разных причины, то это делает всю идею мотивации бессмысленной.

> ...само уже число
> лиц, на которых пало подозренье,
> объединяет как бы их и служит
> в каком-то смысле алиби?

И далее:

> Иначе говоря, убийца — тот,
> кто не имеет повода к убийству!? / ... /
> Апофеоз бессмысленности![7]

— заключает Бродский, перефразируя название книги Шестова.[8]

Шестов и чеховская Ялта в такой непосредственной ассоциации толкают и нас на детективный путь и заставляют и в этой вещи Бродского искать присутствия чеховского мотива. Ведь это Шестов показал, как последовательно и беспощадно разрушается в творчестве Чехова позитивистская вера в умопостигаемую связь явлений.

Параллель с чеховским сюжетом обнаруживается легко. Один из наиболее известных рассказов Чехова посвящен ребенку-убийце. Это рассказ "Спать хочется". Как мы помним, измученная бессонницей и непосильной работой девочка Варька на протяжении всего рассказа пытается расшифровать причину своих страданий. Этой "причиной" в конце концов оказывается — "зеленое пятно", блик, отбрасываемый лампадой. "Зеленое пятно" постоянно, шесть раз, возникает на протяжении короткого рассказа, возвращая девочку из мира грез в мир кошмарной реальности. Последний абзац, момент убийства, начинается словами: "Смеясь, подмигивая и грозя зеленому пятну пальцами, Варька подкрадывается к колыбели и наклоняется к ребенку. Задушив его..."[9]

А вот как описывает у Бродского свою начавшуюся невинно и закончившуюся убийством прогулку мальчик:

> Да, было тихо и была луна.
> Ну, в общем было здорово красиво.
> Навстречу? Нет, никто не попадался.
> Нет, я не знал, который час. Но "Пушкин"

> в субботу отправляется в двенадцать,
> а он еще стоял — там, на корме,
> салон для танцев, где цветные стекла,
> а, *сверху это вроде изумруда*.[10] (курсив мой — Л. Л.)

"Вроде изумруда" звучит мальапропизмом в речи мальчика, который говорит "еённый" вместо "её". Но ведь вслед за этим описанием красивых огоньков и цветных, в особенности зеленого, бликов на рейде идет сцена убийства и затем сбивчивая попытка не сильного в логике подростка объяснить не столько следователю, сколько самому себе, причину того, что произошло, и причина эта — чеховское "зеленое пятно".

> Нет же! нет же!
> Я не хотел себе казаться взрослым!
> Ведь я бы не курил! Но там, в порту,
> везде огни и светлячки на рейде...[11]

Как я уже писал однажды, огоньки на рейде становятся первопричиной в цепи гротескно-пародийной каузации.

Тема времени — ближайшая к теме причинности и, как мы говорили, основная у Бродского, как и у Чехова. Наверное, до появления, в 1983 году, "Мрамора" Бродского единственная другая русская пьеса, в которой слово "время" и вообще хронологическая лексика использовалась бы столь же часто, это "Вишневый сад", лебединая песнь Чехова. Почему-то пишущие о "Вишневом саде" мало обращают на это внимание. А между тем пьеса начинается с реплики Лопахина "Пришел поезд, слава Богу. Который час?" и вся пронизана сообщениями о ходе часов, минут, дней, лет. Кажется, что все персонажи только и заняты мыслями о ходе времени, хотя время у каждого свое. У Лопахина — деловое: через столько-то часов, такого-то числа. Его реплики часто предваряет ремарка "Смотрит на часы", "Взглянув на часы". У Гаева, попроще, в рамках недельного цикла: "в четверг", "во вторник". У Раневской — определяемое противопоставлением прошлого и настоящего "в детстве", "пять лет назад" и "сейчас". У Пищика — сроком платежа по закладной, "завтра". У старого Фирса время уж вовсе легендарно-абсурдное: он рассказывает о "когда-то", золотом веке при старых господах, а на реплику Раневской "Я так рада, что ты еще жив" отвечает по старческой глухоте совершенно невпопад, абсурдно, но все же временной фразой: "Позавчера"!

Кульминация первого действия "Вишневого сада" — знаменитый монолог Гаева, обращенный к шкафу. Шкаф приветствуется исключительно за факт его долгого существования во времени — сто лет, больше, чем то, на что могут рассчитывать действующие лица. Банальная интерпретация монолога Гаева: "Дорогой, многоуважаемый шкаф! Приветствую твое существование, которое вот уже больше ста лет было направлено к светлым идеалам добра и справедливости..." и т. д. — и в советских, и в зарубежных критиках обычно такая, что вот, мол, Гаев пустопорожний болтун, либеральный краснобай и ему все равно перед кем произносить пустые красивые слова. Кажется, единственный, кто обратил внимание на совершенно новую функцию *вещей* в творчестве Чехова, это Чудаков в своей отличной книге "Поэтика Чехова". Он пишет: "У Чехова — мир вещей — не фон, не периферия сцены. Он уравнен в правах с персонажами, на него также направлен свет авторского внимания".[12]

Мебель в стихотворении "Я обнял эти плечи и взглянул...", кажется, принадлежит к тому же гарнитуру, что и шкаф из гаевского имения. Сентиментального Гаева душат слезы, когда он обращается к шкафу, потому что шкаф долголетен, практически вечен, тогда как он, Гаев, как Кай, вспоминаемый Иваном Ильичом, смертен. Гаевский шкаф жив своей псевдожизнью так же, как буфет Бродского "кажется одушевленным".

Либо человек, либо вещь. Третьего не дано. Гаева это приводит в отчаяние. Епиходову на это плевать. Он читал Бокля! Бокль позитивист, Бокль верит в постигаемые наукой причины и следствия, в устройство всеобщего счастья путем просвещения и развития наук. Верит в Бокля и Петя Трофимов, хотя он и не форсит Боклем перед Аней, как Епиходов перед прислугой. Но Петя тоже произносит речи о счастливом будущем времени, о прогрессе и даже о возможности бессмертия ("Быть может, у человека сто чувств и со смертью погибают только пять, известных нам, а остальные девяносто пять остаются живы").[13] Это ведь тоже из Бокля, из его позитивистских попыток обосновать возможность бессмертия в эссе о Джоне Стюарте Милле.[14] Шестов считал, что Чехов указывал человеку на безысходность этой дихотомии.

Нам кажется, что и у Чехова, и у современного поэта, пишущего ту же экзистенциальную драму, третье, все же, дано. Обратим внимание на сходный сюжетный момент в стихотворении Бродского и в первом акте "Вишневого сада", на упоминание "призрака", т. е. связующего звена между жизнью и небытием. Перебивая брата, Любовь Андреевна неожиданно говорит:

Л. А. Посмотрите, покойная мама идет по саду... В белом платье! *(Смеется от радости.)* Это она.
Гаев. Где?
Варя. Господь с вами, мамочка.
Л. А. Никого нет, мне показалось. Направо, на повороте к беседке, белое деревцо склонилось, похоже на женщину...[15]

Призрак, наваждение есть ложная, именно "призрачная", связь. У Чехова она снимается при помощи "белого деревца", у Бродского — "мотыльком". Этот мотылек, как нам кажется, выпорхнул из тома Чехова. В рассказе-эссе "Красавицы" (1888) Чехов пишет о двух типах красоты — классической, основанной на совершенстве частей и гармонии целого, и "мотыльковой":

> Это была красота мотыльковая, к которой так идут вальс, порханье по саду, смех, веселье и которая не вяжется с серьезной мыслью, печалью и покоем; и, кажется, стоит только пробежать по платформе хорошему ветру или пойти дождю, чтобы хрупкое тело вдруг поблекло и капризная красота осыпалась, как цветочная пыль.[16]

Ранее в том же рассказе Чехов пишет (о другой из двух красавиц): "Не желания, не восторг и не наслаждение возбуждала во мне Маша, а тяжелую, хотя и приятную грусть. Эта грусть была неопределенная, смутная, как сон". Этими словами может быть описан и лиризм стихотворения Бродского с его темой временности, преходящести человеческой красоты, любви и жизни на фоне вечности вещного мира.

В программном стихотворении Бродского "Натюрморт" (1971) дана картина постепенного превращения человека в вещь. Стихотворение построено очень симметрично. Оно состоит из десяти частей по три четверостишия в каждой. Ровно в центре стихотворения, в пятой части изображен буфет, сравниваемый с собором Парижской Богоматери, монумент вещной вечности (пятая часть является центром симметрии, поскольку десятая стоит особняком). В предшествующих пятой частях дана личная информация, повествование ведется от первого лица, "Я сижу на скамье..." и т. д. После пятой части, триумфа буфета, "я" возникает еще в шестой, в которой завершается овеществление человека ("Венозная синева / мрамором отдает"). После этого "я" исчезает. Идут безличные рассуждения. Упоминается, как бы рассматриваемый со стороны "человек", "тело".[17] Совершенно неподготовленной дана в этом строго построенном стихотворении заключительная, десятая, часть. Евангельская сцена, сцена Распятия. Ответ на вопрос, мучавший Бродского и Чехова, и их лирических персонажей, ожидается уже не от автора, а от Богочеловека. Он отвечает странно:

> Он говорит в ответ:
> — Мертвый или живой,
> Разницы, жено, нет.
> Сын или Бог, я твой.

В том ли смысл этого ответа, что русский язык пропускает глагол связку в настоящем времени, бытийный глагол, "есмь", и в стихе этот обычный пропуск актуализируется, наполняется дополнительным значением? Подлинный поэтический язык, язык подтекста, "ангельский", как называла этот язык Цветаева, не поддается переводу на прагматический, и не будем пытаться. Вспомним только, что гениальный художник, Чехов, указал нам в "Вишневом саде" на эту непереводимость *главного смысла* на наш язык. Как справедливо пишет Чудаков, Чехов отнюдь не уклонялся от "последних вопросов", в чем обвиняли его иные критики, воспитанные на Толстом, Достоевском и их эпигонах. Чудаков пишет:

> В художественном мире Чехова при решении этих вопросов всегда предполагается некая запредельная область. Автор может дойти лишь до определенной границы; дальше лежит сфера, его словом непостижимая. К ней можно только — с разных сторон — приблизиться. Слово существует только для того, чтобы сказать о существовании этой сферы. Какие-либо спекуляции в ней невозможны.
> Для Достоевского и Толстого смерть, Бог — не граница. Сплошь и рядом отсюда они только начинают. Чехов здесь кончает. Подводя к некоему пределу, он предоставляет сознание читателя собственному мистическому опыту.[18]

Указание Чехова на эту непереводимость — тот необъяснимый звук лопнувшей струны, который так и не мог расшифровать Станиславский. Он безо всякого объяснения возникает перед концом второго акта, а затем еще раз в финале. Вернее, в первый раз "объяснения" даны, напоминающие гротескно-пародийные "объяснения" убийства в "Посвящается Ялте".

> Вдруг раздается отдаленный звук, точно с неба, звук лопнувшей струны, замирающий, печальный.
>
> *Л. А.* Это что?
> *Лопахин.* Не знаю. Где-нибудь далеко в шахтах сорвалась бадья. Но где-нибудь очень далеко.
> *Гаев.* А может быть, птица какая-нибудь... вроде цапли.
> *Л. А. (вздрагивает).* Неприятно почему-то.
>
> Пауза.
>
> *Фирс.* Перед несчастьем то же было: и сова кричала, и самовар гудел бесперечь.[19]

В своей книге "Символ и сознание" Мамардашвили и Пятигорский пишут о "смотрящих на нас символах" в литературе и искусстве двадцатого века (в качестве примера они приводят часы без стрелок в натюрморте Сезанна и в фильме Бергманна "Земляничная поляна").

> Особенностью такого рода символов / ... / является особая содержательная художественная черта, через которую художники уловили и показали, что какая-то степень или доза непонимания является проявлением или указанием на некоторую самостоятельную силу бытия, указанием на то, что какая-то граница этого непонимания *должна сохраняться*. Попытка полного понимания была бы просто элиминацией сущего...[20]

Бадья, птица, самовар, мебель, бабочка, я, ты — это умопостижимые элементы стиха и прозы. Но генераторами загадочного *лиризма* в прозе и драме Чехова, как и в стихах Бродского, оказываются в конечном счете именно стоящие вне контекста, не поддающиеся какой-либо рациональной интерпретации, почти абсурдные символы: "это вроде изумруда" или "звук лопнувшей струны".

ПРИМЕЧАНИЯ

1. См. статью А. Жолковского в настоящем издании. Оценку русской классической прозы можно найти в очерке "Catastrophes in the Air" в Joseph Brodsky, *Less Than One,* New York: Farrar, Straus and Giroux, 1986, pp. 268-303.
2. *Русская мысль* № 3450, 3 февраля 1983 г., стр. 9.
3. Осип Мандельштам, *Собрание сочинений в 3-х тт.,* Нью-Йорк: МЛС, стр. 324.
4. См. Л. Лосев, "Жизнь как метафора" в М.Еремин, *Стихотворения,* Тенафлай: Эрмитаж, 1986, стр. 142–43.
5. Лев Шестов, *Начала и концы,* СПб, 1908, стр. 196.
6. А. П. Чехов, *Собрание сочинений в 12 тт.,* Москва: ГИХЛ, т. 8, 1956, стр. 409–10.
7. И. Бродский, *Конец прекрасной эпохи,* Анн-Арбор: Ардис, 1976, стр. 52.
8. См. Л. Лосев, "Посвящается логике", *Вестник Р. Х. Д.* № 127 (1978), стр. 124–30.
9. Чехов, т. 6, стр. 14.
10. *Конец прекрасной эпохи,* стр. 49–50.
11. Там же, стр. 51.
12. А. П. Чудаков, *Поэтика Чехова,* Москва: Наука, 1971, стр. 152.
13. Чехов, т. 9, стр. 433.

14. Henry Thomas Buckle, *Miscellaneous and Posthumous Works,* vol. I, London: Longmans, Green and Co., 1872, pp. 63-69.
15. Чехов, т. 9, стр. 420.
16. Чехов, т. 6, стр. 178. Сл. цит. – стр. 174. См. также рассуждения Н. Берковского об импрессионизме Чехова в связи с этим рассказом в кн. Н. Берковский, *О русской литературе,* Ленинград: Художественная литература, 1985, стр. 267–69.
17. Подробнее о том же см. Lev Loseff, "Joseph Brodsky's Poetics of Faith" in *Aspects of Modern Russian and Czech Literature: Selected Papers from the Third World Congress for Soviet and East European Studies,* ed. by Arnold McMillin, Columbus: Slavica [scheduled for publication in 1987].
18. Чудаков, стр. 222–23.
19. Чехов, т. 9, стр. 434.
20. М. Мамардашвили, А. Пятигорский, *Символ и сознание: метафизические рассуждения о сознании, символике и языке,* Иерусалим, 1982, стр. 201.

Петр ВАЙЛЬ, Александр ГЕНИС
США

ОТ МИРА — К РИМУ

> *Что с поэтами интересно — после них*
> *разговаривать не хочется. То есть,*
> *невозможно.*
>
> Публий — Туллию

В 1970 году Иосиф Бродский написал цикл "Post aetatem nostram" ("После нашей эры"), в которой изображалась аллегорическая утопия — общество будущего. Империя с подозрительно знакомыми персонажами:

> Известный местный кифаред, кипя
> негодованьем, смело выступает
> с призывом Императора убрать
> (на следующей строчке) с медных денег.

Вспоминался знаменитый стих Вознесенского: "Уберите Ленина с денег!" Мелькали столь же узнаваемые другие эпизоды и детали.
Под номером VII в цикле "Post aetatem nostram" шла главка "Башня". Главное сооружение Империи имело комплексное назначение:

> Теряющийся где-то в облаках
> железный шпиль муниципальной башни
> является в одно и то же время
> громоотводом, маяком и местом
> подъема государственного флага.
> Внутри же — размещается тюрьма.

В "Мраморе" (Анн Арбор, Ардис, 1984) Бродский развернул это стихотворение до трехактной пьесы.
Теперь в камере Башни поселились узники — Публий и Туллий. Никаких преступлений они не совершали. Просто по гениальной реформе прежнего правителя Тиберия три процента населения Империи сидят всегда. И когда кто-то умирает в заключении, его место занимает другой. "Своего рода налог", — комментирует Туллий.

Если уж во все времена, при всех режимах, кто-нибудь обязательно сидит в тюрьме, то разумно осуществлять это установленным порядком, по плану, без всякой анархии и произвола.

Текст пьесы есть диалог между сокамерниками Публием и Туллием — единственными героями "Мрамора".

По сравнению с эмбрионным стихотворением, где на первом плане были элементы философской сатиры, пьеса глубже, тоньше, сложнее. И неизмеримо интереснее. Темы бесед Публия и Туллия — неисчерпаемы. Личность и государство, долг и чувство, история и география, свобода и необходимость, жизнь и смерть, демократия и автократия, прошлое и будущее, республика и монархия, искусство и реальность, победа и поражение, пространство и время. Семья, дети, карьера, еда, секс, поэзия...

Идейная насыщенность и разнообразие вызывают к сравнению сократические диалоги Платона. Текст Бродского сгущен необычайно — так, что на 60 страницах пьесы мощно и объемно разворачивается образ грядущего мира.

Собеседники у Бродского нетрадиционны: это не платоновские вопрошающий ученик и вещающий мудрец. Публий и Туллий самостоятельны и равны, при этом — резко и ярко различны.

Публий — живой, обуреваемый страстями, полнокровный мужчина. Он малообразован и прост. Он солдат. Публий не может примириться с положением узника, бунтует, и над его неутоленными желаниями подсмеивается товарищ по Башне.

Туллий — воплощенная римская идея. Он стоик, он уважает и любит свою судьбу, отвергая суетность страстей. Он знает, что высшая мораль — это долг, и его раздражают метания варварской натуры Публия. Туллий умен и язвительно ироничен.

О чем бы ни шла речь у Публия и Туллия, каждый раз неизбежно происходит столкновение не только темпераментов, не только культур, но и мировоззрений: современного и античного. Прежде всего, это касается взаимоотношений личности и государства.

С точки зрения нового времени, конфликт стремящейся к абсолютной свободе личности и стремящейся к абсолютному порядку власти — есть основа развития человеческого общества. Это противоречие обслуживает мировое искусство, начиная с мифов. В этой борьбе рождаются великие ценности цивилизации — демократия, право, гласность, свобода мнений и творчества.

Для римского мировоззрения такого конфликта просто нет. Личность и государство существуют в гармоничном единстве. Сама вселенная — и есть мировое государство, а люди его граждане. Надо только соблюдать сложившиеся, а потому естественные, правила. Не нарушать порядок. А внешние испытания для человека — только повод для упражнения в добродетели, которая заключается в том, чтобы максимально соответствовать окружающему миру. В случае Империи — соответствовать Империи.

Бродский сталкивает современное, "варварское", мышление Публия с античным сознанием Туллия — поместив их в Империю будущего. Как бы проверяет: как будут проявляться разные точки зрения в фантастических обстоятельствах грядущей тоталитарной утопии.

Диалог "варвара" и "антика" не ограничивается словами. Они заключают пари на снотворное (определенная доза положена каждому) — можно ли сбежать из Башни. Умный Туллий совершает побег и тут же сам возвращается назад, за выигрышем. Побег бессмысленен, и не только потому, что вокруг Башни — такая же Империя, где действуют те же законы. Просто не надо суетиться, "пыль поднимать, мослами шевелить", нарушать порядок. Если положено сидеть в Башне — надо сидеть, потому что в этом соответствии государственной гармонии и есть подлинное назначение человека, его долг, его счастье.

Получив лишнее снотворное, Туллий погружается в долгий сон, оставляя Публия наедине со своими неуемными нелепыми желаниями.

Пространная и подробная ремарка к 1-му акту — экспозиция пьесы. В ней, как в чертеже здания, намечены практически все идейные и стилистические тенденции, которые будут развиты на протяжении трех актов "Мрамора".

В первом же предложении ремарки звучит ироническая неопределенность, сразу обозначающая позицию автора-наблюдателя — взгляд извне: "Второй век после нашей эры".

Ко времени добавляется место: "Камера Публия и Туллия — идеальное помещение на двоих: нечто среднее между однокомнатной квартирой и кабиной космического корабля". Обозначение места сразу вводит идею симметрии — главенствующую идею пьесы: пара античных римлян — Публий и Туллий — сидят в Башне из хромированной стали, водруженной посреди будущей Римской империи. (Это что-то вроде Останкинской башни, во всяком случае, венчает ее ресторан и телеантенна).

Двойной анахронизм: прошлое и будущее симметрично размещены по сторонам пребывающего в настоящем автора-комментатора.

"Декор — более Палладио, чем Пиранези". Это важное указание: сразу же отбрасывается гротескная мрачность полубарочных "Фантазий на темы темниц" и воцаряется светлый размах мраморной гармонии. Подобно тому, как Палладио трактовал и прикладывал к современности архитектурные идеи древности, Бродский испытывает античное мировоззрение на прочность двойного анахронизма: как оно проявляется в настоящем и будущем.

Утопический мир Бродского кажется очень знакомым, что-то настойчиво напоминает. Но все же Башню трудно назвать традиционной тюрьмой. В камере — чистота и комфорт, книги, мраморные бюсты классиков. По оси Башни — дорическая колонна, она же мусоропровод, она же лифт: доставляются яства — "фламинговые яйца, икрой начиненные", "паштет из страусовой печенки с изюмом". Звучит музыка. Уют этого "среднего между однокомнатной квартирой и кабиной космического корабля" — налицо. И налицо неизбежность уюта. Бежать из Башни невозможно, но и непонятно зачем — Башня неотъемлемая часть Рима. Только еще комфортабельнее, еще спокойнее, еще лучше. Передовой форпост совершенного общества.

А главное: поскольку между обществом и личностью нет конфликта — узник Башни с таким же почетом и достоинством выполняет свой долг, как какой-нибудь сенатор. В чем же еще смысл жизни подданного Империи, как не в выполнении долга?

До всего этого не дорос сангвиник и жизнелюб Публий. Хотя даже канарейка — птенчик, запорхнувший сюда из стихов Катулла и представляющий собой идею клетки в клетке — не улетает, когда ее хотят выпустить. Публий за это не любит канарейку, вызывая опасения мудрого Туллия: "Сначала киску уморил, потом рыбок. Потом зайчика. Теперь, значит, за канарейку принялся". Публий вовсе не зол. Просто, находясь в замкнутом пространстве, он понял, что эту свою ситуацию изменить не в силах. И он инстинктивно борется с другой системой координат — с потоком времени. Хотя бы в пресечении жизни мелких тварей Публий хочет увидеть реалии причинно-следственных связей. Если существуют начало и конец, то еще есть надежда, еще теплится жизнь. Но все напрасно: в Башне не нарушается монотонность бытия, и даже роскошные блюда не повторяются и теоретически повториться не могут. Отсчета времени нет.

Иное дело Туллий. Он стоик, он презирает суетность Публия, именуя его варваром. Туллий понимает, что "цель Рима — слиться со временем", и с этой точки зрения обитатели Башни — не узники, а элита Империи. Они — на переднем крае, они ведут на себе эксперимент победы над временем.

Дело в том, что пространство уже побеждено. Империя простирается по всей планете, и космические корабли Рима высаживаются на Канопусе и Сириусе. Теперь дело за временем. Уже отменены летосчисление и дни недели, и скоро Империя сольется с вечностью, и тогда не останется вообще ничего, что бы не было Империей.

Великие мыслители античности отождествляли абсолютную вечность с вечностью Рима. Даже христиане первых веков принимали этот постулат, полагая, что только Град Божий сможет сменить Вечный Город. В утопии Бродского возрождается этот идеал, осовремененный присутствием неожиданных атрибутов: космических кораблей, транквилизаторов, электронной техники, памяти о Тиберии, который так напоминает Сталина. Есть в "Мраморе" и точно обозначенный прогноз катастрофы современной цивилизации: "Этот, как его, в Скифии который? ну, последний век христианства, верней, постхристианства — он же так и утверждал: у нас незаменимых нет". XX век — будет последним нашей эры.

А что потом? Потом — вечный Рим. Империя, пронзившая Башней небо, чтобы постичь и покорить абсолютное и независимое, универсальное и однородное, непрерывное и бесконечное Время. Сначала оно будет приручено в Башне, потом во всей Империи.

Туллий, истинный римлянин, не только глубоко понимает эту имперскую задачу, он даже опережает эпоху, как подлинный экспериментатор: он уже сейчас хочет раствориться в вечности. Бродский, как всегда, играет на снижении жанра, и великая цель узника Башни достигается парадоксально просто: Туллий собирается как можно дольше спать. Но это не сон лежебоки, это попытка уменьшить энтропию мира — долг каждого сознательного гражданина Империи. Потому так и бесится Публий, ненавидящий спокойное достоинство Туллия: "Вот они, римские добродетели! Стойкость патрициев! Муции Сцеволы! Руки жареные!"

Публий резок и прост, но отнюдь не глуп. Напротив, он здраво умен и остроумен, и самые блестящие афоризмы в пьесе принадлежат как раз ему, вроде: "Тюрьма есть недостаток пространства, возмещенный избытком времени". И если в искусстве Туллия восхищает соразмерность, то Публий сам являет собой творческое тревожное начало. Туллий наслаждается симметричной гармонией образа: "И лебедь, как прежде, плывет сквозь века, любуясь красой своего двойника". А Публий на вопрос "По-твоему жизнь — это что такое?" отвечает: "Это когда свет рубишь — и на бабу", так что даже невозмутимый Туллий ошарашен мощным импульсом смелой энергии, исходящей от этого варвара.

Стилистика Публия — это скабрезность Катулла, грубость Плавта, непристойность Петрония: та здоровая веселая сила, которая восходит к рыночному мату Аристофана и которую с таким удовольствием воспроизводит сочный язык пьесы. Публий — чужой в лабораторной стерильности Башни, в размеренном порядке Империи. Его индивидуализм претит этике, основанной на служении государству.

Публий явился в великолепный Рим из прежнего мира (то есть, из нашего, варварского) — несовершенного, живого, суетного. Ему стилистически противоположен мудрый резонер Туллий, и речевые характеристики героев блестяще показывают, как в новом обществе благоденствия и порядка из жизни уходит живительный ток. Нетворческое иссушающее равновесие — вот идеальная модель будущего. Воплощенная мечта стоика — апатия.

Пара Публий-Туллий симметрична, как и все в пьесе (вверх-вниз лифта мусоропровода, бытие-небытие со сном в качестве оси, лебедь и отражение, мир-Рим). Автор — посредине, пристально вглядывающийся в того и в другого, разбрасывающий приметы времени, чтобы понять — насколько они вписываются в идейную концепцию. "Это вроде где-то в Галлии. Тюильри, что ли. Или нет. Это в Скифии Северной... Ну, в этой, в Европе Восточной. То есть в Западной Азии". Что это? — наверное, Ленинград.

Такие приметы рассыпаны по всей пьесе, чтобы не забыться, не увлечься чистой идеей, чтобы помнить о ее реальном историческом воплощении. От Англии и до Африки, от Испании и до Евфрата простирался Рим во времена столь близких Туллию и Бродскому стоиков. А сейчас? Третий Рим?.. И сейчас пространство уверенно преодолевается и покоряется, и кто знает — не наступит ли в самом деле черед победы над временем, чтобы не осталось вообще ничего, кроме Империи.

В этой экспансии единственным спасением и противостоянием может быть только искусство. Например — пьеса "Мрамор", виртуозный диалог Бродского, вариации на темы платоновских диалогов.

В пьесе всего два героя. Не считая кратких телефонных перебранок с претором (частая реплика "от претора зависит" — насмешливое напоминание о несовершенстве настоящего: там, где правит Время, ни от какого претора ничего зависеть не может), беседуют они только друг с другом. Зато активно участвуют в действии детали обстановки — бюсты классиков.

Иронически развивая тезис об искусстве как средстве побега от действительности, Туллий умудряется покинуть тщательно охраняемую Башню с помощью античных поэтов. Мраморные глыбы Марциала, Ювенала, Вергилия сваливаются в шахту мусоропровода, чтобы сломать ножи смертоносной сечки и раздавить крокодилов — прожорливую охрану Башни. А вслед за бюстами по безопасному стволу шахты спускается Туллий.

Классики, таким образом, всесильны. Они способны даровать свободу, потому что не знают преград и общественных устоев. Эта тема — одна из самых важных в пьесе. Ее начинает Публий, передвигая на полке тяжелые бюсты: "Из мрамора, потому что классики? Уф! Или классики — потому что из мрамора?" Эта острая сентенция сама классически симметрична, как асклепиадов стих, даже цезура обозначена выдохом: "Уф!" Так возникает вопрос, что есть классическая литература.

Современная мысль склонна видеть ценность классики в ее функционировании, а стало быть, и самое понятие это — условно и изменчиво. С античной же точки зрения вся заслуга классического произведения — не в том, кто и как его читает, а в абсолютных достоинствах. Классики — единственный реальный критерий и в пьесе Бродского, поскольку они сами являются создателями Времени. В этом классики противостоят Империи, стремящейся к монополии на Время.

Классики восстанавливают равновесие мира, вычленяя из хаоса — ритм. Собственно, сама этимология слова говорит об этом: classis — это "флот", позднее — вообще "порядок". Упорядочивание хаоса, а не любование им (как у романтиков), не фиксация (как у натуралистов), не имитация его (как у сюрреалистов) — такова цель классиков. Они-то и есть подлинные творцы того неизменяемого Времени, растворение в котором — смысл и совершенство. При этом, по Бродскому, истинные классики — только поэты. Их "главное — с императорами не путать. Ни с ораторами, ни с императорами. Ни с драматургами".

Поэт имеет дело со временем в чистом виде. Все прочие вынужденно оперируют пространственными категориями: для императора это страна, для оратора — площадь, для драматурга — сцена. Поэт же воздвигает памятник, заметим, нерукотворный — то есть находящийся нигде и везде. Неуязвимый.

Пространство — всегда тупик, особенно в Империи, которая равна планете, и теперь все — Рим, и "нужник от Персии только размером и отличается". Перспективу оставляет только время. А время творят поэты.

С этой точки зрения ясна реплика улизнувшего из пространства во время Туллия, последняя реплика пьесы: "Человек одинок, как мысль, которая забывается". Мысль уходит бесследно, если это не мысль классика, и на античном жаргоне Бродского это означает, что человеку не дано воплотиться, если он не поэт.

Противопоставление поэтов и драматургов имеет еще и дополнительный оттенок. Драматурги не создают времени-вечности, потому что пользуются чужими голосами. (А поэты — одним-единственным, своим.) В этом смысле "Мрамор" — поэма, в которой авторский голос разделен надвое, подобно тому, как это было в "Горбунове и Горчакове" ("Когда повыше — это Горбунов, а где пониже — голос Горчакова").[1]

В двухголосной поэме "Мрамор" драматическая форма нужна была автору для симметрии — чтобы сохранять своим сторонним присутствием устойчивость баланса Публия и Туллия. В их компанию Бродский вошел третьим — для прочности: "Только то и держится на гвозде, что не делится без остатка на два". Автор — ось симметрии — не дает распадаться двойственной структуре пьесы. И вынесенные за скобки симметричного повествования ремарки (эти самые "гвозди") — крайне существенны, особенно экспозиция в 1-м акте. Так, мастерски использовано сценическое пространство. При стоическом лаконизме декораций — все детали активно участвуют в ходе пьесы. Исполняют роль авторского начала.

Более всего это относится к бюстам классиков. Итак, они помогают Туллию выбраться на свободу, и тот выигрывает у Публия пари: он совершил побег и за это получает порцию снотворного своего товарища. Снотворное ему нужно для того, чтобы слиться со временем в максимальной степени — дальше уже смерть, а смерть по своей воле есть нарушение порядка, хаос. Переросший этику стоицизма Туллий и не ищет смерти, презирая самоубийство ("Самоубийство, Публий, не выход, а слово "выход", на стенке написанное"). Он осуществляет цель государства, все более приближая себя к неподвижности — гармоническому устойчивому равновесию. Если идеал государства — Башня, то идеальный человек — статуя, а идеальная мысль — мраморная голова классика.

(Кстати, исходя из того, что Башня — статуя государства, она должна быть, конечно же, из мрамора, как воплощенный образ совершенства. И только неполным совершенством правителей объясняется то, что Башня сделана "по старинке", из стали — как оружие. Сталь — преходяща, как войны, а мрамор вечен, как победоносная конечная Империя.)

Круг замыкается. Бюсты классиков пробивают путь из Башни, и вышедший на волю Туллий возвращается в Башню, чтобы слиться со Временем в долгом сне. ("Снотворное — и есть свобода. И наоборот тоже".) То есть Туллий временем (поэзией) побеждает пространство, чтобы выигранное пространство поменять на время (свое).

При этом происходит странная, на первый взгляд, вещь. Находясь вне Башни, Туллий мог бы купить сколько угодно снотворного. Но это означало бы нарушение равновесия: избыток свободы (времени) может быть получен только за счет недостатка ее в другом месте (у другого). Баланс. Симметрия.

За такую идеальную уравновешенность и окружен особым почетом Гораций. Его бюст щадит Туллий. За проповедь золотой середины, за "жуткую вещественность" (слова Гете) — которой привержен и сам автор "Мрамора". За панорамную гармонию композиции, где в первой строке — суть и смысл оды, а за начальным конкретным образом — цепь абстрактных рассуждений (так следует пьеса за мощным объемным аккордом экспозиции).

Второй избежавший шахтного ствола классик — Овидий. Он слишком похож. "Большая личная привязанность", — роняет Туллий. И это голос автора, для которого Овидий бесконечно привлекателен своей изумительной судьбой идеального поэта, существующего не в обычных измерениях, а там, "где изгнанник живет вместе с изгнанием своим".

"В варварской дальней земле" Овидий как-то прижился, даже пробовал писать стихи на местном языке: "Я — стыдно сказать! — написал посланье по-гетски..." — и все-таки никогда, ни на минуту, не переставал ощущать себя частью Рима. Так существуют частью Империи обитатели Башни ("он на горизонтальном краю был, а мы — на вертикальном"). Так живет во внешнем мире русский поэт-изгнанник.

Самая судьба автора есть не более чем комментарий к его произведению. Именно так соотносили литературу и жизнь античные поэты: не подтверждали себя окружающим миром, как писатели нового времени, а собой давали сноску к картине мироздания. Погрузившись в пространственно-временные проблемы, Бродский проиллюстрировал теоретические положения собственным побегом из пространства во время.

Действительно, прежде было существование на одной шестой суши, жестко ограниченное крайними точками родного Ленинграда, геологического Магадана, курортной Ялты, ссыльной архангельской деревни. Теперь — космополитическое бытие, в котором пространство не имеет значения, и болезненной тяге к постижению сути времени равно подходят Новая Англия, Стамбул-Византия, Манхэттен, Мексика, Темза в Челси.

Есть только одно место на земле, куда снова и снова тянет скитальца по времени — Рим. В нем сходятся не дороги, а эпохи. И не километры, а годы отделяют Рим от Третьего Рима — а в слиянии их, по Бродскому, возможно, и есть будущее человечества. Потому поэт не просто возвращается в Рим, а попадает туда с неизбежностью маятника — это опять-таки перемещение не в пространстве, а во времени. Перемещение, необходимое для того, чтобы еще и еще раз с мазохистским наслаждением прочесть отражение-предсказание в магическом зеркале вечного города — пророческую симметрию: МИР — РИМ.

ПРИМЕЧАНИЯ

[1] Ранняя поэма Бродского "Горбунов и Горчаков" (1965—68) так же, как и "Мрамор", разрабатывала возможности развернутого диалога как организующего начала в искусстве и в жизни. В поэме рассматриваются идеи, позже получившие развитие в "Мраморе": "Проблему одиночества вполне решить за счет раздвоенности можно"; "Отныне, как обычно после жизни, начнется вечность. — Просто тишина"; "А что есть сон? — Основа всех основ. — И мы в него впадаем, словно реки". Схожи и финалы обоих произведений: надолго засыпают и Горбунов, и Туллий.

Д. С.
СССР

ПУШКИН И БРОДСКИЙ

1

5.9.75. Между Пушкиным и Бродским много очевидных параллелей. Когда Пушкин приобрел всероссийскую славу "Русланом и Людмилой", ему был 21 год. В 21 год (1961) Бродский написал "Рождественский романс", привлекший и к нему внимание страны. Пушкина вскоре сослали. — Бродского тоже. За ссылкой последовало триумфальное возвращение в литературную столицу, которой сто пятьдесят лет назад была порфироносная Москва, теперь — наверное, Ленинград. Странные совпадения, словно оба они жили по одной схеме, свыше утвержденной для всех поэтов. В 32 года Пушкин женился, переехал в Петербург, поступил на царскую службу, на теплое место, и занялся прозой. В 32 года Бродский уехал в Америку на теплое место, занялся преподаванием русской литературы и прозой (если судить по его предисловию к эннарборскому изданию рассказов А. Платонова). Затем с Пушкиным произошли некие печальные события — и невольно возникает тревожащая аналогия... Поэтому остановимся и, наоборот, попытаемся доказать, что Бродский все-таки не Пушкин — и, хотя, без сомнения, очень большой поэт, у него есть шансы остаться в живых.

* * *

И Пушкин, и Бродский ушли от независимой, замкнутой в себе поэзии к разговорной речи, к быту. Над классиком тяготели классицизм и славянщина. Над Бродским нависал весь девятнадцатый век и канонизированное начало XX-го. А живого-то было: старая колдунья Ахматова, с улыбкой деспота, и Пастернак, о котором хочется сказать: поэт сложной судьбы. И она жила рядом, Анна Андреевна. (Здесь стоит вспомнить известное мнение Б. Эйхенбаума, усматривавшего исторический закон в том, что именно женщина избрана в хранительницы священного пламени). И вот явился Бродский и взял из ее рук яркий факел поэзии. Он бросил этот факел на сухие ветви быта — и что за огонь поднялся вверх!

* * *

15.VII.75. Произошло следующее. Схватывая из непрерывного потока жизни "сухие", отвлеченные идеи, бытовые или профессиональные жесты, обыденные ситуации, канцелярские обороты, анекдоты, ходовые шутки, обрывки разговоров, сюжеты, юмор, ритм и т. д. — поэт из этого проекта, чертежа, оглобли выращивает дерево, строит дом, созидает человека. Тростник начинает петь. В реальный мир проецируются те "чистые", или геометрические, платоновские идеи (круг, квадрат, треугольник и др.), которые у философа превращались в колесо, в крышу, в земельный участок. Так и у поэта оживают, т. е. приобретают полноту и духовность, давно выхолощенные, чисто бытовые явления.

У Пушкина так начинается деревенский день героя:

Онегин жил анахоретом...

т. е. не просто одиноко, а монахом, аскетом, отшельником, значит: умерщвлял плоть, питался кореньями, пил только воду, молился, вставал очень рано. И точно, дальше читаем:

В седьмом часу вставал он летом
и отправлялся налегке...

Первая неожиданность: разговорный оборот. "Отправляются налегке" обычно в дальний путь, но читаем:

...отправлялся налегке
К бегущей под горой реке... (Голым, что ли? Д. С.)

Может быть, здесь этот оборот употреблен иронически? В чем же ирония? В "аскете"?
Вообще-то, —

...К бегущей под горой реке... —

это уже цитата. Онегин, уподобленный монаху, вновь включается в ряд обыденного (быта): "отправлялся налегке" — а затем его возвращают к статусу традиционно-литературного персонажа.

Вспомним: "бегущая под горой река" — стандартная деталь поэтического пейзажа начала прошлого века, преимущественно сентиментального.

Сей Геллеспонт переплывал... —

И за Онегиным открывается расходящийся луч протообразов: Байрон, Фрикс и Гелла, где-то рядом Одиссей и аргонавты, Леандр...
И снова Пушкин возвращает читателя из исторической дали к современному быту:

> ...Потом свой кофий выпивал...

Читатель теряется: его все время бросают из современности — знакомой, непроницаемой — в дальние области то религии, то мифологии. Жизнеописание "аскета" обогащает и такая милая деталь:

> Порой белянки черноокой
> Младой и свежий поцелуй,

обращающая в объект многоцветной иронии все, что говорилось прежде. Читатель снова в роли обманутого дурачка. Кому поверил! Но великий дар Пушкина и (в пропорции) Бродского — одним словом выровнять скособочившееся здание и придать ему архитектурное совершенство. Читатель растерян — больше он поэту не поверит, теперь он скептик — и опять ошибается, опять попадает впросак, потому что, мельком помянув черноокую красавицу, Пушкин завершает рассказ о дне героя с подлинной грустью:

> Вот жизнь Онегина святая;
> И нечувствительно он ей
> Предался, красных летних дней
> В беспечной неге не считая...

Смысл строфы оказывается настолько глубок, что читатель задыхается и бросает книгу: непонятно, в сущности, о чем идет речь — то ли о жизни, святой по простоте и наивности, то ли о молодости, то ли просто об осени. Можно найти много подобных мест и у Бродского.
Вот несколько примеров символического осмысления быта, выхваченных наугад из Бродского. "Сатир, покинув бронзовый ручей, сжимает канделябр на шесть свечей..." (миф-память-смерть) (стихотворение "Подсвечник"); собака из "Остановки в пустыне" поливает несуществующий забор (затрудняюсь дать точную интерпретацию, ну, допустим, — приблизительно: память); взгляд девушки (определенного толка), напоминающий взгляд на циферблат, — не просто удачное, зрительно точное сравнение — и здесь угадывается "времени связующая нить". Так у Пушкина "снег выпал только в январе/ на третье в ночь" — занавес любовной драмы? Просто зимний пейзаж? — Кто это знает?
Но вернемся к Бродскому. "Влекут дельфины по волнам тренож-

ник/ и Аполлон обозревает ближних/ в конечном счете бесконечно внешних" — это из строфы, подходящей для нашего случая: в ней дано обобщенное описание современной, нашей жизни:

> Сапожник строит сапоги. Пирожник
> сооружает крендель. Чернокнижник
> листает толстый фолиант. А грешник
> усугубляет что ни день грехи.
> Влекут дельфины по волнам треножник
> и Аполлон обозревает ближних...

Наша жизнь? Не наша? Если наша, то кто чернокнижник? Где Аполлон? Если не наша — то где мы? — ведь стихотворение, кажется, о современности:

> Я вспоминаю эпизод в Тавриде,
> наш обоюдный интерес к природе.
> Всегда в ее дикорастущем виде.
> И удивляюсь и грущу, мадам. —

Так кончается оно. За эпизодом в Тавриде открывается столь же бесконечная галерея историко-культурных смыслов, что и за пушкинским Геллеспонтом, за "мадам" стоят столетия куртуазной культуры, осмысленной иронически сквозь призму исторического опыта. Еще два примера из Пушкина. Оставим в стороне Грандисона —

> А Грандисон? что Грандисон?.. —

И вообще он, вместе с Ловласом, любимый герой-любовник Пушкина, т. о. просто литературный миф, использованный в собственной, личностной мифологии — ср. Фауст у Бродского. Но вот действительно страшный, мистически-бытовой образ:

> Так часто запоздалый гость
> На вист вечерний приезжает,
> Садится. Кончилась игра.
> Он уезжает со двора.

А этот — скорее юмористический, с характерной дву- и трехплановостью, о чем уже мы говорили раньше:

> .... Одесса
> по воле бурного Зевеса
> Потоплена, запружена... и т. д.

Здесь эпитет "бурный" относится и к мифологическому штампу: Зевс-громовержец, бог вспыльчивый и бурный (полуцитата из "Овидия") — и непосредственно к конкретной грозе, бурной, с громом и молниями — как часто бывает на юге.

* * *

Собственно, и у Пушкина, и у Бродского бытовой план не имеет точных и непременных соответствий в областях мифологической, историко-культурной, астрально-космологической и т. д. Явления обыденной жизни лишь получают возможность быть понятыми в более глубоком смысле. Это не строгая система тайных значений и символов, не мистический мир, зашифрованный обыденностью — сквозь нее он только временами проглядывает, словно с него съехала шапка, но именно эта неожиданность надолго изымает читателя из бытовой раковины.

* * *

Поэтому и Пушкину, и Бродскому жизненно необходим чужой материал. Чужая мысль, идея, образ, очищенные, отчужденные от чужих, часто иноязычных, нерусских слов, высвобожденные из бытового жеста или поступка (как это было показано выше), заново рождаются поэтом — и рождаются живыми, жизненными, живучими. Тут все равно, откуда взят смысловой стержень — важно оживить его, заставить переродиться, включить в "свой" мир. Более того, чем идея абстрактнее, чем рациональней — тем легче поддается перерождению, тем полнокровнее и точней питается ею интуиция чувства. И наоборот — гораздо труднее усвоить и дать новую жизнь чужому образу, если он основан на интуиции, на чувстве и т. д. В последнем случае возможен только перевод, в первом — переложение, когда чужое используется как свое. В результате Бродский, как и Пушкин, используют чужие строки, словно свои. У него нет цитат-намеков, но — цитаты-образы, цитаты-герои. И вообще это не цитаты — это "мое":

> Служенье муз чего-то там не терпит.
> Зато само обычно так торопит,
> что по рукам бежит священный трепет
> и несомненна близость Божества.

Каждое слово — либо окаменевшая форма бытовой речи ("обычно так торопит"), либо устоявшаяся поэтическая формула ("священный трепет", "близость Божества", "служенье муз... не терпит"). Здесь встает передо мною вопрос: за счет чего, собственно, возникает "одушевление" и преображение этих составных элементов? И я должен признаться в профессиональном фиаско — виною одна из редкостных черт поэзии Бродского: он не дает разгадок этой тайны оживления исходно неживого материала. Хотя, пожалуй, сейчас, остыв уже от первого впечатления, а главное, наполнившись иными — новыми, я мог бы попытаться разгадать его фокус, но не хочу, потому что мне кажется: время для этого еще не пришло.

* * *

А пока поговорим о другом. У Пушкина попадаются удивительно "бродские" места. Скажем:

>...И перед ним она благоговела,
>Но Гавриил казался ей милей...
>Так иногда супругу генерала
>Затянутый прельщает адъютант.
>Что делать нам? Судьба так приказала, —
>Согласны в том невежда и педант.
>Поговорим о странностях любви...

Свободный, пустой разговор, болтовня — со строками и слогами, подобранными для рифмы (адъютант — педант), непринужденность мысли, это не только в "Гавриилиаде", но и в посланиях, и в "Онегине", и в "Графе Нулине". То же и у Бродского — разве язык не пушкинского, а нашего ("бродского"?) времени — но такой же случайный, разговорный, с пустыми строками для рифмы. Скажем:

>...У нее
>был родственник. Какой-то из райкома.
>С машиною. А предки жили врозь.
>У них там было, видимо, свое.
>Машина — это было незнакомо.
>Ну, с этого там все и началось...
>
>("Школьная антология")

Строка "У них там было, видимо, свое" дана, в сущности, только затем, чтобы зарифмовать "у нее" — и заполнить таким образом ячейку строфы, сложной строфы, избранной автором.

* * *

Демократизации поэтического языка сопутствует, как правило, аристократизм поэтической формы. И Пушкин, и Бродский поэтому с удовольствием пользуются сложной строфой. Бродский предпочитает октаву и ее разновидности, Пушкин создал (на сонетной основе) даже собственную — онегинскую — строфу. Впрочем, и у него есть октавы, терцины и т. д. Поэтам этого ряда необходима инерция формы. Ведь содержание у них не новое, а только свежее. В этом слабость их позиции, но в этом и сила. Быт вечен, философское осмысление быта — преходяще. Такие поэты живы, пока не умирает их язык и форма быта, — тогда они становятся непонятными и остаются статуями в парке истории. И собака нового поэта поднимает на них ногу. В этом литературная преемственность. Однако опустим изнанку поэтической ткани и, отойдя подальше, взглянем на весь исторический гобелен.

* * *

Итак, поэзия Пушкина (и Бродского) оказывается, в первую очередь, самознанием языка — разговорного, т. е. личного, — и человека (который предстает как мифический персонаж, окруженный многозначным мифом-бытом). Позиция Пушкина провоцировала "формалистов" в их исследованиях (недаром большинство из них ушло потом в пушкинистику). Их теория поэтического языка (Ю. Тынянов) основана на "самовитом слове" Хлебникова (внешне, казалось бы, антитеза пушкинскому подходу), т. е. на саморазвитии языка в поэзии (особенно — Пражская школа). Однако, Хлебников со товарищи призывал сбросить Пушкина за борт современности именно потому, что отлично чувствовал свою неразрываемую связь с "солнцем русской поэзии". Он шел **против** Пушкина, предлагая строить самосознание языка на других основаниях. Надо было идти вне Пушкина.

* * *

Первым решился это сделать Баратынский. Его "поэт" вытесняет "пушкинского" "человека вообще" из центра мира, явный шаг в сторону, но и — назад, в классику.
Тютчев гораздо более радикален: ему очевиден выход за пределы "человекомании" пусть лишь как "неправедный изгиб", как переход по контрасту: вот мир "простых" человеческих чувств, мыслей, пейзажей, но вот нечто ненормальное, что-то совершенно иное, внечеловеческое: "беспамятство, как Атлас, давит душу", напри-

мер, или "под ними Хаос шевелится..." и др. И тем глубже, величественнее, прекраснее человек... и т. д. — все в похвалу человека или в осуждение.

Открытия Тютчева, казалось, могут быть только усвоены, но не способны к развитию. Показателен печальный опыт русских символистов, который демонстрирует бессодержательность сквозного символизма быта-природы-человека (см. статьи О. Мандельштама против них). Думали, что это смерть Пушкина. Это было, однако, лишь начало конца. И принес его не новатор Хлебников (скорее уж обереуты!), а Мандельштам.

Поэтическая система Мандельштама сложилась на основе случайных "выходов" Тютчева за пушкинскую рамку. Вслед за Тютчевым (и под влиянием французов — Верлена и Маларме) избирались тончайшие и едва уловимые движения души. Чувство покидало своего носителя, превращаясь в самоценную мифологическую реальность. Оно находило опору во внешних явлениях — листочках, осах, движении карет, но явления эти значимы теперь не как бытовые характеристики, они играют роль значков — детерминативов, грамматически опорных точек поэтического текста. Явления, внешние по отношению к человеку, складывались в систему, расширявшую представление о человеке, при этом он оставался в центре мира — пушкинская, казалось бы, картина — однако нет: в то же время человек переставал быть единственным героем мифа.

* * *

Мандельштам открыл новый путь не только поэзии, но и всей культуре в целом. Баратынский писал довольно точно:

> Сначала мысль воплощена
> В поэму сжатую поэта,
> Как дева юная, темна
> Для невнимательного света;
> Потом, осмелившись, она
> Уже увертлива, речиста,
> Со всех сторон своих видна,
> Как искушенная жена
> В свободной прозе романиста;
> Болтунья старая, затем
> Она, подъемля крик нахальный,
> Плодит в полемике журнальной
> Давно уж ведомое всем.

Только благодаря Мандельштаму победителем в борьбе за пушкинский престол оказался Тютчев. Некрасов, Блок, не говоря уж о Фете, отошли в сторону. Кажется, даже Лермонтов.

В неизведанную область, открытую автором "Тристии" и "Камня", сразу двинулись новые поэты. Оказалось, что туда же шел Заболоцкий, не столь талантливый, но необыкновенно умный поэт. Наши современники вносят в поэзию весь органический мир, и не только: даже музыкальные инструменты. Следующий шаг, очевидно, неорганическая природа, освоенная поэзией. Поэт покидает теплую почву обжитой духом сферы живого и выносится в страшный мир чисел, механизмов. Пока только первые шаги — "Авиация и космонавтика", "Нефтяной кризис" Кривулина, "Минералы" Д. Бобышева. Такое движение, возможно, будет иметь большое значение.

Любопытно, что английские поэты, создав миф о мире с человеком в центре (Шекспир), перешли к разработке мистических аспектов человеческого существования (метафизики), а затем — к абсолютизации отдельных функций человеческого (а не вовне): поэзия сердца (Юнг), мысли (Поп), Байрон с его образом супермена, лишь сейчас докатившимся до низа социальной лестницы (американское телевидение), сузил миф о человеке, противопоставив его всей природе и Богу. Лейкисты, наоборот, сознавая человека, Бога и природу как некое единое чувствующее целое, были слишком абстрактны, слишком широки и всеобщи. Движение в сторону освоения цивилизации и мертвой Природы мы находим лишь в современной английской поэзии (Т. С. Элиот, У.-Б. Йетс и др.). Это, однако, особый вопрос.

По моему мнению, этот путь в конечном счете ведет к числу, к формуле. Разумеется, математические формулы отличаются от метафизической поэзии не только "стилем", но и содержанием, большей концентрацией смысла. Достоинством замкнутого языка, специфического образа мысли. И все же в движении к изоляции поэтического слова, к элитарности видятся естественные перспективы. На этот путь указывает кривизна исторического пути. Логический круг, противоречие, лежащее в основе такого хода — свойство живого.

IV

Характер современной культурной ситуации объясняется тенденцией к переносу центра тяжести с деятеля (автора) на созерцателя (т. е. слушателя или зрителя). В этой ситуации возрастает роль пластических искусств, в частности — живописи, потому что художник не столько выражает свое "Я" (если так — перед нами дурной художник, "литератор"), сколько нечто, превосходящее его, более сильное, чем он. "Выразить" в этом случае — значит сделать понятным, видимым, зримым. Но какой поэт учитывает понимание публики. Ему до публики дела нет, он выращивает себя, свой внутренний мир. Понимать он предоставляет читателю.

Язык поэзии и язык живописи разграничены за счет различных принципов, которые лежат в их основе. В мире существуют два типа суждений, два типа форм — аналитические и синтетические, и, соответственно, два типа языков. Идеальный аналитический язык рассчитан на ленивого думать собеседника (зрителя), которому все надо объяснять до конца, пока не станет очевидным. Синтетические же языки потворствуют лени говорящего. Аналитические формы выражения заставляют того, кто ими пользуется активно, выполнять всю работу по вычленению основной мысли, ее прояснению и уточнению. Среди европейских языков ближе к этому идеалу английский. Из языков искусства — живопись. В таких системах почти нет грамматики, зато существует строгая дисциплина мысли: сначала подумай (и скажи) про это свойство предмета, потом про это, потом вот об этом.

Наоборот, в синтетических языках (русский, например), мысль насказывается "вповалку". Падежи, согласование окончаний, сильное сказуемое сами собой соединят набор почти случайных слов на тему и около темы в нечто грамматически правильное — в какой степени это понятно, зависит от способности читателя догадываться, о чем идет речь. Так, кстати, устроена и поэзия, и разговорный язык. Естественна их взаимная тяга друг к другу — не только у Пушкина и Бродского, но и во Франции, Англии, Германии.

* * *

Язык как первичная социальная форма определяет другие формы народного духа: "культуру", религию, и хозяйство, и социальные институты. С этой точки зрения творчество Пушкина (выразителя и основоположника) образует огромную синтетическую фразу, где роль сказуемого играет личность поэта, а роль второстепенных членов — различные стихотворения (подлежащее — может быть, "Евгений Онегин"?). Смысл этого предложения сложен, и его нельзя передать, чего-то не упустив, другим способом. И все же в отдаленном приближении: какая прекрасная и трудная дорога — жизнь! Общий смысл "предложения" Бродского тоже можно определить: "дорога", как и у Пушкина, но с эпитетами: "печальная", "бессмысленная" и т. д. И снова поэт в центре — как сказуемое. Но вот Мандельштам напоминает англиское предложение: каждое слово (т. е. стихотворение) само за себя (социальные структуры — английскую и нашу). Общую мысль его поэзии вывести не удается. При этом и Пушкин, и

Бродский внутренне всегда тяготели к языку и культуре Альбиона, а Мандельштам терпеть не мог ничего английского.

* * *

Итак — не просто два рода поэтов, но два языка и стиля жизни. Всего два стиля, которые борются и сменяют друг друга в исторической перспективе человечества, насколько хватает глаз проследить ее. И вот сейчас — свидетельствуют лингвисты — русский язык решительно движется в сторону своего антипода — английского, т. е. к формам, созданным Мандельштамом. Исчезают падежи, унифицируются суффиксы, глагольное сказуемое сменяется именным, и т. д. И возникает языковой ветер, попутный одним искусствам и встречный другим...

V

Пушкин основал официальную нашу культуру. С Бродским связано возникновение неофициальной поэзии и культуры. Она вторая не только числом, но и по порядку. Величие Пушкина определяется колоссальным храмом на крови поэта, построенным русским духом. Живи Пушкин и работай в другое время, часть его произведений была бы забыта, другие чтились бы наравне со вредными лирическими образцами, и только лучшие относились бы к шедеврам русского и мирового искусства. Но он точно угадал вектор развития России и стал им. А Бродский? Какое значение его поэзия имеет для Будущего?

Бродский создал в Ленинграде напряженнейшее поэтическое поле. Собственно, знакомство с Ахматовой, живым поэтом, живым величием, не давало еще достаточного импульса для самостоятельного творческого движения, хотя без нее поэзия Ленинграда никогда не смогла бы стать твердо и уверенно. Бродский, вернув слову глубину и содержание, заставил быть поэтами всех, кто говорит сегодня русским языком. Те же, кто от природы говорит на нем лучше других, ругали его и порицали за грубое и однозначное использование слова, за демократизм и социальность. Но социальность необходима художнику, положившему в основу своей поэзии миф о себе самом. Только так он мог жить, дробя себя на сто, ибо ему было тесно — в себе телесном. Только так мог жить поэт, соединивший повседневное с вечным, ибо людское повседневное разнообразно, как природа, а свое вечное для него одинаково и скучно. Ленинградцы, знавшие Бродского по стихам и лично, и студенты-филологи, прежде всего ощущавшие лучше других словесные превращения

Бродского, шли в поэзию другого сорта, где слово самоценно, бесконечно, где оно раскрывает потаенный смысл. С другой стороны, многих захватила волна Бродского и понесла в своем направлении. Так или иначе, на воссозданном русском языке можно было думать, писать, мыслить. Метафизика вновь стала понятной, ибо появилась вера в силу слова (Кривулин, Е. Шварц); романтизм в чистом виде больше не прельщает, ибо не идет в раскрытии слова дальше классики (Кушнер); социальная поэзия получила новый толчок — именно сюда переносится стилистический опыт Бродского (Стратановский) и проч. Начался новый расцвет русской поэзии.

Но, к сожалению, мы, современники, знаем все урывками и кусками. Так, мне известен даже не весь Бродский — практически только сборник "Остановка в пустыне" и некоторые ранние вещи. Я не застал Бродского в России и не знаю, как он жил, с кем общался, как влиял на своих современников. Я беднее будущего историка сведениями, но богаче ощущениями и на них-то я и основываю свой анализ. Поневоле подставляешь готовые схемы. Еще не написаны мемуары, в которых будущие исследователи найдут запах эпохи. Они будут упрекать меня в близорукости, а у меня просто слепота очевидца...

VI

Для моего поколения живая поэзия долгое время существовала в именах Светлова, Кирсанова, редких поэтических эманациях Ахматовой, в скандальных стишках Евтушенко и Вознесенского. Властителями сердец были песни Окуджавы. Мы твердо сознавали, что больших поэтов нам не надо, но ни в чем не упрекали Время: каковы наши жертвы — таков оракул.

Появление стихов Бродского перевернуло наше представление о себе. Жизнь оказалась несводимой к быту, к порядочности, пониманию западной живописи и театра. На нас ложилась большая ответственность: быть современниками. Как-то мы справляемся с этим счастливым и трудным делом?

А. КАЛОМИРОВ
СССР

ИОСИФ БРОДСКИЙ (МЕСТО)

Все чаще встречаются гуманитарии (не говоря о прочих людях), которые вскользь, как нечто само собой разумеющееся, замечают: "нет, поэзии я не люблю". Десять — пятнадцать лет назад среди образованного слоя общества эта фраза могла быть произнесена разве что с целью эпатажа, хотя, вероятно, немногие признались бы и в обратном.

Духовный престиж поэзии как занятия стал ничтожен, социальная роль поэта — кто вспоминает о ней? В этом смысле наш разговор будет вполне современен, исходная точка его — кризис поэтического слова и жеста.

До самой смерти (1966 г.) Анна Ахматова не уставала повторять, что начинается новый расцвет русской поэзии и свидетельство тому — явление Иосифа Бродского. Мы осмеливаемся теперь утверждать обратное: поэзия существует в состоянии затяжного кризиса, духовного и социального летаргического сна — и свидетельство тому фигура Иосифа Бродского.

Автор статьи "Пушкин и Бродский" выразился так: с Бродским связано возникновение неофициальной поэзии и культуры. Наша задача — пойти дальше, ответив на вопрос, который напрашивается вслед: что же представляет из себя феномен неофициальной поэзии и культуры?

Во-первых, мы имеем дело с явлением, строго локализованным: только Ленинград и Москва, к другим городам это понятие неприменимо. Более того, благодаря влиянию Бродского, в Ленинграде сложилась своего рода субкультура, обладающая существенными структурными особенностями, выявляя которые можно понять и принципы творческого метода Бродского и его роль в общекультурном процессе и прогнозировать дальнейшее развитие самого процесса культуры. Такова цель настоящей статьи.

* * *

Неофициальный Ленинград много меньше полуофициальной Москвы. Круг людей, которые в Ленинграде связаны с развитием и функционированием неофициальной культуры, всегда четко очерчен — и социологически, и психологически, и (как следствие) в своей эстетике. Внутри этого круга иноформация о новых явлениях ленинградской независимой поэзии, живописи, философии распространяется мгновенно, в то время как информация о том, что происходит в аналогичных сферах духовной и культурной жизни за пределами города (неважно в Москве или в Вашингтоне), доходит обрывочно, часто в искажении. Историческая аналогия: городская культура позднего средневековья (локальные художественные школы в мелких городах, цеховая замкнутость художников, случайные пути распространения информации извне). Речь идет об эстетике провинциализма. Эстетика провинциализма предметом изображения делает вселенную в целом, игнорируя пространственно-временные границы и оперируя категориями абсолютными. Провинциальный художник воспринимает свое периферийное место в мире как центр мирового бытия. Неважно, где живет сейчас Иосиф Бродский — в Ленинграде или в Энн Арборе (штат Мичиган) — он живет в центре мира. Он и есть центр мира. В этом смысле он остается вполне ленинградским американцем, потому что не в силах до сих пор преодолеть сугубо ленинградской культурной ностальгии по абсолютному центру вселенной и человека.

* * *

С Бродским современная поэзия Ленинграда обрела широкую заинтересованную аудиторию. Она обрела аудиторию за счет того, что утвердила свою изолированность от нужд сиюминутности, от официальной массовой версии жизни; поэзия рискнула быть интровертной и самодостаточной и именно поэтому в лице Бродского завоевала массового среднеинтеллигентного читателя, который увидел в ней выражение собственной самодостаточности и потаенной оппозиционности всему внешнему. Версия жизни и истории по Бродскому, таким образом, опиралась на тот же предметный ряд, что и официозная. Ее отличие лишь в том, что она пересоздавала связи внутри этого ряда.

Интровертный человек открыто невротичен и повышенно эмоционален, когда ему необходимо обратиться с чем-либо к окружающим. Поэт интровертности прибегает к сознательному усилению эмоциональной стороны своей поэзии. Поэтический акт для него немыслим без суггестии, без форсированного эмоционального давления на слушателя или читателя; иначе, кажется ему, невозможно преодолеть психофизиологические перегородки, существующие между людьми. Его голос становится слишком криклив, интонация отчетливо противостоит синтаксису и семантике текста как иррациональная стихия — рационализованному формотворчеству. Те, кто слышал, как Иосиф Бродский читал свои стихи, помнят впечатление от ошеломляющей силы в момент чтения и совершенной неуловимости содержания, которое, как только поэт кончал читать, улетучивалось или оставалось в виде смутного эмоционального "облака". "Впечатление — как от библейского пророка", — слова одной из почитательниц поэта (шепот в момент чтения) можно акцентировать на союзе "КАК". Содержанием поэзии Бродского становится **форма** пророческого говорения — громогласная, суггестирующая, социально заостренная. Он был первым и пока последним новым русским поэтом, чьи стихи основаны на суггестии и рассчитаны на массовую аудиторию. Но он не был пророком, ибо экзистенциальный пафос его стихов начала 60-х годов мог превратиться в подлинно пророческий только в том случае, если бы он прорвался в религиозное, если бы позиция поэта лишилась истерического, отчаянного, отстаивающего каждым своим жестом право на существование, индивидуализма — если бы речь его стала над-индивидуальной, речью того, кто говорит **не сам**, но с твердостью может сказать: "Так говорит Господь..."

* * *

Однако эволюция поэзии Бродского после 1965 года приняла другое направление — он предпочел классицизм, стоическую позицию остановленного мгновения. Слова Юлиана-отступника: "Я умираю стоя", поддержанные всем опытом пластических искусств античности, стоят за стихами Бродского. На смену поэтике "Sturm und Drang", ранней "иллюзии и дороге" приходит поэтика позы, поэзия статуарного риторического жеста, героического стояния межу "ужасным" и "злым". Началось это, кажется, со "Стихов на смерть Элиота" (январь 1965 г.):

> Аполлон, сними венок. (жест)
> Положи его у ног (жест)
> Элиота, как предел
> для бессмертья в мире тел... (вывод, мораль)

Нерасчленимый, мощный поток бытия, одушевляющий до 1965 г. лучшие стихи Бродского, сообщавший им интонационный нерв (пусть и несколько однообразный, но всегда — особый, отличимый) — распался теперь на отдельные, связанные лишь пространственной непрерывностью текста смысловые точки. Зрительно-пластические образы и моральные декларации существуют порознь — следствие того, что чувство и рассудок, коренящиеся в едином источнике — сфере воображения, — разъединились и, обособившись друг от друга, развиваются сепаратно, параллельно. Так и чувственное, и рациональное лишаются общего трансцендентального основания, но остаются отдельными качествами, объединенными лишь тем, что принадлежат одной личности — личности поэта. То есть, оказывается, что чувственное и рациональное объединены в стихах Бродского чисто механически. Поэтому пределом чувственного встает (как будущее) лишь телесная смерть, распад, разрушение тела и вещей, окружающих тело. "Человек страшней, чем его скелет", потому что он — носитель собственной смерти. Пределом же рассудочного у Бродского видится непреложность социально-этической оценки отдельной жизни, исторического события, целого пласта истории.

* * *

При этом личность поэта стоит вне каких бы то ни было оценок. Поэт отчетливо осознает свое существование как определенный эталон, свое положение стихотворца — как судейское кресло, вынесенное за пределы происходящего, за границы исторической перспективы. Такое впечатление, что Бродский пишет после конца истории, когда все события совершены и нуждаются лишь в оценке.

Мир поэзии Бродского, проецируемый на историю, предстает как набор случайных моральных оценок-клише, — окончательных, итоговых, последних. Поза "последнего" поэта" заимствована Бродским из стихов Евгения Баратынского. Последний поэт расположен к "последней оценке" сущего. Его поза воскрешает скомпрометированную классическую антитезу: ВЕЛИКОЕ — МАЛОЕ. Величие героев служит поэтическим оправданием любому жесту (поступку). Петербургский, точнее, раскольниковский бонапартизм толкает поэта в объятия исторических фигур, ставших от долгого литературно-кинематографического употребления призраками былых заблуждений человечества. Поэт как бы включает себя в это историко-географическое "МЫ", но как бы и нет, он — вовне:

> Зачем куда-то рваться из дворца —
> отчизне мы не судьи. Меч суда
> погрязнет в нашем собственном позоре,
> наследники и власть в чужих руках...

Итак, не меч Суда, но кресло полусудьи-полузрителя. Извне поэт созерцает разноликую жизнь, не выпуская из виду банальную возможность последнего равенства:

> Все будут одинаковы в гробу...

Бродский осознал себя поэтом метафизическим, хотя поэзия его лишается голоса как раз там, где, казалось бы, пророк должен только обрести голос, где речь идет о границах физического мира, собственно, о мета-физике. Это несоответствие кажущееся, оно легко разрешимо. На помощь приходит мифологическое клише, в котором застыло время. Так, например, жена поэта покидает его, уходя с грудным ребенком. Она отказывается даже видеть его. Это событие интимной жизни перенесено в историко-мифологический план, где время остановилось, окаменело, стало статуарным.

> И я, писатель, повидавший свет,
> пересекавший на осле экватор,
> смотрю в окно на спящие холмы
> и думаю о сходстве наших бед:
> его не хочет видеть Император,
> меня мой сын и Цинтия...

Перед нами не просто поиски исторической аналогии: путешествие на север (Архангельск) обретает противоположный вектор, становится мифемой путешествия вообще, путешествия к идеальной, срединной линии (экватор). Тогдашний секретарь ленинградского обкома, чьи позиции заметно пошатнулись как раз к 1968 году (время написания "Провинция справляет Рождество"), угадываем в наместнике, а писатель, повидавший свет, — разумеется, почти что сам Бродский.

* * *

Почти каждое стихотворение И. Бродского после 1965 года оказывается при тщательном анализе лишь формой опосредования какой-либо конкретной личной ситуации — ситуации, которой придается значительность за счет введения ее в круг классических мифологических сюжетов. Стихи последних лет (с 1972 г.) — "На смерть маршала Жукова", "20 сонетов к Марии Стюарт" и некоторые другие — демонстрируют усложнение рассмотренной нами модели опосредования: между клочком жизни и мифологической сферой вводится промежуточная фигура (достаточно, впрочем, великая, чтобы поэтический дар обрел объект изображения, достойный своего размера), но менее идеальная и ближе к нам (по времени) расположенная.

Стихотворение "На смерть маршала Жукова". В нем поэт вызывает к жизни обкатанный ряд гимназических имен: Велизарий, Помпей, Ганнибал... Читатель русский чувствует себя как дома в этом квазиисторическом бульоне, и вдруг осеняет: ба! Да здесь же и наш Жуков, "Блеском маневра о Ганнибале напоминавший средь волжских степей..." В полном джентльменском наборе имен не хватает разве только Бонапарта, но для Бродского Наполеон слишком романтичен и универсален. Его миф шире мифа о великом полководце. Если бы мы знали Наполеона только на Аркольском мосту, при Аустерлице, Березине и Ватерлоо и забыли о Наполеоне-законодателе, — встреча с его именем в стихотворении памяти Жукова была бы неизбежной. Как и всякий, кто был заражен "нормальным классицизмом", Бродский обладает необычайно точным чутьем мифологемы, носителем которой является его герой. Поэта не интересует судьба самого Жукова, ему важно высказаться относительно избранной темы: "ПОЛКОВОДЕЦ ВООБЩЕ"; Бродский смутно представляет и реальную географию побед Жукова, и реальную историю их, ему важно величественно (Ахматовская выучка!) оценить деятельность великого деятеля. Оценка его вполне, быть может, справедлива, но не настолько оригинальна, чтобы нужно было вызывать к жизни имена-штампы Помпея, Ганнибала и т. д.

> "Сколько он пролил крови солдатской
> в землю чужую.....................
> ....
> ....
> ....
> ....
> ....
> .... полный провал.

Мифологический круг замкнулся. Казалось бы, перед нами лишь моральная оценка (с точки зрения довольно гуманистической) итога трудов прославленного маршала. Однако — ничего подобного. Вспомним: Велизарий — блистательный византийский полководец, побежденный внутридворцовой интригой евнуха и умерший в нищете; Помпей — блестящий полководец, проигравший политическую игру с Сенатом; Ганнибал — гениальный полководец, побежденный в результате межпартийной борьбы в Карфагене... Жуков — полная репродукция этой модели. "Полный провал" означает поражение. В каком-то смысле и сам Бродский осознает себя пораженцем — после эмиграции, — что существенно влияет на самооценку: в последних стихах его появляются несвойственные ранее нотки самоотвращения. Но об этом — позже, в следующей статье, повященной сборнику "Часть речи" (1976 г.).

А пока вернемся к "полководцу вообще". За 140 лет до стихов на смерть Жукова появилось произведение, в котором прозвучала та же тема. Это стихотворение А. Пушкина "Полководец", посвященное Барклаю де Толли. Официальная версия войны 1812 г. создвала миф о Кутузове как о единственном авторе плана "заманивания" Наполеона в глубь России, хотя на самом деле план этот принадлежал Барклаю де Толли, который был "зачинателем" русской победы. Пушкин в стихотворении "Полководец" демистифицирует правительственную версию. Для него важнее реальная роль реального лица, нежели удобный для национального русского сознания миф. Пушкин изображает Барклая де Толли как пораженца, ищущего собственной гибели (на поле Бородинского сражения). В отличие от Бродского, Пушкин не ищет мифологического разрешения ситуации собственного жизненного поражения, ему важен Барклай де Толли как реальное лицо в реальной истории, как человек, судьба которого лишь частично корреспондирует с судьбой самого поэта. Пушкин разрушает миф, Бродский миф строит.

* * *

Почти 10 лет (1962–1972 гг.) Бродский профессионально занимался переводом стихов (в основном с английского и польского). Видимо тогда-то и попадает он под влияние того безъязыкого усредненно-нормативного языка и сознания, которое порождено спецификой перевода вообще. Я думаю, что слова поэта: "Я знаю все русские рифмы", — нужно понимать буквально и не сомневаться в их истинности, как нельзя забывать о том, что Бродский был долгое время переводчиком-профессионалом. Профессиональная гордость переводчика — сознание объективности и универсальности языка. Бродский оказывается в положении промежуточном. В своем интервью 10 октября 1976 года Бродский лучшим современным советским поэтом назвал литовца Томаса Венцлова. Литовского языка Бродский не знает. Что это? издевательство над журналистом и читателем? Нет, позиция. Сам Иосиф Бродский слишком дорого заплатил за единство жизни и поэзии. "Переводческая школа" помогла ему воздвигнуть барьер между судьбой и стихами. Лучше по его мнению быть "ужасным человеком" и отменным поэтом. Возможно и наоборот, но главное, чтобы поэт и человек не совпали в одном лице, в одном качестве. Томас Венцлова — человек радушный, собеседник великолепный, с чувством юмора, — однако стихи его нарочито строги, суховаты, лишены малейшей тени иронии, внеэмоциональны. Это несоответствие, по мнению Бродского, есть главное свойство большого поэта. Стихи во что бы то ни стало должны быть отлучены от личности творца. Как было показано выше, такого отлучения в поэзии Бродского не происходило, но — лишь мифологизация личности творца.

Согласно Бродскому (статья "Злое и ужасное"), перед современным человеком уже нет прежней альтернативы: Добро — Зло, но выбор совершается лишь между "злым" и "ужасным", причем "злое" имеет прежде всего социальный смысл, а "ужасное", наоборот, понимается как индивидуальный бунт, как антисоциальная направленность поведения.

Господа, разбейте хоть пару стекол!

* * *

Бунт Бродского начался стихийно и поначалу был далек от демонизма. Скорее, наоборот, напряженный духовный поиск первоосновы зла в ранних стихах Бродского многие принимали за поэтическую теодицею, за поиск и оправдание Бога. Бродский заставил целое поколение поэтов и художников почувствовать, что Бог может себя проявлять и через зло. Бог раннего Бродского даже не Саваоф, но Яхве "Пятикнижия", Бог карающий и недоступный. Поэтому поиск Бога обречен, а присутствие Бога в человеке — мучительно:

> А значит не будет толка
> От веры в себя да в Бога,
> А значит остались только
> Иллюзия и дорога...

или:

> Ибо вечность — богам.
> Бренность — удел быков.
> Богово станет нам
> Сумерками богов.

Вера в Бога подразумевает веру "в себя", то есть веру в образ Божий, содержащийся в человеке. Это одно значение. Но есть и другое, противоположное значение "веры в себя" — оно синонимично выражению "верить себе". Последнее и избирает Бродский своим кредо:

> Он верил в свой череп, верил.
> Ему кричали: Нелепо!
> Но рушились скалы — **череп**,
> оказывается, был крепок.

Это одно из наиболее ранних стихотворений, но вспомним: через 16 лет сказано "Человек страшней, чем его скелет", вспомним, какую роль в цикле "Часть речи" играет мифема "кости" (стихотворения "Осенний вечер в скромном городке...", "Темно-синее утро в заиндевевшей раме..." и др.), и вспомним, наконец, о том, что говорилось выше: "Содержанием поэзии Бродского становится форма пророческого говорения".

* * *

"Поэт должен переть, как танк". — Сказано Иосифом Бродским в 1966 г. в Ленинградском Союзе писателей. Поразительный по силе природный дар воспринимать метафизику зла дарован был Иосифу Бродскому, обостреннейшее зрение на зло и на смерть:

> Смерть — это все машины,
> это тюрьма и сад.
> Смерть — это все мужчины,
> галстуки их висят.
> Смерть — это стекла в бане,
> в церкви, в домах — подряд!
> Смерть — это все, что с нами —
> ибо они — не узрят.

Потому и важна для Бродского "кость", что остается она **после** истления тела, как омертвевшая органическая память. Как это ни странно, разгадка лейтмотива поэзии Бродского — неразрешимого конфликта между физической жизнью и физической смертью, содержится не в его стихах, а в стихах Евгения Баратынского — любимого поэта его юности (примерно до 1962 г.):

> Благословен святое возвестивший!
> Но в глубине разврата не погиб
> **Какой-нибудь неправедный изгиб**
> Сердец людских пред нами **обнаживший**.
> Две области: **сияния и тьмы**
> Исследовать равно стремимся мы.

Область света, видимо, так и осталась закрытой для поэзии Бродского. Тьма исследуется тьмою же. Злое — ужасным. И если до ссылки поэт стоял на пороге тьмы и света, то выбор, сделанный им в 1965—1966 г., был: не "тьма" и не "свет", но "я" и "они", точнее "оно". И вывод: тьма одолевается **большей тьмой**. Вокруг слишком серо...

* * *

Бродский избрал демоническое, заглянув в пропасть между абсолютным проектом человека и ничтожной реализацией людей вокруг ("Школьная антология"). Эту пропасть сделал он местом существования своей поэзии. Бродский конструирует и "жителя" этой пропасти — негативного лирического героя, главная функция которого — противостоять "das Man", усредненному неиндивидуализированному существу, порождению мнений и пересудов. Отдельные стихотворения Бродского оказываются лишь выражением развернутой и доведенной до самоотрицания точки зрения, гипертрофированным личным мнением — высказыванием по какому-либо поводу. (Классический пример: "Речь о пролитом молоке").

Лирический герой поэзии Бродского, "анти- das Man" относится к "das Man'y" не как антипод, но как увеличительное стекло к микроскопическому существу, которое надобно рассмотреть в увеличенном виде. Иными словами, лирический герой поэзии Бродского — инструмент. Инструмент — для чего? Разумеется, не для сатирического изображения жизни, ведь мы живем не в 19 веке. Для чего же все-таки?

* * *

Хорошие стихи напоминают часы — по ним возможно узнать время. Хорошо сделанные стихи показывают лишь самих себя, у них нет циферблата и стрелок, только часовой механизм, может быть, сложный, может быть, работающий слаженно и четко — но зачем?

Последние стихи Бродского несут в себе как содержание тот же парализующий сознание холодный ужас, что и знаменитые часы без стрелок в фильме Бергмана или на картине Дали. Различие: механизм часов работает исправно. Это относится не только к отлаженной стиховой, точнее версификаторской форме, это относится и к движению мысли, и к системе ассоциаций и образов.

Лицо пророка оказывается гипсовой маской. То же выражение, что и у живого лица, даже правдоподобней и значительней. Гораздо значительней.

Последние стихи Бродского написаны в эмиграции, в них заметно омертвение живой ткани, которое, вероятно, началось много раньше, приблизительно 10 лет назад. Виною не отсутствие родной языковой среды, не равнодушие американцев к русской (да и к своей) поэзии. В 1965 году поэт поставил себя в положение ложного выбора: между тьмой и тьмой. Тьме внешней предпочел он тьму внутреннюю, серой тьме повседневного существования — тьму глубинную, угольную, а отчаянию надеющемуся — отчаяние тотальное, самодостаточное и переходящее в самолюбование. Житейское следствие этой альтернативы — эмиграция, заведомо губительный рывок в чужую языковую среду. Так Эдип, убегая Рока, ускорял его действие.

* * *

Каково же место Бродского в русской поэзии теперь, спустя 10 лет?

Последнее десятилетие принадлежит другому поколению, другим поэтам. "Все, что нежно и слабо, должно жить; все, что твердо и устойчиво, должно умереть" (Дао-дэ-дзин).

Место Бродского твердо и неоспоримо. Он и сам осознал себя поэтом итоговым. Большая часть его высказываний об искусстве имеет характер подведения итогов. Создается впечатление, что главная его задача — составить популярную хрестоматию по истории культуры (так же, как и у Томаса Манна, у Бродского сказывается так называемый университетский комплекс, проявляющийся в стремлении продемонстрировать читателям свой энциклопедизм).

Приведем некоторые весьма характерные высказывания Бродского:

"Анна Ахматова подвела итог всей русской классической поэзии..."

"Эта песенка Марлен Дитрих — итог всему 20 веку, больше сказать нечего..."

"Поэзия Т. С. Элиота — итог нашего столетия..."

"Данте подвел итог..."

"Пушкин подвел..."

За различными именами, к сожалению, слышится непременное магическое местоимение первого лица и единственного числа.

Нельзя утверждать, что сам Бродский не тяготится собственным индивидуализмом. Нельзя утверждать, что развитие закончилось. Творчество Бродского в эмиграции представляется нам не тупиком, а распутьем...

Михаил ХЕЙФЕЦ
Израиль

К ИСТОРИИ НАПИСАНИЯ СТАТЬИ "ИОСИФ БРОДСКИЙ И НАШЕ ПОКОЛЕНИЕ"

Я не знаю, являлась ли эта статья первым исследованием творчества Бродского вообще, но, видимо, она была первым сочинением подобного рода в России и в этом качестве она заслуживает внимания — если не литературоведов, то хотя бы историков литературы. Да и литературоведам она может послужить "источником", ибо создавалась не их коллегой, профессионалом, а читателем еще "самиздатского Бродского" и дает адекватный снимок восприятия поэзии Бродского одним из его первых читателей.

К сожалению все экземпляры рукописи хранятся ныне в архиве Ленинградского Управления КГБ. Поэтому здесь я вынужден лишь изложить содержание и историю давней статьи.

Весной 1973 г. мы встретились с В. Марамзиным, снабжавшим меня "самиздатом", в помещении Ленинградского отделения Союза писателей. Воспользовавшись тем, что мы сидели вдвоем в абсолютно пустой гостиной, Владимир показал письмо из Штатов с какими-то подробностями про жизнь Бродского за океаном. При этом подпись отправителя конспиративно от меня закрывалась (позднее следователи, сиявшие от собственной информированности, сообщали: "Это было письмо от Киселева", — кто этот Киселев, не знаю; по смыслу письма понял, что он преподает русский язык или литературу). Ничего конспиративного в письме не было, но Марамзин явно находил эстетическое удовольствие в подпольном стиле общения. Затем он рассказал мне, что собирает пятитомное собрание сочинений Бродского, и задержка у него только за предисловием: "Никто не берется писать — не потому, что боятся, а просто не чувствуют себя способными". Я пробовал свои силы в критике и литературоведении, и показалось заманчивым испытать себя на таком оселке, как поэзия Бродского. Поэтому предложил ему (хотя допускаю, что Владимир и сам начинал весь разговор, чтобы "спровоцировать" меня исполнить социальный заказ) — сделать это предисловие.

Летом того же 1973 года Марамзин доставил мне уже собранные им три тома лирики. С удовольствием я убедился, что "самиздат" работал хорошо, и в собрании почти нет стихов, которые я не читал

бы раньше. Предстояло осмыслить уже давно знакомые "объекты".
Но передо мной возникла неожиданная трудность. Оказалось, я все же недостаточно подготовлен для профессиональной оценки стихов, для оценки формального новаторства поэзии Бродского в общем потоке русской поэзии. Требовалось найти такой ракурс работы, чтобы замаскировать от будущего читателя свой дефект и одновременно не совсем его разочаровать. Я искал, в каком именно качестве Михаил Хейфец может быть интересен любителям поэзии как автор предисловия к первому собранию сочинений поэта.

...За 10 лет до этих поисков я впервые прочитал его стихи: тогда по рукам ходило "Прощай, позабудь и не обессудь...", "Петухи", "Пилигримы" и еще три-четыре стихотворения. Себе в похвалу отмечу: понял мгновенно, что читаю поэта, которому суждено выразить духовный настрой нашего поколения. Поэтому постоянно искал и находил в самиздате все им написанное. И потому-то, работая над предисловием, постепенно пришел к выводу, что и современникам, и последующим исследователям, уже настоящим профессионалам, я смогу быть интересен как "голос из хора", голос из того читательского множества моего времени, которое моими устами стремится объяснить и себе, и другим, что́ именно для нас значили стихи Бродского, почему из огромного числа талантливых поэтов в Ленинграде (а в этом городе до сих пор существует прекрасная школа поэтов) мы, читательская масса, выделили именно Бродского, ему создали легендарный авторитет. И еще — почему именно Бродского выбрало из поэтического оркестра ЛенУКГБ для своих карательных упражнений.

Короче, темой предисловия я наметил не столько формальный анализ стихов, сколько духовное взаимодействие поэзии Бродского и современного ему общества. Отсюда родилась тема и название статьи: "Иосиф Бродский и наше поколение".

Отталкивался я от случайного разговора с поэтом: как-то белой ночью мы ожидали кого-то на станции международных телефонных переговоров Д—65 на ул. Герцена (Морской), вышли прогуляться по Невскому, и в какой-то разговорной ситуации Иосиф сказал: "Зачем писать о советской власти, что она такое? Мелкий случай в мировой истории. Поэзия должна заниматься вещами глубинными" (передаю, естественно, лишь общий смысл).

В преамбуле предисловия я напомнил, что существует линия в русской поэзии, которая непосредственно связана с общественными событиями, "злобой дня". В качестве образцов, помнится, называл В. Курочкина, Д. Бедного, а в наше время Евг. Евтушенко. Необыкновенная близость этих поэтов к общественным интересам их читателей создавала фантастическую популярность: Демьян Бедный или Безыменский были куда популярнее Пастернака, Цветаевой, Мандельштама или Ахматовой. А Евтушенко кто-то сравнивал с Байроном! Я не обличал мелкость вышеназванных поэтов, как то принято в профессиональных кругах: вкус у меня демократический, не эстетский, кроме того, я признаю право на существование в поэзии любого направления, если для его продукции находится потребитель. А ранний Евтушенко, например, сыграл немалую роль и в моем собственном формировании, я же принадлежу к людям, которые благодарны любому автору, которому обязаны духовными дарами, даже если уже перестали в его новых дарах нуждаться. Так что я отнюдь не критиковал евтушенковскую линию, а лишь утверждал, что она не играет в поэзии первостепенной роли. Не Крылов с его политическими баснями, а Пушкин, не Вас. Курочкин с его памфлетами под Беранже, а Тютчев в его неполитической лирике, не Демьян, а Блок и Пастернак олицетворяли главную магистраль российской поэзии. Поэтому и в наши дни не политическим поэтам, а подчеркнуто аполитичному (в то время) Иосифу Бродскому удалось наиболее четко выразить настроение, идеалы, поиски своего поколения.

Помнится, начал с анализа первых стихов первого тома. Они могут показаться будущим (и даже уже нынешним) читателям немного примитивными, я понимаю (но тогда, когда писал предисловие, не понимал и мыслей об этом не возникало). Но эти стихи, и об этом я писал, являлись адекватным выражением "духа отказа", они были, образно выражаясь, тем ножом, которым целое поколение перерезало пуповину, связывающую его с идеологией, в которой нас вынянчили. Конечно, сегодняшнему читателю непонятен восторг при чтении строчек о "петухах", нашедших зерно:

    Мы нашли его сами.
    Возвещаем об этом собственными голосами.

Я пытался в предисловии объяснить: для нас эти строки звучали ошеломительным открытием нового мира, ошеломительным именно в силу элементарной самоочевидности открытий Бродского, которые до него, однако, никто не декларировал и, может быть, даже не замечал: что истину надо открыть самим и провозгласить собственным ломким голосом. Непонятно? Нас задавили с детства тем, что "нужно овладеть знанием всех тех богатств, которые выработало человечество" — пойди-ка, овладей, а Бродский призывал не дожидаться поздней мудрости, а дерзать сразу, на заре!

Или — "Пилигримы":

    ...Удобрить ее солдатам,
    Одобрить ее поэтам.

В нашем тогдашнем восприятии эти строки санкционировали поэзии ее роль Божественного ОТК в реальном мире, совершенно утраченную в период "колесика и винтика общепролетарского дела". Не следует недооценивать губительного воззействия на умы этой формулы: конечно, буквально ее давно никто не принимал всерьез, но в сознании оставалось, что литература вообще и поэзия в частности — есть некие жизненные явления в ряду равноценных общественных явлений. Это в нас вбили! Вбили, прежде всего, не теорией, а практикой: на протяжении жизни нашего поколения мы не знали поэтов в качестве пророков, в качестве хотя бы хранителей общественной совести! Даже самые талантливые, вроде Андрея Вознесенского, лишь обслуживали идеологические и эстетические потребности читающей публики, некоторые из них делали это мастерски (тот же Вознесенский), но "одобрить Землю" — это им не дано, это понимали и мы, да и они сами тоже. И вдруг двумя строчками "Пилигримов" нам напомнили про исконное и в то же время новое для нас ощущение поэзии.

Как ни парадоксально, при чтении стихов Бродского мне вспоминаются строки из воспоминаний Герцена о Белинском: "Есть статья Белинского! — и двух-трех уважений, верований как не бывало!". То были "стихи отказа", стихи разрыва с прошлым, открытия новых горизонтов — прошу прощения за тривиальное выражение, но это так именно ощущалось. Даже сама внешняя, демонстративная аполитичность поэта выглядела бо́льшим вызовом традициям, чем любая антисоветчина.

Власти же, пробовал я рассуждать далее, столкнувшись с необыкновенной популярностью молодого и нигде не печатавшегося поэта, решили, что он, видимо, жуткий антисоветчик: иначе за что могут так любить его стихи, переписывать и перечитывать? (Власти всегда все принимают на свой счет. А если, в конечном счете, оказывается, что так оно и есть — то это просто невольная отместка судьбы, — добавляю к тогдашнему тексту сегодня). Возможно, недоразумение усиливалось тем фактом, что смущенный своей нестандартностью поэт перед чтением иногда провозглашал: "Сейчас я прочитаю жутко антисоветский стих" (так было, например, на чтении в квартире Вл. Травинского на Пионерской улице: сколько вслед за тем я ни вслушивался в "пение" поэта, ничего антисоветского не смог уловить). Подобные декларации наверняка доходили до начальства через присутствовавших на чтениях осведомителей и усиливали нелепые подозрения ГБ. Короче, гости пришли к нему с обыском, совершенно уверенные, что найдут у него комплект стихов, годных для стряпанья идеологического жаркого. Ничего подобного найдено не было, но "арестован — значит, осужден" — и пришлось шить ему нелепое дело о тунеядстве. (Уже в Израиле я прочел книгу Эткинда

"Записки незаговорщика" и убедился, что, видимо, высчитывал тогда верно: Эткинда и других литераторов убеждали, что Бродский совершил идеологическое преступление, но, мол, его пустили в суде по тунеядству "из гуманности". На это литераторы справедливо возражали, что в такую гуманность они не верят, и, видимо, у органов просто не нашлось материалов для обвинения.) Я писал в предисловии, что своей аполитичностью Бродский сильно испортил свое положение, ибо тогдашний секретарь обкома В. С. Толстиков и прочее быдло легче претерпели бы его открытую враждебность, чем инстинктивно-непоколебимое убеждение поэта в их полной неинтересности как объекта поэзии. Для поэта они величина не отрицательная, а нулевая! Подозреваю, что это рассуждение сыграло нехорошую роль уже в моем собственном, а не Иосифа, деле, хотя этот абзац мне официально не инкриминировали, и следователь с жаром отрицал, что оскорбление ленинградского обкома они трактуют как подрыв и ослабление советской власти.

Написав всего несколько строк о втором томе лирики (он был мне внутренне чужд), я перешел к анализу третьего тома. В центре были "римские стихи". В этом месте предисловия появилось лирико-публицистическое отступление, которое, в основном, и инкриминировалось позже — о "событиях в Чехословакии 21 августа 1968 г." Я писал, что в лирике Бродского отразился перелом в мирочувствовании всего нашего поколения, связанный с этим событием. Но ведь, слава Богу, аналогичных событий вроде бы хватало и в прошлой истории КПСС и СССР! Постороннему это, пожалуй, и не понять. Ведь впервые в истории коммунизма как идеологического течения была проведена военная акция коммунистической державы против другой коммунистической державы, мишенью оккупации стал ЦК соседней партии, а пленными — члены ее политбюро. Очень плохо относясь к товарищу Сталину, я писал, что даже он не провел аналогичную операцию против Белграда — не потому, что боялся военного противодействия западных держав (его бы не было, как не было и 20 лет спустя в Праге), а потому, что злодей-злодеем, а все-таки Сталин был природным политиком и понимал, что такое делать нельзя! Это — смертельный удар по коммунистической идеологии, во всяком случае с Советским Союзом в качестве образца. Это было бы нарушением правил внутренней морали, которые до тех пор были приняты даже в коммунистическом обществе. Коммунистическая идеология после подобной акции существовать в СССР не может (недаром и такой замшело-консервативный господин, как Суслов, голосовал в августе против военной акции: какой ни на есть, а идеолог, и это он понимал). После 21 августа 1968 г. целое поколение, сформировавшееся в СССР после войны, осознало, что живет не в коммунистическом государстве, т. е. державе, пусть ошибающейся, пусть преступной, но все-таки творческой, экспериментирующей и создающей новые общественные модели для всех народов Земли, а просто в агрессивной империи, содействовать которой в ее замыслах бывает для человека выгодно, но всегда и во всех случаях аморально!

...Написав эти строки *сейчас,* я осознал их по-новому. Нынче руководство КПСС жалуется вслух на застой и даже упадок 70-х годов, а ведь исторически семидесятые годы начались в Союзе с 21 августа 1968 г. Наверно, моложавые сверстники Горбачева уже к середине 70-х гг. стали догадываться, что "подгнило что-то в датском королевстве" — тем сильнее была их обида на меня, высказавшего такую мучительно-необратимую оценку совершавшегося на наших глазах процесса духовной революции в обществе. Заткнуть мне рот! — вот чего они хотели, как ребенок затыкает уши, чтобы не слышать справедливых упреков за тяжкий проступок. Так что, хотя юридически я был невиновен, но, пожалуй, репрессии с их стороны заслужил — только сейчас понял.

...Но это — сейчас. А тогда я анализировал стихи Бродского о Римской империи. Проследил, как менялось отношение поэта к имперской теме в стихах начала 1968 г. и конца его: нет, я вовсе не доказывал, что советскую державу обличали с помощью намеков на императорский Рим. Напротив, в предисловии утверждалось, что Бродского, вероятно, увлекала творческая задача воссоздать мироощущение Плиния Старшего в погибающей, хотя внешне еще могучей державе, и поэт умышленно убегал от злободневности в тот давно исчезнувший мир. Но литератор не может творить из пустоты — слово и реальность его воображения даже помимо его воли порождены реальностями окружающего мира. "Если перед нами действительно великий художник, — цитировал я Ленина, — то некоторые из существенных сторон революции он должен отразить". Поскольку Бродский, не будучи политически ангажированным поэтом, сумел отразить в своем творчестве некоторые важнейшие черты духовной революции нашего поколения (ведь и в отношении Толстого Ленин тоже имел в виду именно такой процесс: до революции 1917 года Лев Толстой просто не дожил), следовательно, именно по Ленину, Бродский — поэт великий. Сейчас, по-моему, к сим эпитетам привыкли, раздают их Иосифу легко и свободно, но тогда, в 1973 году, я, кажется, первым обозначил Бродского таким образом и, признаюсь, очень побаивался выдавать подобную отметку современнику. Побаиваюсь, если честно, и до сих пор...

Помню фразу в предисловии, которая особенно возмутила прокурора Пономарева: "Коммунизм начал свое шествие с мощных стихов: "Призрак бродит по Европе, призрак коммунизма" — а завершился через 120 лет стихами Иосифа Бродского:

> Генерал, ералаш перерос в бардак.
> < . . . . >
> Никогда до сих пор, полагаю, так
> Не был загажен алтарь Минервы.

И подумать, что движение, насчитывавшее почти стодвадцатилетнее существование, замечательных мыслителей, политиков, героев, довелось хоронить 21 августа 1968 г. таким ничтожествам, как Брежнев и его коллеги". Нет, все-таки власти имели основание на меня обижаться!

Последняя часть была посвящена стихам, написанным в России после римского цикла. Анализируя портреты ленинградцев (среди них были и наши общие знакомые), я пришел к выводу, что, порвав с империей, поэт противопоставил ей укрепленную для долговременной обороны, инровертированную, напряженно-спокойную душу, которая обязана выстоять под любым давлением окружающего враждебно-мертвенного мира. Может, сегодня я не написал бы это, но тогда казалось именно так.

Остается рассказать о судьбе рукописи. Марамзин забраковал ее при прочтении: "Нас всех посадят, и культурное мероприятие будет загублено". Спорить я не мог: в конце концов, мое сочинение было подписано псевдонимом ("А. П.", что означало "автор предисловия" и одновременно совпадало с инициалами моего товарища, уже уехавшего в Израиль, Александра Пинскера), но Марамзин-то собирался издавать Бродского с открытым забралом — сидеть, следовательно, придется ему, а не мне. Поэтому я забрал у него предисловие назад, обещая "деполитизировать" (термин, употребленный следователем), т. е. попросту сделать таким, чтобы начальство не могло придраться.

Оказалось однако, что задача эта невыполнима. Правил я рукопись беспощадно ("Экземпляр трудно читать", — жаловался потом адвокат), но что можно было сделать с куском про Чехословакию? Это был стержень, на который нанизывалась вся конструкция статьи, чем его заменить, вокруг чего организовать сюжет? В попытках как-то изменить предисловие я стал показывать текст знакомым, причастным к литературоведению, но дальше советов: "Убери ты политику", — дело не шло. В числе других я показал предисловие соседке и другу дома Марии Эткинд, в тайной надежде, что мое сочинение понравится ей и она, в свою очередь, покажет его отцу, профессору Эткинду, считавшемуся (и справедливо) лучшим знатоком творчества Бродского в Ленинграде. Однажды Маша появилась у нас в квартире: "Приехал папа и хочет вас видеть". Мое предисловие понравилось Ефиму Григорьевичу, по-моему, он даже незаслуженно высоко его оценил и написал к нашей встрече короткую (на две странички) рецензию, которую я, идиот, прикрепил прямо к тексту статьи. Среди его возражений, однако, было одно принципиальное: профессор Эткинд утверждал, что поэт осознал имперскую природу советской державы не в 1968 г., а раньше, в 1956, во время оккупации Венгрии — это он, Эткинд, знает достоверно от самого Бродского. Признаюсь, меня его аргументация не убедила: мне казалось, во-первых, что Ефим Григорьевич невольно проецирует на Бродского опыт *своего* поколения, действительно многое понявшего раньше нас на 12 лет; но, главное, ссылка на личные сведения не была подкреплена анализом текстов, которые, как мне представлялось, говорили о другом. Но, как бы то ни было, после беседы с Эткиндом я опустил руки, не зная, что мне делать далее с этой, в общем понравившейся ему статьей. Самое, казалось бы, простое — не делать вообще ничего, но у меня оставались моральные обязательства перед Марамзиным. Тут я случайно узнал, что Марамзин заказал и уже получил новое предисловие (фамилию его автора, Игоря Бурихина, я узнал уже после ареста, от следователя), и проблема решилась естественным путем. Я успокоенно положил статью в личный архив и забыл про нее совершенно, занятый другими работами, забыл настолько, что когда ко мне 1 апреля 1974 г. пришел кагебист Егерев со товарищи, я о многом беспокоился во время обыска, но именно об этой статье вспомнил, лишь когда ее извлекли из ящика с архивом, и то — беспокоился не за себя, а исключительно за Эткинда: уже и позабыть успел, о чем там в ней написал. Содержание восстановил в памяти, перечитав ее на допросе.

Как гебисты вышли на меня? В числе тех, кому я показывал статью, был сосед по дому, писатель и редактор Валерий Воскобойников. Это о нем писал в "Невидимой книге" Сергей Довлатов: "К чести Воскобойникова... он не заблуждался на свой счет. Знал, на что идет. Наглядно мучился и принимал какие-то решения. Вся жизнь его свидетельствует — нет большей трагедии для мужчины, чем полное отсутствие характера". Хотя в ходе следствия мне стало ясно, что именно от него КГБ получило информацию обо мне, по-своему он и в этой ситуации оказался фигурой несчастной, сломленной. "Нет большей трагедии...", — повторю я за Довлатовым...

В скобках однако не могу удержаться, чтобы не полемизировать с тем же Довлатовым и Лосевым, когда они пишут о житье-бытье в редакции "Костра" (где я тоже работал — как раз на довлатовском месте) и о роли в ней Воскобойникова. "Воскобойников всегда относился ко мне прекрасно, — пишет Довлатов. — Вот и сейчас сам предложил мне работу, хотя мог бы найти более несомненную кандидатуру" ("Невидимая книга", Ардис, 1977 г., стр. 8). Лосев же упоминает, как несправедливо выгнали из "Костра" редактора, на котором держалась вся редакция, исключительно потому, что у него была "неподходящая фамилия" ("Континент", № 9). Обоим стоило бы вспомнить: а) что на место снятого редактора пришел как раз Воскобойников, который в анкетном плане страдал тем же пороком, что и выгнанный редактор. Зачем надо было со скандалом изгонять прекрасного работника, великолепно ведшего дело, и заменять его другим человеком, неопытным и страдавшим той же самой "сомнительной фамилией", что и ветеран редакции? Может быть, затем, чтобы в этой точке, куда привыкли сходиться со всего города молодые литераторы, уселся толковый и вхожий в сравнительно узкие профессиональные круги "молодых" информатор? И тогда б) Довлатова, уже замешанного в идеологически сомнительном деле в Таллине и смотавшегося оттуда в Ленинград, разумно было поставить здесь под постоянное наблюдение товарища по работе, которому он вдобавок был многим, в том числе и этой должностью, обязан?

Многие чудеса и фантазии в кадровой политике Страны Советов бывают легко объяснимы, если подумать, какой Кот-Бегемот мог их устроить!

На следствии и суде положение моих противников было сложное: согласно закону, антисоветская пропаганда инкриминируется только при наличии "умысла" на подрыв власти. Мое же "распространение", как доказывалось данными следствия, сводилось к попыткам деполитизировать текст, т. е. преследовало прямо противоположные цели. "Тут своей судьбы я не минула", как говорит героиня "Тупейного художника" у Лескова, но все же благодарен судье О. В. Карлову за изумительную формулировку в тексте приговора: "Умысел Хейфеца М. Р. на подрыв и ослабление советской власти доказывается всеми его действиями" (!). Получил я четыре года лагерей и два ссылки, которые отбыл "до звонка", т. е. до 1980 года.

Любопытно, что в Израиле я вновь столкнулся с обсуждением темы империи в творчестве Бродского. Здешний литературовед, талатливый З. Бар-Селла предположил в одной из своих статей, что Бродский — имперский поэт. Думается, он верно почувствовал острый интерес поэта к этой теме, но, как мне представляется, записал результат с противоположным знаком — если пользоваться математической терминологией. Но как бы то ни было, мне доставил удовольствие тот факт, что тема империи в творчестве Бродского, изучение которой я начал своим давним предисловием, не оставлена профессиональными литературоведами. Возможно, в дальнейших спорах и обсуждениях некоторые идеи "источника" — моей давней статьи — пригодятся им даже в этом, поневоле сжатом, изложении.

Станислав БАРАНЧАК
Польша

ПЕРЕВОДЯ БРОДСКОГО

1

Мое постепенное знакомство с поэзией Бродского довольно верно отражает те приключения, которые переживало его творчество в Польше. Первая встреча произошла в середине 60-х годов. Я тогда был желторотым поэтом, студентом младших курсов полонистики. Русский язык незадолго до этого изучил сам, усердно вчитываясь в Пушкина и Чехова: уровень преподавания русского в школе мог только вызвать отвращение к нему, но меня тогда одолевала амбиция читать великих поэтов в оригинале. Да к тому же переводы были увлечением моей молодости, я начал переводить стихи раньше, чем писать: еще в школе — ради самого удовольствия переводить — я мучился над давно переведенными стихами Рильке и Элиота. Следом пришли первые попытки переводить и русские стихи — те, что и достать можно было, и нравились мне: несколько лирических стихотворений Блока, Есенина, Ахматовой... Стоит ли добавлять, что все это оставалось на уровне любительства.

Но Бродского я в то время читал не в оригинале, а в чужих переводах. У нас тогда был очень широкий интерес к ленинградскому поэту, особенно разожженный его недавним процессом. Цензура, более бдительная, чем в 56-м году, но все еще сравнительно либеральная, делала вид, что не знает в чем дело, — и в польских литературных журналах, начиная с 1963 г., время от времени появлялись стихи Бродского в очень неплохих переводах (Анджея Дравича, Евгении Семашкевич, позднее также Виктора Ворошильского и Северина Полляка). Стихи его поражали меня своей особливостью, каким-то новым тоном: они были настолько не похожи на все, что я читал тогда в "Новом мире" или в "Юности" — журналах, которые я ради изучения языка штудировал весьма старательно, но часто не удерживая зевоты. Конечно, я захотел прочитать Бродского в оригинале. Только где его взять?

Прошло несколько лет, пока мне это удалось. Кстати, совершенно случайно. Знакомый — тоже молодой поэт — привез пачку машинописных страниц из поездки в Москву: самиздатские стихи. Больше всего там было Бродского, и я жадно набросился на его стихи, упиваясь их ни на что непохожестью, еще более очевидной по-русски. Особенно увлекла меня "Большая элегия Джону Донну", занимавшая еще и личностью своего героя: в те годы меня зачаровывало все барочное и метафизическое, да и в литературе нашей была тогда мода на английских поэтов XVII века. Я схватился переводить, не зная, что уже существует несколько переводов "Большой элегии" (неопубликованных, опубликованных в отрывках или напечатанных в эмигрантской прессе). Было позднее лето 1970 года, когда редакция провинциального журнала "Нурт", где я работал, заранее, как всякий год, готовила ноябрьский номер, посвященный годовщине Октябрьской революции. Главный редактор поморщился-поморщился (он бы предпочел Демьяна Бедного или Евтушенко), но, не очень-то зная "дело Бродского", согласился принять мой перевод "Большой элегии". Номер вышел вовремя, цензура — и она, видно, прозевала — не тронула ни Бродского, ни миниатюр Даниила Хармса, которые к этому случаю мне тоже удалось протащить. Годовщина революции была отмечена несколько странно: абсурдистскими штучками Хармса и религиозно-метафизической поэмой не так давно осужденного "тунеядца" Бродского... Только несколькими годами позднее, читая книгу Бродского, я с ужасом обнаружил, что в моем переводе не хватает двадцати последних строк: очевидно, в самиздатском тексте оригинала, переходившем из рук в руки, потерялась последняя страница. Что же, с литературой в странах Восточной Европы и такие приключения бывают; вскоре и мои стихи начали ходить в польском самиздате, и мне случалось видывать их еще больше поврежденные копии. Можно было бы сказать, что поэзия в наших странах, ускользнув от цензурных ножниц, непременно — хоть и не по злому умыслу — будет поковеркана неконтролируемым самиздатским распространением. Лучше уж это второе.

Только раз и удалось мне напечатать перевод из Бродского, прямо накануне символического для польской истории декабря 70-го года. После декабря в нашей культурной жизни, правда, наступила кратковременная оттепель, но как раз для Бродского пришли плохие времена — цензура явно больше не могла притворяться, что она не знает, о ком идет речь. И начался второй этап присутствия поэта в польской литературной жизни, присутствия — особенно с момента эмиграции — почти исключительно потаенного. Крайне редко кому-нибудь удавалось пробить в печать что-то из старых, уже опубликованных переводов (напр., в "Антологии современной русской поэзии" Домбровского, Мандаляна и Ворошильского); новые переводы уже не могли увидеть свет. А я, как назло, тогда-то и добрался, благодаря знакомству с некоторыми переводчиками Бродского, до его стихов, изданных заграницей. К примеру, приложив долгий труд, хотя, разумеется, с огромным наслаждением, я перевел два больших стихотворения: "1972" и "Бабочку" — и все зазря. Один журнал принял было "1972", потом отказался от этого намерения: дело выглядело безнадежным, редакции было ясно, что Бродский "не пройдет". А "Бабочка" в другом журнале была уже почти напечатана — в последний момент ее сняла цензура. "Бабочку", стихотворение о жизни, смерти и красоте, в высшей степени постороннее вопросам истории и политики! Это был знак, что запрещено само имя поэта.

В последние годы, думаю, начался новый, третий этап присутствия русского поэта в польской литературной жизни. Ибо в самой этой жизни начался новый этап. Цензурное давление во второй половине 70-х годов стало столь безжалостно абсурдным, что литература стала искать новые пути к читателю. Серьезно расширился самиздат. Авторы, живущие в Польше, все чаще и без псевдонимов публикуют книги в эмигрантских издательствах. Быть может, важнейшее событие — возникновение независимого и неподцензурного литературного журнала "Запис". Сейчас, когда я это пишу, готовится к выходу четвертый номер "Записа", где будет несколько моих переводов из Бродского и статья о поэте. Очерк в "Записе" предназначен для польского читателя и информирует о самом основном: о том, кто такой Бродский, каковы были ухабы его жизни (мои друзья несколькими годами моложе не помнят ленинградского процесса и не отдают себе отчета в том, что значил приговор судьи Савельевой для дальнейших судеб литературы в СССР), как развивалось его творчество. Полагаю, что русскому читателю все это известно куда лучше. Для него существенно интересней — так я, по крайней мере, предполагаю — ответ на вопрос, почему сегодня в Польше мы так захвачены Бродским, с каких точек зрения подходит к его творчеству польский читатель, что находит в Бродском и чем обязан ему переводящий его польский поэт. Поэтому я пишу не столько о самом Бродском, сколько о механизмах восприятия его творчества в Польше — во всяком случае, о тех, что существенны для меня как читателя, поэта и переводчика в одном лице.

2

Сначала попытаюсь ответить на самый общий вопрос: что делает Бродского столь интересным для польского читателя, для кого-то, кто ради одного читательского любопытства и удовольствия следит за современной русской литературой?

На это можно бы найти не один ответ, но все они, думаю, с разных сторон указывали бы на одно и то же: на бросающуюся в глаза *независимость* и *особливость* Бродского на фоне поэзии, создаваемой сейчас за нашей восточной границей, да, пожалуй, и на фоне поэзии русской эмиграции. Он отличается, прежде всего, пониманием целей и истоков поэзии. В легенду вошел ответ молодого Бродского на вопрос судьи Савельевой о том, кто ему дал право называться поэтом: "Думаю, это... от Бога..." Эта несмелая реплика полна силы, характерной для ключевых моментов развития литературы того или иного народа. Я не говорю даже о религиозном содержании этих слов, столь поразительном в зале советского суда. Важнее, что ответ Бродского был, пожалуй, первой столь открытой декларацией независимости поэта от государственной власти. Тоталитарное государство считает своей собственностью любого гражданина, в том числе и поэта; оно сурово карает не только своих врагов, но и тех, кто просто стоит в стороне и живет своей жизнью, не присоединяясь к массовому лицемерию. Как правильно написал Солженицын (в "Жить не по лжи"), само это неприсоединение есть акт свободы и сопротивления против тирании — тоталитарная система пала бы в одно мгновение, если бы такая позиция стала всеобщей. А литература, а поэзия прежде всех обязана принять такую (по крайней мере, такую!) позицию. Писатель — если он обладает хоть каплей внутренней честности — лучше других знает, что существует кесарево и существует Богово, но что писательский талант, писательская совесть не выдаются государством и ничем кесарю не обязаны. В этом смысле фраза Бродского на фоне советской литературы середины 60-х годов — я имею в виду литературное поколение, вступившее в жизнь в послесталинскую эпоху, — была поразительно новой. Сама позиция независимости, разумеется, не была исключительным свойством только автора "Большой элегии", но в своем поколении он, насколько мне известно, первым поставил вопрос так четко: творчеству поэта — только его владения, и никакая власть не имеет права в него вмешиваться.

Но независимость поэта от государственной власти — это все еще вопрос внешний. Значительно важнее, видимо, то, что она последовательно и верно находит выражение в самом творчестве Бродского. Позволю себе сказать банальность: для польского читателя появление подобной поэзии в литературе наших восточных соседей было шокирующим сюрпризом. Возможно, русский читатель, хорошо ориентированный в подводных течениях и новейших поэтических устремлениях, замечал в свое время потаенные явления, которые предвещали Бродского. С нашей точки зрения все выглядело иначе. Для тех, кто узнавал русские литературные новинки, главным образом, из переводов, многочисленных, но, естественно, фрагментарных, русскую поэзию середины шестидесятых годов представляли Евтушенко и Вознесенский, в наилучшем варианте — Айги. А Бродский с самого начала не имел с ними ничего общего. Даже с Айги — поэтом тоже независимым, смело идущим своим путем, но отыскивающим себя в соотнесении с западноевропейским авангардизмом. Бродский же, напротив, поражал обращением к европейской *традиции* — но образцы для его собращения турдно было отыскать в предшествующих поколениях, не говоря уж о поэзии его ровесников. Другими словами, он казался в кругу современной поэзии художником наиболее традиционным, но то, как он понимал традицию, одновременно делало его поразительным новатором.

Я, иностранец, — дилетант в истории русской поэзии, и то, что хочу сейчас высказать, наверное, будет принято как колоссальное упрощение или трюизм. Тем не менее, не могу не попытаться объяснить свое представление о месте Бродского в его отечественной традиции, пусть это не будет ни слишком точно, ни оригинально. Кажется мне, что русская поэзия XX века — точнее, со времени упадка символизма — развивается как бы двумя путями, оперирует двумя различными, если так можно выразиться, типами дикции: песенно-лирической (линия Есенина) и декламационно-риторической (линии Маяковского). Каждый тип связан с определенной стилистикой, с определенным "исполнением" (интимно-камерным или эстрадно-митинговым), с определенной формой социального функционирования. Поэзия же Бродского далека как от первого, так и от второго типа дикции. Если у него есть в этом отношении предшественники, то разве что — в самом общем смысле и с учетом многих существенных различий — Мандельштам, отчасти Заболоцкий. Однако он первый, как мне кажется, столь решительно оторвался от этих двух противоположных вариантов поэтической речи и создал собственный тип дикции: интеллектуально-дискурсивный. В стихах Бродского дело не столько в том, чтобы создать музыкально-лирическое настроение или вызвать агитационно-риторический результат, сколько в таком построении поэтического высказывания, чтобы оно читалось, прежде всего, как череда взаимосталкивающихся идей и концепций. (Потому-то он, пожалуй, единственный из выдающихся современных русских поэтов, чьи стихи ничего не теряют в *тихом* чтении, в то время как тексты и "певцов", и "ораторов" обретают полноту выражения, как правило, только при чтении вслух). В этом смысле специфический классицизм Бродского больше обязан английским метафизикам XVII века, нежели непосредственным отечественным предшественникам.

3

Произнесено слово: классицизм. Самое время перейти к ответу на второй вопрос: почему заинтересовался Бродским польский поэт, почти его ровесник (на шесть лет моложе), но в поэзии вроде бы совсем на него не похожий? Прибавлю, что такой вопрос мне в Польше задавали не раз. Например, об этом спрашивали на поэтических вечерах слушатели, которым я читал переводы из Бродского и которые более или менее ориентировались в характере моей собственной поэтической программы. Особые споры возбуждал обычно вопрос о классицизме, поскольку в своей первой литературоведческой книге "Недоверчивые и самонадеянные" (1971) я с большим пылом атаковал классицистские тенденции в молодой польской поэзии. Как согласовать одно с другим? Классик Бродский должен — теоретически — быть мне чуждым.

Дело-то в том, что слово "классицизм" в применении к поэзии имеет не одно значение. Этих значений много даже тогда, когда мы оставляем в стороне чисто исторический термин (течение, предшествовавшее сентиментализму и романтизму), а сосредотачиваемся на смысле универсальном и свойственном различным эпохам. В таком понимании классицизм может означать, прежде всего, определенный стиль мышления — строго рационалистический, чуждый всякой метафизике и таинственности, ясный и однозначный, неприязненный по отношению к сложности, парадоксу, гротеску, иронии. Легко заметить, что с таким классицизмом Бродский не имеет ничего общего. Он скорее дитя Барокко, чем Просвещения: говоря, что он "заражен... классицизмом трезвым", поэт — не без самоиронии — больше выражает некоторый свой идеал, нежели действительное состояние духа. По существу, это поэт, терзаемый метафизическими загадками, ощущением абсурдности человеческого существования, оттого и мысли его развиваются через столкновение парадоксов, через иронические диссонансы, антитезы и не разрешенные до конца вопросы.

"Классицизм" может также означать в поэзии своеобразную абстрактность образной системы и языка: оторванность от заземленной исторической конкретности, интерес скорее к самым общим проблемам, для которых пригоднее кажется язык мифологически-аллегорический, а не прямое и конкретное именование. И снова — такой классицизм Бродскому не приклеишь (если забыть о некоторых ранних стихах, в плену у античной мифологии копирующих средиземноморские жанрово-стилистические образцы). Наоборот — в своем зрелом творчестве он вступает в круг тех поэтов, которые, по выражению Чеслава Милоша, тоже слывущего классиком, знают: "...то, что чисто и вечно, реализуется лишь в бренном и временном". Лучшие стихи Бродского вырастают из конкретного, привязанного к месту и времени опыта — и только на этой основе выстраивают метафизическое или историософское видение. Поэма "Остановка в пустыне" — это же в начале детальное, почти репортерское описание сноса греческой церкви в Ленинграде, и лишь под конец событие вызывает серию более общих вопросов о духовной дегенерации общества. "Два часа в резервуаре" лишь на первый взгляд говорит о вневременном фаустовском мифе: все решает постепенно конкретизирующаяся точка зрения рассказчика, которым оказывается наш современник, к тому же русский, размышляющий над историей Фауста под грохот совхозного трактора. Великолепный "Мексиканский дивертисмент" — поэтическая рефлексия о вечно обращающемся колесе истории человечества, но в то же время поэма о звуках, красках, запахах экзотического края — глазами нынешнего туриста, пришельца с другой стороны земного шара. Даже в таких произведениях, как "Большая элегия", точка зрения остается конкретной (несравненная материальность вступительного описания хозяйства Джона Донна!) и исторической, хотя и отнесенной в далекое прошлое. Бродского интересуют — это верно — фундаментальные проблемы человеческого существования: любовь и смерть, краткость жизни и что из этой жизни человек делает, место рода человеческого на границе мира природы и мира культуры, смысл и бессмыслица нашего существования на земле. Не без глубоких оснований был избран эпиграф из "Короля Лира" к сборнику "Остановка в пустыне":

...Men must endure
Their going hence, even as their coming hither.
Ripeness is all.

Но, повторим еще раз, эти общие проблемы рассматриваются в том конкретном воплощении, каким является отдельная человеческая судьба: будь то библейский Исаак, или английский поэт три века назад, или вспоминаемый спустя годы одноклассник. При всей метафизической глубине и интеллектуальной усложненности, стихи Бродского полны материально-исторической конкретности. Особенно это относится к поэмам, написанным в эмиграции (замечательная "Колыбельная Трескового Мыса"), где дополнительным истоком поэзии становится ситуация пришельца из Восточной Европы, "вброшенного" в мир американских реалий.

Вернемся к дальнейшим значениям слова "классицизм". Третье из них, кажется, имеет с Бродским больше всего общего. Под классицизмом поэт XX века может понимать еще и определенное отношение к традиции. В этом смысле классицизм — полярная противоположность всякому авангардизму, а тем более таким течениям, как футуризм, в свое время требовавший сжечь библиотеки и музеи и начать культуру заново. И в России, и в Польше мы теперь хорошо знаем, что приносит такое "начинание заново" в области культуры, которая как-никак является преемственным опытом человечества, и преемственность эту нельзя просто разорвать, отвергнуть или уничтожить. Потому-то, думаю, особенно в восточноевропейских культурах, опустошенных и обескровленных наступлением тоталитарного варварства, обращение к традиции сегодня бывает не просто одной из многих художественных мод, но глубоко значимым гуманистическим жестом. Именно таков случай Бродского: если в своих стихах он говорит с Джоном Донном, то это не знак мимолетного увлечения старинным поэтом, но декларация принадлежности к европейской культурной традиции.

Однако само обращение к традиции может принимать самые различные формы. Это особенно заметно в современной польской поэзии, где мы имеем дело с двумя совершенно разными поэтическими "школами", несправедливо заработавшими у критиков одну и ту же этикетку "классицизма". Первую, лучше всего представленную интереснейшим творчеством Ярослава Марека Рымкевича, — можно было бы назвать "утверждающим классицизмом". Это творчество исходит из уверенности, что вся европейская культура остается нашим актуальным наследством, что в ней нет ничего подобного устаревшему, не пригодному для сегодняшних явлений прошлому; прошлое, настоящее и будущее, утверждает Рымкевич вслед за Элиотом, в культуре остаются одним и тем же и существуют одновременно. Естественно, что основным творческим методом этой школы становится имитация — как можно более совершенное подражание поэтике прошлого.

Такого рода творчество тоже нужно — как один из элементов, составляющих панораму современной поэзии. Но куда более широкие перспективы открывает вторая школа, представленная у нас, в первую очередь, художниками такого уровня, как Чеслав Милош и Збигнев Херберт, — ее можно было бы назвать "скептическим классицизмом". В ее основании лежит один особый парадокс: тот факт, что современный человек одновременно наследует и не наследует многовековые европейские гуманистические традиции. Наследует, ибо только обращение к этим традициям позволяет ему осознавать свои духовные корни, отыскивать образцы общечеловеческих ценностей, восстанавливать расшатанную веру в возможности рода человеческого. Не наследует, ибо как раз двадцатый век принес с собой такие радикальные испытания, что прежние представления о сущности человеческой природы, прежняя модель человеческой культуры поставлены под сомнение. Человек, за плечами которого пережитый или хотя бы осознанный опыт концлагерей, показательных процессов, массового уничтожения целых народов, массового порабощения духа целых поколений, — уже не может сегодня просто имитировать Горация или Расина. Он обязан возвращаться к ним, обязан возвращать жизнь мифам и извечным путеводным ниточкам нашей культуры, но с новой точки зрения: с точки зрения человека, который живет в двадцатом веке, в тени массового уничтожения, несвободы и лжи. Столкновение этих двух сфер опыта порождает основной творческий метод "скептического классицизма": иронию.

Бродский в современной русской поэзии представляется мне именно таким "скептическим классиком". Подобно Мандельштаму, который в Воронеже по-своему производил драматическую переоценку средиземноморской традиции, Бродский принимает традиции европейской культуры только затем, чтобы заключить их в своего рода кавычки. Он обращается к ним, но для того лишь, чтобы тем яснее осознать, какое расстояние отделяет его, человека XX века и гражданина (теперь уже бывшего гражданина) тоталитарного государства, от классического образа мира. Отсюда и идет ирония — из выявления этих духовных противоречий.

Бродский, однако, старательно отделяет иронию от куда более легкого поверхностного "сарказма" — позиции, в его глазах бесплодной и мало что объясняющей. Сарказм не способен преодолеть и раскрыть все тайны человеческой жизни, а особенно главную из них — смерть. Иначе говоря, позиция бесплодного саркастического отрицания достаточна лишь для того, чтобы справиться с экзистенциальными проблемами в практическом мире общества и истории, но оказывается плохим инструментом познания, когда в игру входят более универсальные загадки и парадоксы, из которых складывается наше существование. Тут единственно достойно человека — принять к сведению наличие этих неразрешимых загадок, признать парадоксальность жизни: это и есть шекспировская "зрелость". И тогда оборотной стороной иронии оказывается вера. Но вера парадоксальная, возникающая, когда, полностью сознавая всю ограниченность и несчастье человеческого существования, обнаруживаешь в нем смысл.

Именно таков классицизм Бродского: не только "светлый", но и сознающий присутствие тайн; не только метафизический, но и касающийся земли; не только верный традиции, но и скептический по отношению к ней. И поэтому он так близок мне как поэту — хоть мне самому этикетка "классика" не слишком подходит.

4

Остается еще один вопрос. Я мог бы восхищаться Бродским просто как читатель и поклонник русской поэзии, мог бы — как поэт другого народа, другого языка и стиля — находить в нем через границы стран, культур и поэтик так называемую братскую душу. От этого все-таки еще далеко до того, чтобы взяться за труд перевода. И вот третий вопрос: что делает Бродского столь притягательным для переводчика?

Ответ снова будет несколько парадоксальным. Мне так хорошо переводить Бродского потому, что он так труден для перевода. Потому, что он так сложен в мышлении, так виртуозен в языке. Конечно, у него есть стихи, написанные языком прозаизмов, репортерски дословным (например, "Посвящается Ялте"), но как раз они меньше нравятся мне как читателю и менее привлекательны как переводчику. Важнее для меня тексты — более свойственные Бродскому, — которые ставят перед переводчиком что-то вроде огромной головокружительной головоломки. К ней сначала надо хорошо присмотреться, хорошо в нее вслушаться, обнаружить основные смыслы и главные конструктивные связи. Затем найти стилистический принцип, который делает текст целостным, наделяет его особым, ему только свойственным характером. Тут наступает озарение, но с ним и внезапное сомнение в своих силах: этот принцип обычно так искусен и так последовательно проведен в целом произведении, что передать его на другом языке кажется несусветным.

Первый попавшийся пример: уже цитированное мною стихотворение "Одной поэтессе". Поверхностный взгляд разве что скажет нам, что стихи написаны восьмистрочными строфами с одной и той же схемой рифм: *a-b-a-c-d-b-d-c*. Нелегко, но и не такое удавалось переводить... Присмотримся, однако, ближе к череде строф: оказывается, дело не так-то просто. Это не обычные рифмы. На сетку нормальных ассонансных созвучий (класси*ци*змом — кап*ри*зным, сарк*а*змом — р*а*зном, желе*зным* — тре*звым* и т. д.), основанных на совпадении гласных, накладывается дополнительная сетка консонансов. Рифмующееся слово *"а"* созвучно не только с другим *"а"*, но, к тому же, сходством согласных объединено со словами *"b"* (класси*цизмом* — сарк*азмом* — р*азном*) и *"d"* (класси*цизмом* — желе*зным* — тре*звым* и т. д.). Вот тебе и головоломка! И отказаться от этой второй сетки нельзя: стихи сразу утратят свой неповторимый характер. К тому же — вопрос амбиции: Бродский сумел, а я не сумею? И начинается погоня за рифмами во всех восьми строфах. Погоня изнурительная, зато какое испытываешь удовлетворение, когда обнаруженный принцип поэтической изощренности удается перенести на почву своего языка!

Если уж речь о рифмах, то вот еще пример. Стихотворение "1972": тут дело опять сложнее обычного, но по другой причине. В лесенке рифм отдельных строф Бродский виртуозно использует созвучия, возможные в таких количествах, вероятно, только в русском языке. В схеме *a-a-a-b-c-c-c-b* появляются слова с ударением на третьем от конца слоге, рифма обогащается, охватывая три последних слога каждого слова. Затруднения невероятные! В польском же языке почти нет слов с таким ударением, столь распространенным в русском. Как за это приняться? В конце концов я выбрал иной выход, но отнюдь не облегчивший мою задачу: для рифм "a" и "c" я отыскиваю слова, хоть и "нормальные", с типичным польским ударением на предпоследнем слоге, но такие, чтоб они давали предельно богатую рифму: созвучие должно охватывать, по крайней мере, три слога, то есть распространяться дальше привычных требований польской рифмы. В обычном стихотворении к слову *"tracitem"* вполне хватило бы рифмы «*mówiłem*», «*byłem*» и т. п. Здесь, в переводе "1972", меня удовлетворяет лишь цепочка «*traciłem – trapiłem –trafiłem*» – больше, чем рифма, почти каламбур! И снова неслыханно мозольный труд, исписываю поля перевода тройками рифм: *"zawzięciej – zapięciem – zamęcie"*, *"poucza – porusza – pokusa"*, *"podeszły – podeschły – podeszwy"* и тому подобных. Конечно, всего лишь малая доля всех этих придумок попадает в конце концов в шестнадцать строф польского перевода. Принцип рифмовки различен, ибо различны законы просодии польского и русского языка, – окончательный же результат выглядит, надеюсь, схоже: обогащенная и, к тому же, троекратная рифма выдвинута на первый план, навязывает большому стихотворению отчетливую конструкцию, не говоря уж о том, что в большинстве строф она функционирует еще и как самостоятельная игра слов, как языковая острота. Если бы я облегчил свою задачу и остановился на "нормальных", не обогащенных рифмах – стихотворение сразу стало бы выглядеть банальным.

Я говорю здесь много о рифмах, ибо во многих стихах Бродского они играют исключительно подчеркнутую роль. Но есть и другие специфические черты стиля, опустить которые в переводе было бы столь же трудно. Вот, например, "Два часа в резервуаре", где больше всего бросается в глаза (опять-таки наряду со сложной рифмовкой) нафаршированность текста немецкими и псевдонемецкими макаронизмами: ритм и синтаксис не всегда позволяют дословно скопировать эти германизмы – приходится изобретать замены на свой страх и риск, не забывая о том, чтобы грамотность этих слегка карикатурных выражений была столь же подозрительной, как в ироническом тексте оригинала. Вот, в свою очередь, "Мексиканский дивертисмент", особенно такие его части, как "Мерида" или "Мексиканский романсеро", где переводчик наталкивается на короткие, но насыщенные звуковой инструментовкой перепадами интонации и многочисленными внутренними созвучиями строки; или другая часть того же цикла, "1867", где необходимо сохранить в стихотворении четкий ритм танго (тем более важного, что именно танго танцуют в начальной сцене император Максимиллиан и его любовница). Вот, наконец, "Бабочка", где сквозь узкий коридор строжайше организованных строф надо безошибочно провести философское рассуждение о природе земной красоты, не исказив и не переставив ни одного его звена. И так далее, и так далее... Почти любое произведение Бродского, особенно поэмы и большие циклы, таит в себе подобные ловушки и головоломки — но и трудно найти другого поэта, который приносил бы переводчику столько удовлетворения.

Для одного ли собственного удовольствия стараюсь я передать все это в переводе? Разумеется, нет. У настоящего поэта нет никаких излишеств, и изощренность, стилистическая усложненность стихов Бродского обоснована скрытыми глубже чертами его поэзии. Будучи "скептическим классиком", Бродский словно бы исповедует принцип, что действительность, при всем своем мнимом абсурде, все-всегда обладает смыслом и ценностью. Однако, классик скептический и иронический, он не способен поглядеть сквозь пальцы на этот, пусть даже мнимый, абсурд действительности, не способен притвориться, что никакого абсурда нет и в мире царит рациональная упорядоченность. Этот интеллектуальный парадокс находит свое выражение в концепции поэтического стиля. Когда классическое понимание высшего смысла сталкивается с деструктивными свойствами иронии, на уровне стиля это выявляется в устойчивом парадоксе: структура стихотворения подчиняется некоему строгому организующему принципу, и в то же время все в стихотворении нацелено на то, чтобы подчеркнуть условность, своеобразную искусственность этого принципа. Например, определенный принцип рифмовки осуществляется с железной последовательностью, но в то же время рифма так демонстрируется, обогащается, подчеркивается, что в какой-то момент мы отдаем себе отчет: самая рифмовка есть чистая условность, навязанная языку поэтом. Бродский словно говорит: мир — это хаос, но, чтобы в нем хоть как-то жить, надо условиться, что это имеет смысл; точно так же и язык — отражение мира — внутренне абсурден, но именно поэтому следует его максимально организовать, обуздать, предельно подчинить некоторым заранее установленным правилам. Отсюда и возникает изобилие всех этих стилистических средств: многократных богатых рифм, игры на созвучиях, каламбуров, ритмической организации, усложненной строфики и т. п., — которые стремятся навязать языковому хаосу упорядоченную структуру, основанную на мнимой родственности, взаимозависимости и симметрии.

Передать все это верно на другом языке — безусловно, задача не из легких. Не осмелюсь утверждать, что какой-либо из моих переводов, что называется, конгениален, доростает до оригинала. И все-таки я надеюсь, что смог дать польскому читателю представление о том, на чем основано поэтическое искусство Бродского. Остальное и так остается делом восприимчивости и воображения читателя. Думаю, что, независимо от качества имеющихся переводов, Бродский уже нашел своих польских читателей. Пока что это, может, еще не многотысячные толпы, но постоянно расширять этот круг — забота наша, переводчиков. И он расширится.

ОБ АВТОРАХ

Станислав БАРАНЧАК. Профессор польской литературы в Гарвардском университете, США. Поэт, переводчик поэзии.

Петр ВАЙЛЬ, Александр ГЕНИС. Критики, журналисты. США. Авторы книг *Современная русская проза, Потеряный рай*.

Кейс ВЕРХЕЙЛ. Писатель, профессор русской литературы в университетах Амстердама и Лейдена, Голландия. Автор *The Theme of Time in the Poetry of Anna Akhmatova* и др.

Александр ЖОЛКОВСКИЙ. Профессор русской литературы в Университете Южной Калифорнии, США. Автор книг *Мир автора и структура текста* (совм. с Ю. Щегловым), *Поэтика выразительности* (совм. с Ю. Щегловым), *Themes and Texts: Toward a Poetics of Expressiveness* и др.

Лев ЛОСЕВ. Профессор русской литературы в Дартмутском колледже, США. Автор *On the Beneficence of Censorship* и др.

Джейн НОКС. Профессор русской литературы в Бодуэнском колледже, США. Автор ряда работ в области психологии и диссертации о Мандельштаме и Бродском.

Валентина ПОЛУХИНА. Профессор русской литературы в Кильском университете, Англия. Автор книги о метафорах Бродского подготавливаемой к печати издательством Кембриджского университета.

Карл Р. ПРОФФЕР (1938–1984). Профессор русской литературы в Мичиганском университете, США. Основатель издательства "Ардис". Автор *Keys to Lolita* и др.

Джералд С. СМИТ. Профессор русской литературы в Оксфордском университете, Англия. Автор *Songs to Seven Strings* и многих статей о русской поэзии.

Михаил ХЕЙФЕЦ. Писатель, журналист. Израиль. Автор книг *Место и время, Военнопленный секретарь* и др.

Барри ШЕРР. Профессор русской литературы в Дартмутском колледже, США. Автор книг *Russian Poetry: Meter, Rhythm, and rhyme* и *Maxim Gorky*.

Джералд ЯНЕЧЕК. Профессор русской литературы в Университете штата Кентакки, США. Автор ряда статей о русской литературе. Переводчик.

Сведениями об авторах из Советского Союза издательство не располагает.

SUMMARY

Introduction. Lev Loseff. Brodsky: From Myth to Poet.
Comments on Brodsky's image in Soviet official and samizdat literature.

(Anonymous). A Letter on Russian Poetry.
Structural analysis of "20 Sonnets for Mary Stuart"; author concludes that Brodsky's poetic innovations are crucial for the development of the Russian literary language at large.

Alexander Zholkovsky. Brodsky's "I have loved you . . . ": Intertextuality, Invariants, Themes and Structure.
One sonnet of "20 Sonnets for Mary Stuart" is scrutinized on all possible levels. From that scrutiny emerges an elaborate "map" of numerous literary and cultural connections between Brodsky's poem and other love poems in the Russian tradition.

Valentina Polukhina. The Grammar of Metaphor and Artistic Meaning.
A thorough catalogue of Brodsky's metaphors and analysis of their grammatical structure.

Barry P. Scherr. Brodsky's Stanzaic Forms.
A comprehensive review of Brodsky's stanzaic forms demonstrates the richness and variety of his stanza repertoire.

Kees Verheul. Iosif Brodsky's "Aeneas and Dido."
Structural analysis of the poem.

Carl Proffer. A Stop in the Madhouse: Brodsky's Gorbunov and Gorchakov.
Structural analysis of the poem. Some interviews with Brodsky in Leningrad are incorporated.

Gerald Smith. The Versification of Joseph Brodsky's "Kellomiaki."
A thorough metrical examination of the poem unearths its complex and extremely balanced design.

Jane Knox. The Hierarchy of Others in the Poetry of Joseph Brodsky.
A Reading of Brodsky's early poetry in the light of Bakhtin's theory of the dialogical nature of art.

Gerald Janecek. Comments on Brodsky's "Stikhi na smert' T. S. Eliota."
An attempt to record Brodsky's reading in musical notation and thus to establish a correlation between the intonational pattern and the meaning. Also comments on English sources of the poem.

Lev Loseff. Chekhovian Lyricism in Brodsky.
Notes on Chekhovian motifs in Brodsky's poetry.

Petr Vail and Aleksandr Genis. De orbi ad urbem.
Essay on the play "Marble."

D. S. Pushkin and Brodsky.
Samizdat essay on the artistic kinship of the two poets. Author believes that Brodsky started samizdat poetry and culture.

A. Kalomirov. Brodsky (His Place).
Samizdat polemic with the essay by D. S.

Mikhail Kheifets. On Writing the Article "Joseph Brodsky and Our Generation."
Author reminisces about the circumstances of writing the introductory article for a samizdat collection of Brodsky's works; as a result of the article he was sentenced to five years at hard labor.

Stanislaw Baranczak. Translating Brodsky.
A Polish poet's notes on his work as Brodsky's translator.

ЭРМИТАЖ

В 1986 ГОДУ ВЫ МОЖЕТЕ ПРИОБРЕСТИ В НАШЕМ ИЗДАТЕЛЬСТВЕ

АВЕРИНЦЕВ, Сергей. "Религия и литература". (Статьи, 143 с.)	6.00
АКСЕНОВ, Василий. "Аристофаниана с лягушками". (Пьесы, 380 с.)	10.00
АЛЬТШУЛЛЕР, М., ДДЫЖАКОВА, Е. "Путь отречения".	16.50
БРАКМАН, Рита. "Выбор в аду". (О творч. Солженицына, 144 с.)	7.50
ВАЙЛЬ, П., ГЕНИС, А. "Современная русская проза". (192 с.)	8.50
ВОЛОХОНСКИЙ, Анри. "Стихотворения". (160 с.)	8.00
ГИРШИН, Марк. "Убийство эмигранта". (Роман, 145 с.)	5.50
ГОРЕНШТЕЙН, Фридрих. "Искупление". (Роман, 160 с.)	8.50
ДОВЛАТОВ, Сергей. "Заповедник". (Повесть, 128 с.)	6.00
ДОВЛАТОВ, Сергей. "Зона". (Повесть, 128 с.)	6.00
ДОВЛАТОВ, Сергей. "Чемодан". (Рассказы, 112 с.)	7.50
ДРУСКИН, Лев. "У неба на виду". (Избр. стихи, 230 с.)	9.50
ЕЗЕРСКАЯ, Белла. "Мастера". (Сборник интервью, 120 с., илл.)	8.00
ЕРЕМИН, Михаил. "Стихотворения". (Сост. Л. Лосев, 160 с.)	7.50
ЕФИМОВ, Игорь. "Архивы Страшного суда". (Роман, 320 с.)	8.50
ЕФИМОВ, Игорь. "Как одна плоть". (Роман, 120 с.)	5.00
ЕФИМОВ, Игорь. "Практическая метафизика" (Философ., 340 с.)	8-50
ЖОЛКОВСКИЙ, А. и ЩЕГЛОВ, Ю. "Мир автора и структура текста" (Статьи о русской литературе, 350 с.)	15.00
ЗА ЧЕЙ СЧЕТ? (Статьи, сост. Ю. Фельштинский, 190 с.)	10.00
ЗАЙЧИК, Марк. "Феномен". (Рассказы, 184 с.)	8.50
ЗЕРНОВА, Руфь. "Женские рассказы". (160 с.)	7.50
ИЗБРАННЫЕ РАССКАЗЫ ШЕСТИДЕСЯТЫХ (352 с.)	13.50
КОРОТЮКОВ, А. "Нелегко быть русским шпионом". (Роман, 140 с.)	8.00
КРЕПС, Михаил. "Булгаков и Пастернак как романисты". (140 с.)	9.00
ЛОСЕВ, Лев. "Закрытый распределитель". (Очерки, 190 с.)	7.00
ЛОСЕВ, Лев. "Чудесный десант". (Стихи, 150 с.)	9.00
ЛУНГИНА, Т. "Вольф Мессинг — человек-загадка". (270 с., илл.)	12.00
МЕРЕЖКОВСКИЙ, Д. "Маленькая Тереза". (Житие святой, 204 с.)	9.50
НЕИЗВЕСТНЫЙ, Эрнст. "О синтезе в искусстве". (Альбом, 60 илл.)	12.00
ПОПОВСКИЙ, Марк. "Дело академика Вавилова". (280 с., 20 илл.)	10.00
ПОЭТИКА БРОДСКОГО (Статьи, ред.-сост. Л. Лосев, 256 с.)	12.00
РАТУШИНСКАЯ, Ирина. "Сказка о трех головах". (Рус. и англ., 128 с.)	7.50
РАТУШИНСКАЯ, Ирина. "Стихи". (На рус., англ., фран., 140 с.)	8.50
РЖЕВСКИЙ, Леонид. "Звездопад". (Повести, 270 с.)	12.00
РОЗИНЕР, Феликс. "Весенние мужские игры". (Пов., рас., 208 с.)	8.50
РЫСКИН, Григорий. "Осень на Виндзорской дороге". (2 пов., 200 с.)	8.50
СВИРСКИЙ, Григорий. "Прорыв". (Роман об эмигр. 1970-х, 560 с.)	18.00
СВИРСКИЙ, Григорий. "Прощание с Россией". (Повесть, илл., 140 с.)	8.50
СУСЛОВ, Илья. "Мои автографы". (Рассказы, 200 с., илл.)	10.00
СУСЛОВ, Илья. "Рассказы о т. Сталине и др. товарищах". (140 с.)	7.50
ТЕЛЕСИН, Юлиус. "1001 сов. полит. анекдот". (180 с.)	10.00
ТИМОФЕЕВ, Лев. "Последняя надежда выжить". (Очерки, 200 с.)	10.00
ТРОЦКИЙ, Лев. "Дневники и письма". (Сост. Ю. Фельштинский.)	12.00
ЧЕРТОК, Семен. "Последняя любовь Маяковского". (128 с., илл.)	7.00
ШТЕРН, Людмила. "Под знаком четырех". (Повести, 200 с.)	8.50
ШТУРМАН, Дора. "Земля за холмом". (Статьи, 256 с.)	7.00
ШУЛЬМАН, Соломон. "Инопланетяне над Россией". (208 с., илл.)	12.00

Заказы отпр. по адресу: Hermitage, P. O. Box 410, Tenafly, N.J. 07670, USA
К стоимости заказа добавьте 1.50 дол. на пересылку (независимо от числа заказываемых книг). При покупке 3-х и более книг — скидка 20%.